看比赛

一册掌握60种国际赛事规则与看点

日本东京书籍株式会社 书籍编辑部 著

王梦蕾 译

目录

田径	004
竞技游泳	014
花样游泳	018
水球	020
跳水	022
马拉松游泳赛	023
竞技体操	024
艺术体操	030
蹦床	032
击剑	034
摔跤	036
拳击	040
柔道	042
空手道	047
跆拳道	051
射箭	054
自行车	056
射击	060
皮划艇	063
赛艇	066
帆船	068
网球	070
足球	074
篮球	080
3×3 篮球	086
排球	087
沙滩排球	093
手球	094
乒乓球	098
羽毛球	102
曲棍球	104
15 人制橄榄球	108
7 人制橄榄球	114

美式橄榄球	116
高尔夫球	122
板球	126
棒球	130
垒球	136
攀岩	138
滑板	140
冲浪	142
铁人三项	144
五项全能	146
举重	148
马术	150
高山滑雪	152
越野滑雪	156
跳台滑雪	158
北欧两项	160
冬季两项	162
自由式滑雪	164
单板滑雪	169
速度滑冰	174
短道速滑	178
花样滑冰	180
有舵雪橇	184
无舵雪橇	186
俯式冰橇	187
冰壶	188
冰球	190

ATHLETICS

■ 速度、力量、毅力，皆是来自这一综合项目的考验

 田径

田径是一项基于"更快、更高、更强"之奥林匹克精神的体育项目。其所含项目种类丰富，通常在室外田径场或公路上举办。

>>>>> 比赛场地

田径场

田径场上全长 400 米的椭圆形赛道被称作"跑道"，通常一个田径赛场最多设置 9 条分道。跑道内外两侧设有"田赛区"，用于跳远、跳高、投掷等项目。

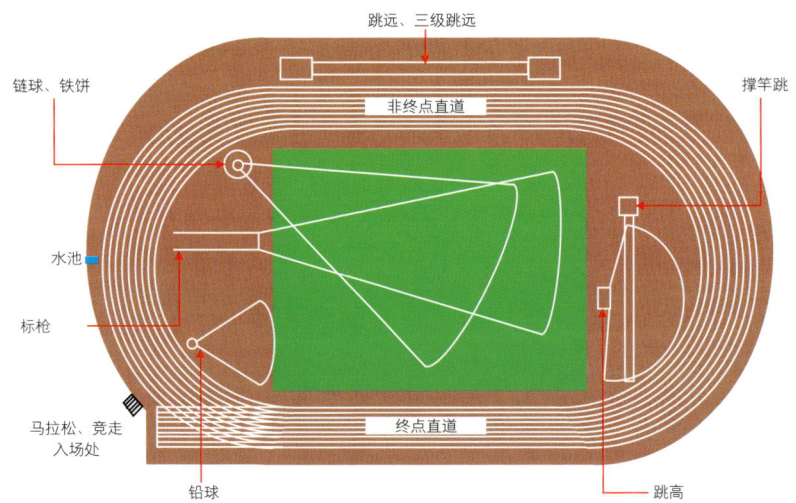

观赛 4 要点

要点 1 田径项目通过跑、跳、投掷等最基本的动作进行比赛

田径追求跑（或走）得更快，跳（或扔）得更远，是一项最为基本且简单的比赛项目。田径亦是历史最为悠久的体育竞技之一，可以追溯到第一次奥林匹克运动会。另外，大多数田径项目都是个人参赛，团体项目较少。

要点 2 田径项目可划分为田赛、径赛、公路赛和全能比赛 4 个部分[①]

田径运动可按场地要求或项目特性大致分为 4 类。首先，在等间隔划分开的跑道上跑或走，最终按时间顺序排名的项目被称为"径赛"。其次，在跑道内侧（一部分项目位于跑道外侧）的场地举行的一系列项目统称"田赛"，其中包括以跳跃高度或距离为评判标准的项目，以及通过投掷特定器械来测量投掷距离的项目。再次，沿着跑道或公路跑步（或行走），最终统计抵达终点的顺序记录名次的项目亦被称为"公路赛"。最后，由单人完成多项目并统计总分的叫作"全能比赛"。

① 中国田径协会将田径解释为"径赛、田赛和全能比赛的统称"，与本书原著略有分歧。——译者注

要点 3	**田径项目数总计超过 25 种，不同项目有不同规则，看点大有不同**
	在上述 4 个类别之中，各类项目所包含的具体项目也不尽相同，很多项目都要求不同的距离或器械。并且田径比赛大多分男女组进行（个别项目要求的距离或器械净重有差异），若是将男女组比赛分开计数，那么田径比赛中的总项目数将会接近 50 项。大多数田径项目的规则都较为简单，但每项都有各自不同的细则，并且不同项目需要的瞬时爆发力、体力、耐力以及综合能力都有着较大差异，观众在观赛时可以感受到来自不同项目的不同魅力。

要点 4	**田径选手只身挑战自我极限的风采令人瞩目**
	田径项目中，除撑竿跳以外的所有项目，都不借助任何道具，比赛成绩直接取决于选手自身的力量。因此，最大限度发挥自身实力，以及能够在赛场上临危不乱，正常发挥的心理素质就显得格外重要了。田径项目不仅是与其他选手的比赛，更是与自身的角逐。那些在关键时刻超常发挥，超越极限的田径选手，将会使全场观众发出由衷的赞叹。

知道这些观赛更有趣

[径赛]

项目种类

径赛各分项中，比赛距离小于 400 米的是"短跑"；距离稍长的是"中长跑"；需要选手在比赛中越过障碍物的是"跨栏跑"；需要由 4 名参赛选手交接接力棒完成比赛的是"接力"。

短跑	100 米、200 米、400 米
中长跑	800 米、1500 米、5000 米、10000 米、3000 米障碍物
跨栏跑	100 米（女子）、110 米（男子）、400 米
接力	4×100 米、4×400 米、男女混合 4×400 米

分道

跑道按照相同间隔画有数条白线，由此分割出的每一条赛道被称为"分道"，在距离小于 400 米的各项短距离比赛中，选手需要全程在分道内完成比赛。如进入其他分道，则失去比赛资格。这一规则并不适用于 1500 米以上的长距离比赛。中长距离项目中，参赛选手由弧形起跑线起跑，比赛过程中可自由改变分道。值得注意的是，800 米项目中，起跑后 100 米之内不得变道，100 米后则放开这一限制。

抢跑

抢跑，指在出发指令前冲出起跑线的行为。过去的比赛规则曾允许一次抢跑失误，后经过改定，抢跑一次即失去比赛资格。在发令员发出口令 "Set（预备）"后，直至发令枪响的过程中，选手若有明显多余动作，发令员可予以警告。短跑项目中，起跑的发挥左右着比赛的最终结果。因此，选手需具备足够的瞬时爆发力和专注力，才能在发令枪响的一瞬间冲出起跑线。并且，选手还要有足够的心理素质，以避免因过度忌惮抢跑造成起跑失误。

名次判定

径赛比赛中，参赛选手身体躯干（不包括头、颈、臂、腿、手等）抵达终点线即被视为完成比赛。因此，很多运动员在冲线时多采用挺胸前倾的姿势。抵达终点的瞬间均会由专用摄像机记录，并以 1/1000 秒的精度进行处理，以便裁判员判定名次与比赛成绩。

短距离项目

具体项目的规则及看点

100米

百米夺冠通常意味着"人类速度极限",100 米短跑称得上是田径项目中最为夺目的一颗明星。同时,它也是田径项目中唯一在直线跑道上完成全部赛程的项目。100 米项目从起跑到冲线只需要短短 10 秒左右时间,实可谓"成败只在顷刻之间"。因此,在比赛前半段需要运动员具备对开始信号的急速反应能力、起跑后迅速加速至最高速度的能力(加速能力);后半段则考验的是选手保持高速度的持久力。一般来说,100 米的参赛选手按照比赛策略可分为两种,即起跑后立刻加速的爆发型选手,以及在比赛后半段冲刺反超的厚积薄发型选手。

200米

200 米短跑包括 80 米弯道跑及 120 米直线跑。由于 200 米项目是采取弯道处起跑的形式,所以在爆发力与加速能力的基础上,更考验运动员的弯道技巧,在过弯道时保持较高速度。赛程后半段时,选手的持久力将会成为胜负的关键。

400米

选手完成 400 米赛跑,需要绕跑道一周。因此,400 米跑和 200 米跑一样,过弯道的技巧十分重要。而两者不同之处在于,400 米更加重视运动员的体能。没有异于常人的出色体能,便无从进行长达 40 秒左右的全力冲刺。400 米赛跑也因此被认为是径赛中最严苛的项目。

道次分配

预选赛阶段的比赛道次通常由抽签决定。但预选赛小组则是根据选手近期比赛的成绩划分,分组时一般会有意将实力相近的选手分在不同组别。半决赛、决赛中参赛选手的起跑道次则是按照预赛成绩分配,各组前 4 名抽选第 3 至第 6 赛道,各组第 5、6 名抽选 7、8 赛道,各组最后 2 名抽选 1、2 赛道。这是因为两侧都有其他选手参赛,中间道次的选手受到的来自风力或噪声的影响相对较小,更易于比赛发挥。当然,200 米和 400 米项目都是弯道起跑,而第 7 和第 8 赛道的弯道角度相对平缓,因此也有人将这两条赛道视为黄金赛道。

蹲踞式起跑

短跑项目的起跑,采用蹲踞式起跑的形式。蹲踞式起跑,"蹲"是最突出的特征。起跑口令分为三部分:首先,在听到"On Your Marks(各就各位)"时,两手撑地,双脚通常以有力腿在前的形式,前后抵在起跑器上。接下来,随着"Set(预备)"的口令,运动员需抬起臀部并保持静止。最后,在发令枪响的一瞬间,选手冲出起跑线,完成起跑。另外,起跑器的角度及间距可由参赛选手本人于赛前进行调整。

超风速成绩

风速对短跑项目影响极大,尤其是 100 米和 200 米的比赛成绩更容易因风速产生明显变化。因此,田径比赛中规定,当比赛过程中顺风风速达到 2 米每秒时,比赛成绩不予承认(但比赛名次仍有效)。这被称为"超风速"。除短跑项目外,在跨栏、跳远、三级跳远的比赛中,这一规定同样适用,但根据项目种别,测量风速的时间点及时长存在差异。此外,逆风时不论风速,比赛成绩均记为有效。

百米短跑——挑战人类速度极限

直至大约 100 年前,男子 100 米赛跑仍然没能突破近 11 秒的世界纪录。而在 2018 年,男子百米的世界纪录已经突破了 9.6 秒大关。这可以说是由身体素质与竞技技巧的进步掀起的人类又一次进化。1968 年,美国选手吉姆·海因斯首次创造了 10 秒以内的百米世界纪录。1991 年,田径界的超级巨星卡尔·刘易斯跑出了 9.86 秒的佳绩。在那之后,同样来自美国的莫里斯·格林、泰森·盖伊、贾斯廷·加特林等选手前赴后继,接连跑出了新纪录。21 世纪起,牙买加选手开始崭露头角。阿萨法·鲍威尔以 9.74 秒的优异成绩受到了全世界的瞩目。在 2008 年北京奥运会上,尤塞恩·博尔特横空出世。他在决赛场上以压倒性的绝对优势以及睥睨全场的姿态冲过终点,留下了 9.69 秒的惊人纪录。翌年,他再度以 9.58 秒刷新世界纪录,在人类历史上留下了首个进入 9.5 秒的百米纪录。另外,在日本,桐生祥秀于 2017 年成为首个创下 10 秒内百米纪录的日本选手。亚洲人在体型上也许不占优势,但今后亦有可能一鸣惊人,令人期待。十年磨一剑,一朝试锋芒。选手们在田径场上为 1/100 秒的差距而挑战人类速度的极限,如此夺目的赛场,想必今后也会继续让全场观众为之欢呼。

中长跑

各项目的规则与看点

800 米

800 米赛跑需绕场地 2 周整。比赛过程中,从起点至第 1 转弯处(第 1 弯道起始处),为分道跑。在通过第 1 圈的第 2 个转弯处(即第 1 弯道出口)后,选手可抢道。起跑后,选手需要在一定时间内保持接近短跑的较快速度,对体力与速度都是一种考验。允许抢道后,抢道的技巧与策略是重中之重。而最后 200 米的制胜关键,是终点冲刺时的表现。

1500 米

1500 米中距离赛跑时,选手于非终点直道处出发,共绕场地跑 3¾ 周后完成比赛。由于 1500 米及以上径赛项目不采取分道跑的方式,起跑时使用弧形起跑线。1500 米的比赛一般会持续 3 分钟以上,因此对体力要求很高。近几年来,1500 米项目逐渐出现强调速度的趋势,项目难度也随之日渐加大。比赛过程中需要运动员合理调整节奏,以达到起跑后维持一定速度,终点前能全速冲刺的效果。

5000 米

5000 米比赛由非终点直道处起跑,绕场地跑 12 周半后完成比赛。5000 米及以上项目在径赛中被视为长距离项目,考验的主要是运动员的耐力。此外,不同选手常选择不同的比赛策略,有选择前期发力,抢占先机的,也有后期制胜,冲刺反超的。选手在比赛过程中采取的策略和对其他选手的应对,是观赛时不可错过的看点之一。特别是最后 1 圈的冲刺阶段最为激烈,甚至会出现选手相撞、摔倒的情况。

10000 米

10000 米需要绕场地 25 圈,是在田径场的跑道上进行的距离最长的径赛项目。与 5000 米相同,10000 米同样以耐力、比赛节奏以及选手之间的相互抗衡为主要看点。有时,一个良好的位置或优秀的冲刺表现,也会大大影响比赛结果。长跑项目中非洲选手有着压倒性的实力,是欧美及亚洲等国选手挑战的目标。

3000 米障碍赛

3000 米障碍赛中,参赛选手绕场地跑 7 周,过程中需要越过 35 个障碍物(包括带有水池的障碍物)。3000 米障碍赛简称 "3000mSC",为 SteepleChase(障碍赛)的缩写。在耐力与速度的基础上,更是需要优异的弹跳能力和强大的腿部力量。越过障碍物时极易摔倒,过水池时被淋湿也会造成额外的体力消耗。这可谓是一项难度极大的运动项目。

3000 米障碍赛:全程维持奔跑速度连续越过合计 35 个障碍物

3000 米障碍赛的参赛选手,每跑 1 圈,都需要越过 5 个障碍物。男子组障碍物高度设置为 91.4 厘米,女子组为 76.2 厘米。5 个障碍物中,必须包含一个长 3.66 米的水池。选手可以选择以手撑越的形式翻过障碍,但禁止从外侧绕行或自障碍物下方穿越。每一位选手都必须具备在保持行进速度的前提下精准越过障碍物的能力。

站立式起跑

中长距离径赛采用的起跑方式。运动员在听到 "On Your Marks(各就各位)" 的口令后,双脚前后开立并静待发令枪响。与 "蹲踞式" 起跑不同,站立式起跑没有 "Set(预备)" 的口令。

跨栏

规则与看点

跨栏比赛的跑道上均设有 10 个栏架。栏架的高度与间隔则按照各项目的具体规定进行设置。男子 110 米栏比赛要求栏高 106.7 厘米,间隔 9.14 米。女子 100 米栏则规定栏高 83.8 厘米,间隔 8.5 米。400 米跨栏比赛中,男子组与女子组所用栏架高度均相对较低,栏距为 35 米。过栏时,除故意为之的情况外,运动员碰倒栏架一般不视为犯规。跨栏时,腿部或足部位置允许超过栏架两侧边缘,但高度必须高于栏高。但碰栏后很可能对跑速造成影响,因此,以精准的姿势零失误过栏也是跨栏的重点。

起跨腿与步数

跨栏时,选手蹬地向前起跨的单侧腿被称为起跨腿。跨栏选手的起跨腿大多固定,因此,栏间跑的大致步数也大多是固定的(一般是 3 步左右)。跨栏比赛中节奏的掌控十分重要,如果起跨腿及步数上出现失误,必然会影响比赛成绩。不过,400 米跨栏跑栏间距较大,有时选手会临机应变,在赛中改变起跨腿。

接力

规则与看点

在 4 人接力赛中,需要由 4 名参赛选手以交接接力棒的形式共同完成比赛。因此,选手个人的能力虽然重要,但 4 人接力更加注重交接棒的技术及相互配合的能力。4 人接力赛包括 4×100 米接力(每位选手各跑 100 米)及 4×400 米接力(每位选手跑 400 米)两种形式。2020 年东京奥运会[①]将新设男女混合 4×400 米接力项目。所有接力赛的第一棒均采用蹲踞式起跑,其中,4×100 米接力全程分道进行,4×400 米接力则从第 2 棒开始允许抢道。如果接力棒在交接之前掉落,须由该选手本人拾回并递交给下一位选手。如果在交接过程中出现掉棒,则交接双方均可拾棒。

选手的安排

在安排各棒选手时,必须充分发挥选手的特长。例如,在 4×100 米接力赛中,第 1 棒选手多具备强大的起跑爆发力;第 2 棒选手应擅长跑直道;第 3 棒选手擅长弯道跑;第 4 棒则需要一位善于加速反超的运动员来担任。此外,从第 2 棒开始选手们需要在加速起跑的过程中完成交接棒动作,如果交接双方的速度差异过大,则会面临速度下降甚至被淘汰的风险。

接力区

接力赛的参赛选手,必须在指定区域内将接力棒传递给下一位选手,这个区域被称为接力区。若在接力区外接棒,该队将被取消参赛资格。4×100 米接力的接力区长 30 米,4×400 米接力区为 20 米,接棒选手必须从接棒区起跑。此外,4×100 米接力中曾经设有助跑区间(加速区),但这一规定于 2017 年 11 月正式被取消。

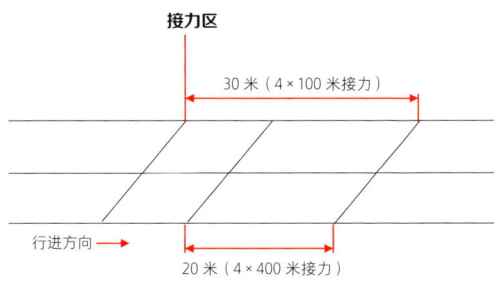

接力棒的交接

交接棒可谓是接力比赛中最重要的环节之一。即便参赛选手的实力极强,一旦出现掉棒等失误,都难逃被对手拉开巨大分差的后果,更有甚者会直接失去参赛资格。相对地,如果能够成功且迅速完成交接,最终的比赛成绩可缩短 1 秒以上。交接棒有两种形式,从上方将接力棒递给接棒选手的形式被称作"下压式",从下方交接的方式为"上挑式"。相较而言,"上挑式"更为高效,能够最大程度保持原有速度完成交接。但由于难度过大,采取这种方式的队伍并不多,而日本男子 4×100 米接力队采用的便是这种方式。该队为提高"上挑式"交接的精确度,进行了大量训练,最终跑出了世界水平的优异成绩。

下压式

接棒选手向后抬高手臂,掌心向上,尽量伸长。交棒选手将接力棒以自上而下的轨迹递交给接棒选手。

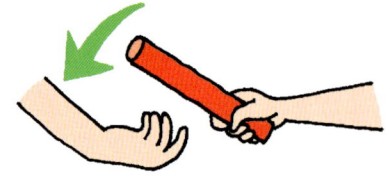

上挑式

接棒选手掌心向下,手臂向后伸长。交棒选手自下方将接力棒"推"进接棒选手手中。

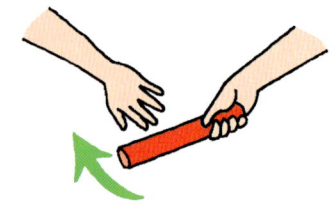

[①] 由于新冠疫情,2020 年东京奥运会未如期举行,具体计划尚不确定。本书关于 2020 年东京奥运会的内容,参考疫情前的既有安排,不作更新。——编者注

[田赛]

项目种类

田赛，指在径赛跑道内侧或外侧进行的比赛项目，大致可分为"跳跃"及"投掷"两大类。"跳跃"类项目指以跳跃的距离或高度判定成绩的比赛，包括跳远和撑竿跳高等。"投掷"指运动员将指定器械掷出后，以掷出的距离划分成绩的项目。

跳跃	跳高、撑竿跳高 跳远、三级跳远
投掷	铅球、铁饼 链球、标枪

跳跃

具体项目的规则及看点

跳高

在跳高项目中，横杆需用2根间隔约4米的立柱架起，运动员助跑后跳越横杆完成比赛。每一高度均有3次试跳机会。专业跳高的比赛成绩一般都超越运动员本身的身高（男子组一般2.4米以上，女子组2米以上），因此运动员腾空时的动作十分引人注目。横杆并非固定于架上，选手过杆时若碰杆，横杆会掉落。因此，起跳的力度、时机、姿势十分重要。跳高姿势并不唯一，选手自由选择适合自己的跳高方式。其中，较为主流的要数"背越式"了。

撑竿跳高

撑竿跳高是田径项目中唯一需借助器械起跳的项目。选手在助跑后将撑竿插入插斗，在反作用力的作用下完成起跳。与急行跳高一样，撑竿跳高在每一高度有3次试跳机会。选手使用的撑竿，在长度、材料、粗细上没有严格规定，由参赛选手根据自身情况选择。理论上说，撑竿越长越有利。但长度越长，也越不容易控制。男子组撑竿跳高的成绩可达到6米以上，女子组也在5米左右，几乎与2层楼相当。为了达到这种高度，运动员需要熟练掌握相应技术，将助跑的速度转移到撑竿上。

跳远

跳远比赛中，选手助跑至起跳板后起跳，最终以跳跃距离计算成绩。每位参赛选手有3次试跳机会（奥运会决赛中，进入8强的选手每人有6次试跳），以最佳成绩排列名次。选手起跳后，于沙坑区域落地，试跳成绩以沙坑上所留痕迹距离起跳板最近处为准。起跳时距离起跳线越近，对最终成绩自然越有利。但一旦起跳时超越起跳线，即判犯规。因此，起跳的一瞬间才是跳远项目最大的看点。至于腾空姿势，目前较为主流的有"蹲踞式"及"挺身式"。

三级跳远

三级跳远项目中，运动员助跑后在起跳板处起跳，依次完成单脚跳、跨步跳和跳跃的动作后落地。其中单脚跳（第1跳）与跨步跳（第2跳）的起跳脚相同，第3跳时则需要用另外一只脚。其余规则如起跳犯规的判定、落地点的计算及试跳次数等，均与急行跳远相同。在三级跳远项目中，男子组选手轻易便能够跳出18米以上的成绩，女子组普遍也能达到15米左右。

助跑及起跳的时机乃重中之重

在起跳时最大程度发挥助跑的效果，并看准时机精确起跳，是跳跃项目中的重点。此外，若过分忌惮触线等犯规动作，反而会影响发挥，很难取得理想成绩。因此，果敢精神也是必不可少的。选手们精湛的起跳技术及腾空时的优美身姿，也为跳跃项目增色不少。最后，不得不说的是，运动员将胜负寄托在那转瞬之间的跳跃之上，从而激发出的强大专注力，实可谓非常夺目。

撑竿跳高的竿

撑竿跳高时使用的撑竿，以前大多用木制或竹制。而现在，选手们使用的撑竿更多是用玻璃纤维或碳纤维制成的。长4~5米，重量在2~3千克。可见，仅仅是拿着它助跑，就已经需要相当的技术和力量了。

免跳以保存足够体力

跳高及撑竿跳高比赛中，为节省体力，运动员可申请在任意高度前不进行试跳。免跳结束后，若在新一高度连续3次试跳失败，则该运动员比赛结束。虽然免跳有着一定风险，但若免跳后成功跳过相应高度，对其他选手来说将是巨大的压力。因此在观赛时，选手在免跳上采取的策略，以及选手间利用免跳机制进行的博弈也是看点之一。

三级跳远：单脚跳、跨步跳和跳跃

三级跳远的跳跃动作十分复杂，需要熟练的技巧及大量的实践经验。若技术不过关，则在单脚跳、跨步跳这两步时便会失去助跑的效果，导致最后一跳时跳不出理想的成绩。因此，在三级跳远的比赛场上，大多是一些经验丰富的老牌运动员。世界顶尖的选手大多已经形成了独有的三级跳远的节奏，有的选手甚至可以一步跃出 6 米以上。

＜图例＞

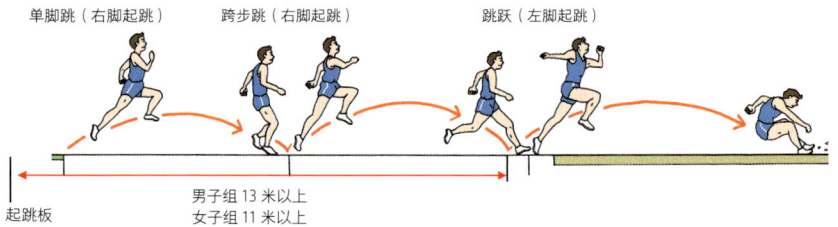

选手：请观众席帮忙打节拍

跳跃项目中，有的参赛选手会要求观众席上的观众集体拍手。这样做的选手可能出于不同的目的。例如，可能是为了辅助自己更好地掌握节奏，也有可能是为了用众人的关注来提高自己的专注力。跳跃项目原本和短跑项目一样，是一类需要观众在观赛时保持安静的项目。自从美国选手邦克斯在 1983 年开创了先例，这种做法便逐渐多了起来。

多名选手出现相同成绩时

当多名选手成绩相同，且并无更高成绩出现时，试跳次数少的一方获胜。例如，跳高比赛中甲方选手第 1 次试跳便成功跳过某高度，而乙方选手第 2 次试跳才成功跳过，此时，只用了一次试跳机会的甲方选手名次在前。

投掷

具体项目的规则及看点

铅球

铅球比赛中，选手需在直径 2.135 米的圆形投掷圈中投掷铅球。铅球净重约 7 千克（男子组）或 4 千克（女子组）。投掷时，运动员在投掷区的一端侧身开始滑步，借助下半身的惯性将铅球投出。投掷出的铅球必须落在呈 34.92 度扇形的着陆区域内，否则即判为犯规（压线同样为犯规处理）。此外，在投掷时，若手、脚等身体部位超出投掷区，也属犯规行为，这一规则适用于所有投掷类项目。

铁饼

铁饼项目的投掷区为直径 2.5 米的圆形区域。男子组与女子组所使用的铁饼规格分别为 2 千克与 1 千克。投掷时，选手首先手持铁饼原地旋转，后利用旋转产生的离心力将铁饼掷出。与铅球项目相同，需要让铁饼落入 34.92 度的角度线内，成绩方为有效。铁饼项目需要的不仅仅是体格与力量，更需要的是在旋转后将铁饼精准掷出的技术，以及良好的身体平衡能力。投掷时的出手角度与时机若出现丝毫误差，都会对比赛成绩造成巨大的影响。

链球

链球项目中所使用的器械，相当于在铅球上加装链条与把手。运动员在比赛时需要在直径 2.135 米的场地内将链球投掷出去。与铅球项目相同，男子组与女子组所使用的链球的净重也分别在 7 千克与 4 千克左右，且只有在铅球落入 34.92 度的扇形落地区时，成绩才有效。投掷时，首先在投掷区内旋转 3 至 4 圈，利用旋转时所产生的离心力将链球掷出。旋转时需要手持链球并保持旋转速度的稳定加快，因此，对选手的力量及技术都是极大的考验。此外，投出的时间点与角度也是影响比赛成绩的重要因素。

标枪

标枪是投掷项目中唯一设有助跑跑道的项目。选手在助跑后将标枪掷出，以投掷距离判定成绩。标枪掷出后，需要在 28.96 度的角度线内侧落地，且枪头必须先于枪尾落地。由于标枪投掷很大程度上取决于助跑速度与最后的投掷步，因此与其他投掷项目相比，标枪项目中身材较为小巧的选手更为多见。此外，所有投掷项目比赛时均有 3 次试投机会（成绩排名前 8 的选手为 6 次），取最佳成绩排列名次。

投掷区周围的防护设施

在铁饼及链球项目中，由于需要在旋转后进行投掷，一旦出现失误，投掷方向则不可预测。因此，出于安全考虑，投掷区外围都会设置防护设施。

投掷器械的规格及投掷方法（姿势动作）

在不同的投掷项目中，投掷器械的形状及重量各有不同，相应的投掷方法也各有特色。需要遵循器械的特性，尽量更有效地将投掷力转化给器械，让器械能够在掷出后移动更远的距离。

	大小及重量	投掷方法
铅球	男子组：直径 110～130 毫米、7.26 千克；女子组：直径 95～110 毫米、4 千克	将铅球托至与下颌或颈部同高后，单手将铅球推出。
铁饼	男子组：直径 219～221 毫米、2 千克；女子组：直径 180～182 毫米、1 千克	以上半身转向后方的姿势预备，经过预摆后开始旋转，借助由此产生的离心力将铁饼掷出。
链球	男子组：长 1.175～1.215 米、7.26 千克；女子组：长 1.160～1.195 米、4 千克	首先握住链球把手，使球随身体旋转进行预摆，摆速加速至一定程度后身体旋转 3～4 圈，利用由此产生的离心力将链球掷出。
标枪	男子组：长 2.60～2.70 米、800 克；女子组：长 2.20～2.30 米、600 克	助跑时单手持枪，标枪高于手臂。在转换为交叉步时手臂后撤，并在最后一步时将标枪掷出。

选手的气魄与叫喊

为了保持力量的绝对集中，选手在比赛时大多在屏住呼吸后完成投掷动作。恢复呼吸后再顺势大声喊叫出来。此外，也有选手直接将自身的气魄与斗志寄托在叫喊声中抒发出来。因此，观众也能从中感受到比赛场上的雄浑与壮阔。

风的影响

在投掷比赛中，特别是铁饼项目的比赛中，风力对最终成绩有着很大的影响。然而，和短跑等项目不同，投掷项目中，逆风对成绩的提高更加有利。这是因为铁饼等投掷器械受到逆风的影响会产生浮力，落地所需的时间更长，掷出的距离更远。因此，选手在投掷的时候也会利用这一点，在投掷时根据风向调整投掷角度。

[公路赛]

项目种类

公路赛是指在公路上举行的比赛。大致包括马拉松及竞走两类。马拉松比赛中，男女组的路线及距离相同，均为 42.195 千米。竞走分为 20 千米与 50 千米两种，女子组不参加 50 千米的比赛。比赛路线的距离一般用自行车进行测量，将 3 辆自行车测出的距离取平均值后确定最终路线。

各项目的规则及看点

马拉松

为了能够跑完长达 42.195 千米的全程，运动员必须具备强大的耐力。特别是夏季奥运会中的马拉松项目，更是一场与酷暑进行的斗争。此外，节奏的分配也同样重要。比赛时，跟紧领跑者不掉队固然重要，但大多数情况下运动员到了比赛后半程都会感到吃力。因此，就需要运动员正确判断时机，合理冲刺。这是马拉松最大的看点之一。

竞走

竞走项目中包含 20 千米男女竞走及 50 千米男子竞走两大类。竞走比赛时，选手并不能随意走完全程，而是要以规范的动作走完全程。单是这一点，难度就已经很大了。若犯规，裁判会予以警告，达到一定次数后选手会失去比赛资格。此外，竞走时的速度也十分惊人，大约 3 小时就能走完马拉松全程，比赛节奏可见一斑。因此，每一位竞走选手都需要具备保持这种节奏的耐力，还要同时有足够的注意力来避免比赛失误。

配速员

在有些马拉松赛事中,会有若干被称为"配速员"的人在先头部队的前方领跑。配速员可以帮助选手保持节奏,避免体力的过度消耗。同时,也能起到缓解选手的心理负担、为选手分担逆风带来的影响等作用。配速员需要在所有参赛选手前方领跑,因此每位配速员也都具备相当的能力。配速员的领跑任务通常在30千米处结束,因此,大多数参赛选手会在配速员离场后开始加速,以拉开与其他选手间的距离。不过,奥运会等国际大型赛事中不采取配速制度。

路面情况、天气状况:诸多影响因素

公路项目的一大特征,要数场地的特殊性了。由于比赛要在实际道路上进行,所以路面的状况、坡度、气候条件等因素都会对比赛结果造成影响。而且水泥路反光、室外道路独有的湿气等也同样是影响因素。在这样严苛的条件下,男子马拉松比赛中选手几乎每3分钟就要跑完一千米。如果遇到大风或暴雨天气则更是会加快体力的消耗。选手们除了应对这些负面条件,还要时刻关注周围的情况、选择最佳的冲刺时机以完成比赛。

竞走的规范动作及犯规

竞走比赛中对走路的姿势有着严格的规定,为此,选手在比赛时的动作十分特殊。常见的犯规动作有两种,"腾空"与"膝盖弯曲"。裁判员通过肉眼观察运动员的动作,对于有可能犯规的动作,以黄牌(专用于提示警告的黄色圆盘)警告;确定犯规时红牌罚下。

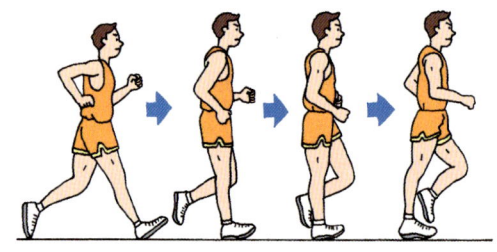

腾空

竞走比赛中,选手必须保证任何时间都至少有单侧脚面与地面接触。一旦双脚同时离地即为犯规。

膝盖弯曲

自前脚脚跟接触地面起,至该侧腿与地面垂直为止,膝盖不得弯曲。否则同样按犯规处理。

需要6~9名裁判

竞走项目中,共有6至9名裁判分别在赛道的不同位置上对选手的动作规范进行严格的审查。当发现选手有疑似违反竞走技术的迹象时,裁判出示黄牌示意选手规范动作。当选手出现离地动作时,出示画有波浪纹样的黄牌;当选手出现膝盖弯曲的动作时,出示画有"〈"字形的黄牌。此外,出现肉眼明确可见的犯规动作时,裁判员可直接将红牌递交至主裁判员处。同一选手多次接到黄牌提示,并不会失去比赛资格。但若累计有3名裁判员对同一选手出示了红牌,则该名运动员被罚下。有时,红牌罚下不会当场告知选手,而是在比赛结束后公布。这种情况下,失去比赛资格的选手比赛成绩作废,其他选手的名次顺次提前。

竞走的速度

竞走项目的顶尖选手可以在1小时20分内走完20千米全程;在3小时30分左右走完50千米全程。按每千米换算一下,他们仅用不到4分钟的时间就能够走完1千米。这样的速度,在马拉松比赛中也能达到平均水平。运动员们不仅要保持这样的快速节奏,同时还要时刻注意动作的规范,这对体力是极大的消耗,竞走可以说是十分严苛的运动项目了。

饮料供给站

公路项目中大多是需要跑(或走)完较长距离的项目,因此比赛过程中的水分补给是十分重要的。如果没有及时补充水分,选手很有可能因出现脱水现象而不得不退出比赛。一般来说,饮料供给站设置在道路单侧,间隔约5千米。由于参赛选手中绝大多数惯用手是右手,因此一般推荐赛方将饮料供给站设置在右侧。饮料有可能是杯装,也有可能是瓶装。如果错过饮料补给,会对后续赛程造成很大影响,因此饮料供给站是十分重要的一环,甚至有时会出现比赛选手在饮料供给站周围相撞的现象。也有很多选手会选择将喝剩下的饮料洒在身上,以起到降温的效果。

[全能项目]

男子 10 项、女子 7 项：由单人独立完成

全能项目指单人独立完成包括短距离跑、中距离跑、跳跃、投掷在内的多项田径项目。分为男子十项全能比赛和女子七项全能比赛两种，参赛选手均需要在两天内按顺序完成所有比赛。两天中均会设有跑步、跳跃与投掷项目，各项比赛间隔均大于 30 分钟。选手在各项比赛中的成绩按照国际标准转换为相应得分，并以此得分计算最终名次。全能比赛中需要的是包括速度、力量、体力、心理素质在内的所有田径项目所需的能力。能够在全能比赛中脱颖而出，将会被誉为"田径之王"或"田径之后"。

无预赛制，决赛是唯一的机会

考虑到全能比赛难度较大，因此不采取预赛制，仅由决赛成绩决定胜负。各项目均按照国际规则举行，超风速机制与抢跑犯规等规范也同样适用。跳跃、投掷项目有 3 次试跳、试投机会，取最佳分数作为最终成绩。

十项全能、七项全能的具体项目与比赛顺序

男子（10 项全能）

第一天

① 100 米跑
② 跳远
③ 铅球
④ 跳高
⑤ 400 米跑

第二天

⑥ 110 米跨栏
⑦ 铁饼
⑧ 撑竿跳高
⑨ 标枪
⑩ 1500 米跑

女子（7 项全能）

第一天

① 100 米跨栏
② 跳高
③ 铅球
④ 200 米跑

第二天

⑤ 跳远
⑥ 标枪
⑦ 800 米跑

按照擅长与否制定具体策略

全能项目的参赛选手自然是以能够应对所有项目为目标进行了各种训练，但不同项目侧重不同，对肌肉能力与其他素质的要求都不能一概而论。因此，不同体型、不同身体素质的选手所擅长的项目也各不相同。体格较健壮且力量强的选手擅长投掷，速度惊人的选手擅长短跑，等等。因此，为了在这些有把握的项目上拿到好的成绩，选手们大多会在相对薄弱的项目上保存体力。像这样的策略在比赛过程中是十分重要的。

比赛结束时的相互激励

全能比赛的最大看点在于最后一项，即男子 1500 米跑与女子 800 米跑。选手们经过两天的激烈角逐，在体力与精力上的负荷都是巨大的。因此，最后的中距离跑对他们来说，在心理上无疑是一种挑战，同时也是最后一搏。选手们会在此倾尽全力来结束两天的比赛。选手在冲过终点后，会相互握手或拥抱，以彼此激励。这样一种在长达两天的比赛中产生的共鸣，已经远远超越了比赛对手之间的关系。这样的画面，每每都能为观众带来极大的震撼。

Aquatics

■千般泳姿、万般看点

竞技游泳

竞技游泳需要选手在不借助任何工具的前提下尽可能快速地游完一定距离，具体分为四种泳姿，比赛项目也多种多样。只有了解了其中的区别，才能体会到游泳比赛更多的乐趣。

>>>>> 比赛场地

竞技游泳池

泳池长 50 米，宽 25 米，深 2 米以上。选手需在泳道中完成比赛，泳道宽 2.5 米。每条泳道两端的墙面上设有电子计时器的触摸板，触摸板在感应到选手接触时立即停止计时。

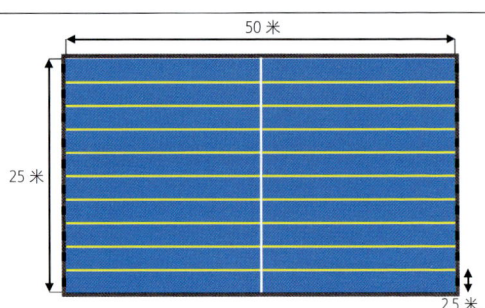

观赛 4 要点

要点 1

在自由泳、蛙泳、仰泳、蝶泳项目中，选手们游完规定距离的时间仅差 1/100 秒，竞争十分激烈

游泳项目以泳姿分类，大致分为自由泳、蛙泳、仰泳及蝶泳 4 类，按照参赛选手游完规定距离后抵达终点的次序，即所用时间的长短决定比赛名次。在设有预选赛的赛事中，预赛成绩前 8 位的选手将晋级决赛，参加冠军的角逐。

要点 2

高超的技巧、充沛的体力、合理的节奏造就优秀成绩

高超的游泳技巧能够避免多余的消耗，提高速度；充沛的体力让选手能够始终保持最佳速度；不论比赛距离长短都采取最合理的比赛节奏亦是锦上添花。因此，这三者是突破个人最佳纪录的三大法宝。游泳比赛的最高纪录年年都在更新，也有些看法指出这些成绩今后也将继续被刷新。

要点 3

游泳项目种类多样，且全能选手辈出，能在多场比赛中见到自己关注的选手

近年来，大多数体育项目都日趋专业化，众多专业型选手活跃在各项赛事之中。在这样的大背景下，游泳项目中的全能选手大放异彩，博得了众多人的关注。在日本，也有许多活跃在多项游泳项目最前线的选手。除了自身最擅长的项目以外，他们在其他项目中也有着傲人的成绩，能够在国际比赛中参加多个项目的比赛。观众便因此能够在一天之中观看到多场该选手出场的比赛。

要点 4

游泳技术的提高使得各项世界纪录不断被刷新

水有很强的阻力。因此，竞技游泳也是一场与阻力的较量。为此，专家们要反复观察选手游泳时的录像，来科学地分析如何才能减轻游泳时的阻力，以及怎样才是最合理的动作，从而让运动员能够游出新纪录。也正是得益于这样的研究，每逢世界级盛会，游泳项目的世界纪录总会出现新的突破。

知道这些观赛更有趣

项目种类　　游泳项目共分为 35 项，包括男女混合项目 1 项，男子组女子组项目各 17 项。

男子项目	女子项目	男子项目	女子项目
50 米自由泳		200 米蛙泳	
100 米自由泳		100 米蝶泳	
200 米自由泳		200 米蝶泳	
400 米自由泳		200 米个人混合泳	
800 米自由泳		400 米个人混合泳	
1500 米自由泳		4×100 米自由泳接力	
100 米仰泳		4×200 米自由泳接力	
200 米仰泳		4×100 米混合泳接力	
100 米蛙泳		4×100 米男女混合泳接力 ※	

※ 男女混合泳接力中，参赛选手由男女选手各 2 名组成，哪位选手负责哪种泳姿没有硬性规定。

各项目的特点

自由泳
一般来说自由泳比赛没有规定的泳姿，但大多数选手会用速度最快的爬泳来参加自由泳项目。在出发与折返时，选手潜水的距离不能超过 15 米，否则将视为犯规。入水后，选手以一记强有力的打腿动作浮上水面，接下来两脚在水面以下持续做鞭打动作，双臂则交替向前持续划水。在折返及到达终点时，以身体的任何部分触及池壁即可。

仰泳
在所有竞技游泳项目中，唯一仰面向上的泳姿。仰泳比赛在出发时不使用出发台，选手进入泳池后按指令出发。出发前，选手手握出发台上的仰泳出发把手，静待出发信号。出发动作大多为双腿踩水或双腿并拢的蝶泳式打水。手臂在水下重复划水动作。出发后及折返后可潜水的距离在 15 米内，超过 15 米必须有身体的一部分露出水面。

蛙泳
蛙泳时面朝下俯卧水面，双手双脚动作左右对称，但手肘部分不得露于水面之上。此外，两手在向后划水时一般不得超过臀部，但出发及折返后的第一次划水例外。出发或折返后，双手可划至大腿两侧并潜入水中，双腿并拢进行一次蝶泳式打水。后续动作要求向外侧同时蹬腿，两腿动作必须一致，蛙泳的蹬腿动作产生的推进效果要比其他泳姿高。折返或抵达终点时，必须双手同时触壁才判为有效。

蝶泳
蝶泳时面朝下俯卧水面，手脚动作左右对称。双臂在水中同时自前向后划水，随即划至水面上方后双臂自后向前回摆。蝶泳的打水动作亦被称为蝴蝶式打水，或海豚式打水，打水时不得像爬泳一样双腿交替进行。出发及折返后的 15 米之内可全身潜入水下，15 米后头部必须露出水面。折返及抵达终点时双手触壁方为有效。

自由泳接力及混合泳接力
接力比赛由 4 名参赛选手以团队的形式参加。其中分为自由泳接力（按照自由泳比赛规则进行）及混合泳接力（按照仰泳→蛙泳→蝶泳→自由泳的顺序完成）。值得注意的是，混合泳接力最后一段赛程虽为自由泳，但不得使用仰泳、蛙泳、蝶泳 3 种泳姿。混合泳接力中最好能够集结各项目的佼佼者，但实际上很难实现。因此，很多比赛当中当某一项目的实力选手出场后，比赛的局势便会出现巨大的改变。

各项目的看点

自由泳
由于爬泳的速度相对更快，因此自由泳比赛中大多采用爬泳形式。具体分为50米、100米、200米、400米、800米及1500米，合计6项。最近，能够在50米自由泳比赛中一口气游到中间的选手越来越多，观众们在观赛时能够体验到极速带来的魅力。在观看爬泳时，打水动作的频率是关注焦点之一。像在100米等短距离比赛中，选手左右臂各划水一次，即总计划水2次的过程中，双脚打水次数可达到6次。至于800米、1500米等较长距离的项目动作幅度较大，速率稍缓，每2次手臂划水可进行2次打水。

仰泳
可以将仰泳视为倒过来游爬泳。虽然手臂的动作方向相反，但与其他项目相比，选手在仰泳时面部一直朝上，观众可以直观地看到选手的表情。赛事直播时使用的录像设备将记录出发时及折返后的蹬壁动作，画面中选手们的身姿灵活，宛若海豚。蹬壁动作熟练的选手在浮上水面后往往能够带动整局比赛的节奏。

蛙泳
蛙泳是最先设立的游泳比赛项目，也是日本选手一直以来的优势项目。与其他泳姿相比，蛙泳受到的水的阻力更大，需要在身体的姿势及收手时的方式等细节上下功夫，以期达到提高速度的目的。也有观点认为，提速的诀窍在于蹬腿动作。在使用其他泳姿游泳时，蹬腿产生的推进力占5%~10%，而蛙泳则高达70%。因此，成绩优异的选手在比赛时，双腿的动作算不上极快，但幅度极大，甚至会通过调整脚掌的角度来增加蹬腿效果。与之相对，近年来越来越多的选手开始选择在蛙泳时加快双手划水的速度，上半身的动作频率极快，与前者大相径庭。究竟是大而舒展更快，还是小而急促更胜一筹，这两种对比强烈的游法是蛙泳比赛的看点之一。

蝶泳
仅次于自由泳项目中的爬泳，蝶泳被认为是所有泳姿中速度第二的。游泳时双手同时向前划水，手臂入水后自前向后推动水流以产生推进力。蝶泳对力量的要求较高，单从双腿并拢上下打水的动作上来看便能感受到其中的强劲力道了。不仅是腿部动作，手臂动作同样需要力量，因此很多蝶泳选手的上半身都有着傲人的体格。然而，蝶泳虽然注重力量，但力量并不是蝶泳的全部看点，选手们流畅且优美的动作也值得关注。

游泳接力
接力项目中因犯规被判出局的情况是各项竞技游泳项目中最多见的，大多都是由选手在交接时的失误造成的。若选手在前一选手触壁前便离开出发台，则被视为犯规。这看似是一个可以避免的失误，但在世界级的大赛中，选手们难免紧张，所以这类情况屡见不鲜。自由泳接力项目中，所有选手都选择爬泳，在最后一段赛程时，整片泳池扬起巨大的水花，向观众们传达着竞技游泳的惊心动魄。此外，接力项目的另一大看点还在于各队领军选手的表现。接力项目一般是压轴项目，这些金牌获得者能不能发挥出自己的实力将会直接影响比赛的最终结果。

使用触摸板计时
游泳比赛中各泳道两端的池壁上设有触摸板式电子计时器，规格约2.4米×0.9米。安装时，触摸板最上端要高出水面30厘米，赛场使用的均为高精度的产品。当比赛选手接触触摸板时，即便是极轻微的触碰，计时器也会立即停止计时。

短距离项目与长距离项目的看点
如果按距离分，50米至200米为短距离项目，800米至1000米为长距离项目，此二者之间另有400米这一中等距离的项目。短距离强调速度，长距离强调耐力，因此，在具体的游泳方法上也有着一定程度的差异。在短距离自由泳项目中，选手手臂2次划水期间，腿部的打水次数高达6次，而长距离比赛中大多只有2次。因此，在观赛时观察选手采用的不同游法，也是不错的选择。

安排泳道的方法
在竞技游泳项目中，8名选手会在决赛中争夺冠军。8名选手中分别在哪一泳道进行比赛，是有明确规定的。当泳池为8泳道时，按照预赛及半决赛的比赛成绩，排名第1位的选手使用最中间的第4泳道、排名第2的选手使用第5泳道，接下来的选手则按顺序左右交替着分配。这是因为成绩较好的选手在靠中间的泳道中比赛，游泳时激起的水浪较小，从而对外侧泳道的影响也相对较轻。

泳衣

游泳比赛选手参赛的着装有明确规定：男性选手泳衣不得超过脐部以上或膝盖以下；女性选手则不得超过肩膀以下、膝盖以上，且不得覆盖肩颈部分。所有选手参赛时不得身着任何使他人难以接受的服饰、不得同时穿多套泳衣（不可一件泳衣外再套一件），不得在泳衣外或身体上缠绕绷带。此外，对泳衣的规格也有限制。例如，泳衣仅限纤维材质，厚度须为 0.8 毫米且透明度不得过大。

倒三角身材

想要成为一名竞技游泳运动员，必须具备出色的体力和耐力，这也意味着日复一日的艰苦训练。其中包括高强度的速度训练（短距离往返训练）、四肢的力量训练（负重训练、肌肉锻炼）等等。这些专业训练使得运动员的三角肌、小菱形肌（带动肩胛骨运动的肌肉）、大腿后侧肌群十分发达，这也就是我们常说的"倒三角身材"。

常见的犯规行为

身体中心线越过泳道线
比赛时，选手必须在规定的泳道内完成比赛。泳道宽 2.5 米，一旦越道则被视为犯规。

在"预备"信号发出时有多余动作
当参赛选手在出发台上做好准备姿势（仰泳比赛选手在池中手握出发把手后静止）后，裁判员会发出"预备"口令。选手应在"预备"口令后的下一个指令发出时再出发，但如果在"预备"口令后有任何多余的动作则视为犯规。

比赛时接触池底
在折返时，双脚不得接触池底、不得在池底走动、蹬壁借力时也不得使用池底借力。

15 米潜水上限
竞技游泳比赛，出发后及折返后可潜水的距离最长为 15 米，超过 15 米则为犯规。在个别允许潜水的项目中，也不得连续潜水 15 米。曾经在某次仰泳比赛中，一位选手以一口气潜水游过大半个泳池的方式领先于其他选手，自那之后官方便制定了这样的规则。

泳池的要求

泳池使用淡水，比赛时水流静止。标准水温在 25 ℃ 到 28 ℃ 之间，水位需保持满水状态且任何情况下不得低于一定高度。相邻泳道之间以泳道线隔开，泳道线直径在 10 厘米至 15 厘米之间，两端固定在泳池壁上并收紧使其能够保持笔直状态。泳道线的颜色也是按照规定设置的。此外，正规比赛一般虽设置 10 条泳道，但最外侧的 2 条泳道不作为赛道使用，即真正的赛道只有中间 8 条泳道。

竞技游泳用语

● **Stroke 划水**
指游泳时手臂划水的动作。根据不同的项目，"1 次划水"所指的对象不尽相同。蛙泳、蝶泳手臂完成 1 次完整动作视为 1 次划水。而自由泳、仰泳则是将左右臂分别完成 1 次动作视为 1 次划水。

● **Quick Turn 触壁转身**
指折返时的一种方式，多见于自由泳、仰泳。选手在水中翻滚以调整方向，随即用脚蹬壁完成转身。这样的方法能够在折返时节省时间。

● **Dolphin Kick 海豚式打腿**
指双腿并拢后上下打腿的动作。因为动作与海豚游泳时的姿势相似，因此被称为"海豚式打腿"。

● **Vassallo Kick "瓦萨洛"潜泳踢腿**
指在仰泳、蝶泳等项目中，出发后及折返后仅借助蹬壁的反作用力进行的潜泳阶段。但最长距离不得超过 15 米。

● **Reaction Time 反应时间**
在出发信号发出前如果有多余动作，则被判为犯规。"反应时间"指出发信号发出后到身体跃下出发台之间的时间。世界顶尖的游泳选手的反应时间仅 0.4～0.5 秒。

● **Lap Time 单圈时间**
指在运动一定距离的过程中途经某点时所用的时间。在竞技游泳中专指选手游完泳道的总长或往返所用的时间。泳池长 50 米，单圈时间一般为选手游完 50 米或 100 米的时间，通过此记录能够确认比赛时的节奏是否拖沓。

竞技游泳

Artistic swimming

■ 华丽优美且活力四射的竞技表演
花样游泳

花样游泳的官方项目名由"同步游泳"改为"艺术游泳"。花样游泳将一场又一场华美且充满活力的表演展现在观众面前，令人赞叹不已。

>>>>> 比赛场地

花样游泳专用泳池

泳池规格为 30 米（最低）× 25 米，水深要达到 3 米以上。比赛评委分为两组，每组由 5 ~ 7 名裁判员组成。

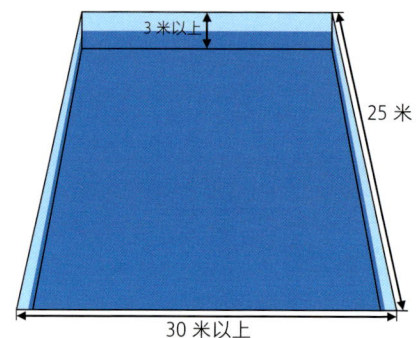

观赛 3 要点

要点 1

伴随着音乐节奏完成游泳动作，根据具体的完成情况、协调性、艺术性评分来角逐最终名次

花样游泳的官方名称之所以从"同步游泳"改为"艺术游泳"，是为了强调在比赛过程中，更加注重的是动作的完成情况及表现力，在优雅的表演技能的基础上更加关注动作的速度等体育要素。在奥运会比赛项目中，花样游泳分为双人项目（2 人参赛）及集体项目（8 人参赛），均只有女性选手才能参加。

要点 2

比赛分为技术自选与自由自选两部分，二者得分组成比赛总成绩

不论是双人项目还是集体项目，比赛都分为"技术自选"与"自由自选"两部分，分别计分后汇总出总成绩。在技术自选环节中，选手要随着音乐的节奏按顺序完成规定的 7 ~ 10 个技术动作。双人项目要求用时在 2 分 20 秒以内，集体项目要在 2 分 50 秒以内。值得强调的是，除了个别动作以外，技术自选环节在绝大多数情况下要求所有选手在完成动作时朝向同一方向。在"自由自选"环节中，选手可以随着音乐自由组合动作，双人项目要求用时不得超过 3 分钟，集体项目不得超过 4 分钟。动作的表现力和艺术性在自由自选环节中也是评分对象。

要点 3

旋转、跳跃、推举动作最受人瞩目

自选手进入观众视线的一瞬间起，花样游泳的比赛便已经开始了。包括选手走向泳池的过程、在池边摆出的准备动作等内容都是表演的一环，选手们贯彻始终的灿烂笑容也是这一项目独有的靓丽风景。整套动作大多由经过润色后的基础动作组成，但很多都需要调动全身的力量才能精准呈现。表演时运动员们的腿部动作、旋转、推举后的跳跃等动作一气呵成，让观众目不暇接。

知道这些观赛更有趣

高难度的体操动作是亮点

在自由自选项目中,动作的完成情况和选手间的协调性、表现力及艺术性等都是评分的对象。诸如将选手高高举起,或者借力腾空而起这样体操要素极强的动作,在花样游泳这一强调团队合作的项目之中可谓是一大亮点。观众们时常为选手在水面上展现出的表演与笑容而倾倒,每当此时,观众也需要了解,如此精彩的表演,是靠水下一系列高强度动作才能展现出来的。

腿部力量是关键

花样游泳选手的日常训练包括:腹部、颈部、背部肌肉锻炼;循环系统强化训练;柔韧度训练;等等。而被誉为日本花样游泳之母的井村雅代教练则指出,日本花样游泳实力提升的一大因素在于腿部力量的提升。这一成果具体体现在运动员无论在怎样正式的舞台上也能够沉着冷静地完成比赛。因此,观赛时可多将注意力放在选手的腿部动作上。

比想象中更要求体力

想要在水中完成大幅度的动作,必须具备足够的体力。花样游泳华美的表演背后是运动员日复一日艰苦训练所付出的汗水。据称,花样游泳运动员每天训练所消耗的体力,可以减轻 2 千克体重。训练强度太大,若不摄入足够的营养,便会体重过轻,导致体力不足。因此每名运动员每天平均摄入的热量在 5000~6000 千卡。而一般一名成年女性每天所需的热量仅有 2000 千卡。

身高会成为减分项

花样游泳比赛中,选手可能因为身高而被减分,着实让人有些意外。在日本,选拔运动员时设有明确的身高标准——如果身高低于 165 厘米,则会被扣分。这是为了能够培养出真正能够在世界级赛场上向披靡的运动员而设下的规定,不可谓不讽刺。

服装、发型也是关注点

比赛时的着装对比赛中的表演内容以及给人的印象有着巨大的影响。具体的服装要基于表演的内容及背景音乐,融入个性化的元素,才能最终设计出独具匠心的比赛服。大多数队伍在着装上讲求新颖,而最近越来越多的设计开始彰显各民族的传统特色。至于发型,常见的有马尾辫或发髻。为了不对比赛产生影响,甚至会在头发上涂满凝胶以保持发型。

比赛从入场的一刻便已开始

花样游泳的另一大特点便在于,运动员在水中的表演并不是比赛的全部。比赛自选手走向泳池时就已经开始,下水前的准备姿势也是评分项之一。观赛时应将选手走向泳池时的姿态也细细观察一番。

花样游泳的姿势

花样游泳的整套动作通常由基本动作组合而成。由于技术自选需要潜水及换气,因此通常会在规定动作中加入衔接动作。对基础动作有一定了解后,观看比赛时便能更加透彻了。

屈膝姿势

屈膝姿势分为背部朝上屈膝、腹部朝上屈膝、垂直屈膝、水面弓形屈膝等。动作表现为一腿弯曲,弯曲腿的脚尖应与伸展腿的内侧接触。

垂直姿势

身体舒展,与水面垂直。双腿并拢,头朝下,使头部、臀部、脚踝在同一直线上。

芭蕾腿

身体仰面平躺于水面,舒展身体,面部、双脚及大腿前侧露出水面。保持此姿势后,单侧腿上举,直至与水面垂直。

Water polo

■被称为"水中格斗技"的球类项目

水球

水球比赛的场地设置在泳池中,双方球队在规定时间内相互投球,以最终得分计算比赛成绩。水球亦被称为"游着泳打的球"。

>>>>> 比赛场地

水球专用泳池

水球比赛使用的场地要求泳池水深在2米以上,面积比篮球场地还要大,男子比赛场地为30米×20米,女子比赛场地为25米×20米。场地两侧的球门高90厘米,宽3米。球门的大小所有比赛统一。

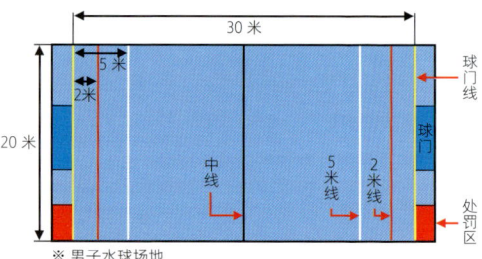

※ 男子水球场地

观赛5要点

要点 1 每队7人,得分高者胜

水球比赛中,每支球队应包括守门员在内共7人。同时,允许每支球队有6名替补选手,比赛过程中可随时换人,换人次数无限制。水球使用的球比手球大,比篮球小。除守门员外的所有选手不得双手持球。

要点 2 比赛分为4节,每节8分钟

比赛的开始以裁判员在泳池中央发球为准,率先抢到球的一方拥有最初的进攻控球权,争夺进球的机会。比赛时间分为4小节,每节8分钟。第1、3小节后有2分钟的休息时间,第2节后的休息时间为5分钟。各节中均有1次暂停机会,暂停时长1分钟。

要点 3 开始进攻后30秒内不射门即失去进攻权

选手在比赛中需要游泳行进,并在开始进攻后30秒内完成射门。否则将失去进攻控球权。

控球进攻权

水球比赛对"进攻时间"有着明确要求,自持球起开始计时,时长30秒。若在30秒内进球、或球落入对方球员手中、或出现犯规行为,进攻时间会立即清零。

要点 4 允许对持球选手进行有身体接触的反击

水球比赛中的犯规行为分为一般犯规与严重犯规两大类。绝大多数的一般犯规行为出自进攻方,防守方被判一般犯规的情况较少。尤其值得注意的是,水球项目的规则在一定程度上允许对持球选手进行有身体接触的反击,因此,很多对持球选手进行的行为都不被认定为犯规。

要点 5	**犯规多发，甚至直接影响比分**

水球项目中的犯规行为十分多发，有时甚至可以左右比赛的最终结果。例如，双手持球、进攻方在 30 秒内没能射门、将未持球选手意外压进水中等，都会让对方球队获得任意球的机会。而故意将未持球选手压进水中则会被临时罚下场，使己方球队陷入以少对多的困境之中。

知道这些观赛更有趣

各位置球员的分工

中锋
中锋是进攻的关键。中锋球员可以占据对方球门前的重要位置直接射门，也可以诱敌深入为队友制造得分机会。在防守时主要盯防对方后卫球员。

后卫
后卫的主要任务是盯紧对方中锋球员，化解对方的攻势，是防守的关键。同时，后卫也是发起攻势的原点，可以说在比赛中起到了司令塔的作用。

前锋
水球比赛中，参赛运动员大致分为守门员与场上球员，后者亦可被称为前锋，进攻时在场内游走以摆脱对方的盯防，接到队友的传球后射门。或者，也可以作为中锋的辅助，为中锋增加持球机会。

守门员
守门员负责在球门前防守，阻止对方的射门。在水球比赛中，守门员是唯一能够双手持球、在池中站立的人。在成功防守对方射门后，守门员也会随即成为己方攻势的起点。

常见犯规

一般犯规
一般犯规指程度较轻的犯规行为。比赛规则对进攻方与防守方都有限制，但相对而言对进攻方的要求更多一些。如果一方被判为一般犯规，则对方将得到任意球的机会。任意球将在犯规行为发生的位置进行。

【进攻方的一般犯规行为】
- 进攻球队在 30 秒内没能进行射门。
- 双手持球。
- 握拳击球。
- 将球压入水中。
- 在对方球员上方游泳。
- 越位。

【防守方的一般犯规行为】
- 对对方未持球球员进行任何限制球员手脚自由的行为。
- 将对方未持球球员压进水里。
- 在对方球员上方游泳。

个人犯规行为
个人犯规行为比一般犯规行为程度更严重，一旦判罚，球员需暂时离场。

排他性犯规行为
- 将未持球选手压入水下，或拉拽未持球球员。
- 妨碍任意球、角球、球门球的行为。
- 比赛中擅自离开泳池。

惩罚性犯规行为
当裁判员判定一犯规行为直接造成对方射门失败时，犯规球员将被判为惩罚性犯规，未犯规球队将会获得罚球机会，相当于足球的点球。
- 在禁区中以犯规行为妨碍对方球员射门时。
- 暂时离场的球员进入场内妨碍比赛进行时。

打蛋器式踩水法
由于水球比赛中球员双脚不得接触池底，在进行传球等动作时，球员需要原地踩水。踩水时，大多采用"打蛋器式踩水法"，将双腿像打蛋器一样旋动。

■腾空时转瞬间的动作与入水时的美

跳水

运动员从 3 米或 10 米高台上跃入水中的体育项目。与体操有几分相似，运动员腾空与入水时的姿势极具艺术魅力。

观赛 3 要点

要点 1
由跳板、跳水、双人跳水等项目组成，表演中的艺术美与技术表现均纳入评分范围

跳板比赛使用距水面 3 米高的跳板。跳水比赛则使用 10 米高的跳台。但二者的差别不仅限于起跳高度。跳板由于材质具有较高的弹性，选手起跳时首先会向上空弹起，然后开始完成动作。而跳台则材质较硬，弹力较弱，因此选手在跳台起跳时不会经过向上弹跳的过程。双人跳水顾名思义，指两位选手同时完成一套动作。

要点 2
起跳方向、空翻旋身等动作以及入水时的姿态是竞争高分的砝码

起跳时，运动员可以选择面向前方的"正面起跳"、面向后方的"背后起跳"，或向上弹跳后旋转身体的"旋转起跳"等方式。腾空时的动作越美，入水时溅起的水花越小，评分就越高。不论哪个项目，完成动作的时间都只有 2 秒左右。预选赛将会选拔出 12 名选手进入决赛。

要点 3
跳板跳水强调动作的活力，跳台跳水追求小幅度快速的旋转，双人跳水要求运动员的同步性

选手在比赛时完成的动作由腾空时的姿势、回旋数、入水方式三部分组成，每一部分都有明确的规定。跳板跳水的看点在于运动员借助跳板的反弹力做出的大幅度动作。而跳台跳水没有可以借助的弹力，因此比起起跳时弹跳的高度，跳台跳水更讲求迅速且小幅度的旋转动作。双人跳水项目需要两名运动员同时起跳完成整套动作，对同步协作能力要求较高，据称打分时动作技术分占 40%，同步性占 60%。

知道这些观赛更有趣

腾空动作

跳水比赛腾空时的动作分为以下 4 大类，在设计动作时必须从这 4 类中选择。首先，"伸展型"指选手伸展全身，为了保证膝盖及腰部不弯曲，腾空时从指尖到脚尖都需要伸展开且并拢。其次，"虾型"，以腰部为轴，弯曲身体，膝盖与双脚伸直并舒展开。再次，运动员弯腰屈膝，双膝、脚踝并拢，双手抱膝的"抱膝型"。最后，当动作包括空翻旋转等内容时，则可将上述 3 种动作任意穿插在整套动作的任何位置，被称为"自由式"。

入水的最高境界——Lip Clean Entry

入水是影响最终成绩的极大要素之一。选手在跃入水中的一瞬间，溅起的水花越小，得分则越高。入水时的最高境界被称为"Lip Clean Entry"。"Lip Clean Entry"时，水面完全没有水花，只激起一声仿若双唇开合时发出的细微声响，随后便见到无数气泡自水底涌上。这是在水花连同入水时的击水声一同被带入水下时才会出现的最高境界的入水方式，在比赛中能取得最高的评价。

Marathon swimming

■在海水等自然水域中进行的10千米游泳比赛

马拉松游泳赛

开放水域游泳项目中10千米以上的项目被称为马拉松游泳赛。比赛遵循国际统一规则，不设置预选赛，男子组与女子组分别举行。

观赛3要点

要点1
要在河、湖、海等泳池以外的自然水域中游完10千米，速度快者胜

马拉松游泳赛在海、河、湖或海峡等自然水域中举行。游出好的成绩自不必说，取胜是这一项目的重中之重。一般来说游泳速度快的选手自然是第一，但在泳池中练就的能力，不一定能够在野外发挥作用。马拉松游泳赛对泳姿没有规定，选手可以选择适合自己的泳姿参加比赛。

要点2
不可或缺的是关于水温、风向、洋流等在野外游泳时需要的知识和技术

由于比赛在野外进行，选手需要全面掌握包括比赛当天的水温、气温、风向等所有信息。如果在海中举行，涨潮与退潮的时间也会大大影响赛况。这就需要选手提前掌握比赛区域的信息，在条件相似的水域中练就相应的能力。

要点3
比赛允许选手之间的接触，选手间的激烈角逐令人瞩目

比赛开始后，选手要游过事先测量好的10千米赛程，完赛的方式没有特别规定。完赛时间通常在2小时左右。比赛时的影响因素很多，除天气状况外，选手之间的意外接触也时常发生。尤其是在比赛开始后最初的一段时间，甚至会出现选手撞在一起的情况。此外，有时还会遇到水母等海洋生物。这考验的是选手不畏惧任何突发状况、一心完成比赛的决心。

知道这些观赛更有趣

常见的犯规行为

- 马拉松游泳赛允许选手站立在海底，但不得行走、跳跃。
- 选手不得故意与伴赛船接触。
- 选手不得使用或穿戴任何提高耐力、浮力的设备。
- 食物饮料站不得将食物扔给选手，选手必须通过专用设备或双手直接接受补给品。

泳衣及相关设备

越野泳中不得使用潜水服，但可以穿着带袖的泳衣，允许使用泳镜、泳帽、耳塞、鼻夹。由于比赛时间较长，为了防止泳衣摩擦皮肤，比赛前允许选手涂凡士林软膏。此外，亦可在赛前涂抹防晒霜。

补给站的光景玩味十足

越野游泳会消耗大量体力，因此，比赛中允许选手通过补给栈桥获得营养补充。但接取补给品的方式仅限补给竿或亲手交接。补给竿的长度不得超过5米，选手们通过补给竿接收食物的样子仿佛一个大型垂钓场，十分有趣。

Gymnastics

■ 灵活与细致酝酿出的绝美表演

竞技体操

使用的器械多种多样，表现形式精准且充满力量，同时又如杂技动作一般精彩。男子体操与女子体操所用器械及具体项目种类略有不同，各有各的亮点，富有趣味。

观赛 3 要点

要点 1 比赛成绩由动作难度系数（D 系数）及动作完成系数（E 系数）合计得出

不同动作根据具体难度均设有相应数值。选手整套动作的合计难度数值加上达到特定条件时产生的附加分后得出最终的"D 系数"。另一方面，"E 系数"由动作的美感、完成度、表现效果组成，满分 10 分，以减分的形式取最终得分。将上述二者相加，若出现超时等情况则减去相应分数后得出的即是选手比赛的最终成绩。

要点 2 男子体操 6 个项目，女子体操 4 个项目

竞技体操中男女均设有个人单项、个人综合、团体综合 3 种参赛形式。从具体项目类别来看，男子体操项目包括自由体操、鞍马、吊环、跳马、双杠、单杠 6 项。女子体操项目则设有跳马、高低杠、平衡木、自由体操 4 项。个人单项、个人综合及团体综合统一进行预选赛，名次高者晋级决赛。个人综合指一人完成所有项目，团体综合为 4 人一组，合作完成所有项目。

要点 3 高难度动作、表演的艺术性、落地时的稳定性是得分的关键

想要取得高分，就必须编入高难度的动作。此外，在正确完成动作的基础上保证姿势的优美也十分重要。而最直观可见的便是落地的稳定性了。能否在落地时不摇不晃，是观赛时的注目点之一。动作既复杂又充满力量、完成时精确且优美、落地时稳而不晃，是高分成绩的必备要素。女子项目中节奏感与艺术性也占较大比重。

知道这些观赛更有趣

个人单项、个人综合、团体综合的看点

个人单项比赛中群雄会集，不论哪个项目的参赛选手都是该项目的佼佼者，能够看到高手间的对决。在个人综合比赛中，会集的是各个项目都颇有造诣的全能选手，有的选手会在擅长的项目中一举反超，不看到最后是猜不到最终结果的。在团体综合比赛中，一名选手的失误，可以通过其他选手的通力合作来弥补，观众可以观看到这样的团队精神。

动作的难度等级从 A 至 I

每一个动作都规定有相应的难度，动作难度从 A 至 I，共 9 个等级。难度不同，分数也不同，A 级难度最低，随后逐渐加深。男子比赛 10 个动作的难度分与女子比赛 8 个动作的难度分的总和将反映在最终的 D 系数中。值得一提的是，鞍马与其他项目不同，每一动作拥有其固定的 D 系数，其他项目中一般用英文字母表示难度系数，而鞍马项目通常用"6.0"这样的数值形式表示。

各项目简介

竞技体操的各个项目有着共通的看点：运动员的力量与动作的完成度。但不同项目也有着独有的特色。例如，即便是同一项目，男子组与女子组的表演内容也各有千秋，还有很多只设有男子比赛或女子比赛的项目，观众都可以从中观赏到这些项目独特的精彩瞬间。

自由体操 |男子·女子|

器械特点

自由体操使用长宽均为 12 米的正方形场地，亦称赛台。运动员可利用场地内的任意位置进行表演。为了有助于运动员起跳，场地地面下装有弹簧等弹性较高的材料。

主要动作（男子）

月面空翻（Tsukahara/Moonsalto）●难度 D
团身后空翻转体 180 度，接团身前空翻转体 180 度下

白井 3（Shirai3）●难度 H
后翻 2 周同时转体 1080 度

柳金（Livkin）●难度 H
团身后空翻 1080 度

规则及看点

自由体操的比赛时间，男子比赛为 70 秒，女子比赛为 90 秒，均要求运动员的一整套动作必须充分利用场地四角。不同之处在于，女子自由体操比赛要求有配乐。男子比赛主要以跳跃、空翻等动作的完成度为重，女子比赛除此之外还要求运动员具备配合音乐施展出足够艺术性的能力。空翻的高度、转身的速度、高难度的连续动作等既具备力度又兼备流畅性的表演是比赛的一大看点。男子、女子比赛均不得超过时间限制，或超出比赛场地，否则作减分处理。

鞍马 |男子|

器械特点

鞍马使用器械高 105 厘米，因外观与骑马时使用的马鞍相似而得名。鞍马上装有两个金属环，称为鞍环。选手在比赛时可在马的任何部位以手支撑或以抓握鞍环的形式完成动作。

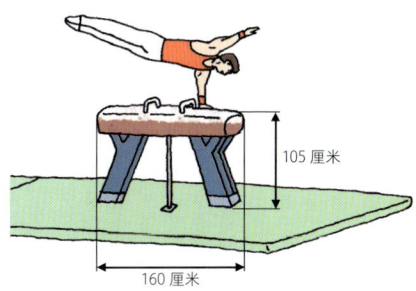

规则及看点

鞍马比赛自比赛开始至整套动作结束的过程中，不允许停顿。过程中，选手完全依靠手臂力量来支撑身体进行一系列动作。主要动作包括：两臂交替支撑的各种单腿摆越，以双手为轴的全旋和移位转体动作以及结束动作 4 类。由于鞍马的动作强调整体的流畅性，一旦动作节奏出现偏差，想再恢复到原本的节奏便十分困难了。因此，这是一项对节奏与平衡性要求极高的项目，失误带来的代价是极高的。腿部碰马或从马上跌落皆为减分项。

主要动作

李宁交叉（Li Ning）●难度 D
正交叉转体 90 度。经单环起倒立落下成骑撑

马乔尔移位（Magyar）●难度 D
向前后方向（即纵向）的全旋移位

布斯纳里（Busnari）●难度 F
转体后倒立接转体位移

吊环 |男子|

器械特点

吊环比赛中吊环与支柱之间由钢索连接,吊环高度保持 2.6 米。钢索经过特殊设计,即使向同一方向转动多次也不会打结。

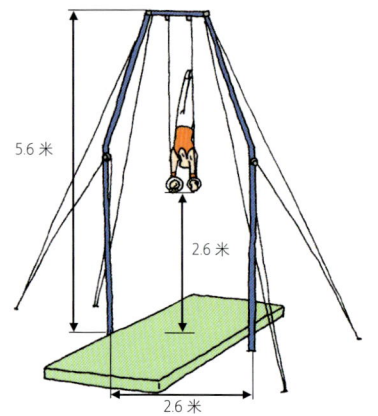

规则及看点

选手开始比赛时,吊环保持静止。比赛时选手要使用手臂的力量带动身体完成相应动作。吊环比赛是对手臂力量要求最高的项目之一,吊环被吊在空中,十分不稳定。在这种条件下完成力量静止、悬垂、倒立、旋转等动作时,正确调整姿势的难度很大。力量静止动作指的是例如倒立、垂悬等状态下保持静止的动作,选手在力量静止动作中保持静止的时间若低于 2 秒则会被减分。最后的落地动作难度也很大,若出现摔倒、移步等情况同样会被减分。比赛的最大看点可以说是力量静止动作了,选手在完成这类动作时,吊环仿若不受重力影响一般静止在空中。

主要动作

山胁(Yamawaki) ● D 难度
团身前空翻 720 度成悬垂后摆

中山(Nakayama) ● D 难度
从后水平悬垂起,直臂压成十字或直角十字支撑

扎内蒂(Zanetti) ● F 难度
从后水平支撑慢起成水平支撑

跳马 |男子·女子|

器械特点

跳马比赛所使用的器械包括助跳板及跳马。男子跳马与女子跳马在器械上的区别在于跳马的高度。男子跳马高 135 厘米,女子跳马高 125 厘米。

主要动作(男子)

洛佩兹(Lopez) ○ 5.6
直体笠松(侧手翻外转 90 度,团身前空翻转体 180 度)转体 720 度

白井/金熙勋(Shirai/Kim HeeHoon)
○ 6.0
直立尤尔琴科(踺子接团身后空翻)转体 1080 度

布拉尼克(Blanik) ○ 6.0
前手翻接屈体前空翻 720 度

规则及看点

跳马比赛前,参赛选手需向裁判员明示计划动作的序号。助跑距离在 25 米以内,选手助跑后借助助跳板起跳,起跳后以手臂撑马,越过跳台。在腾空过程中,可以进行空翻、转体等动作。一次试跳只能完成一种动作,因此,跳马比赛的看点也就浓缩在这一瞬间的动作之中。跳马动作的难度与其他项目不同,是以既定的分数表示的。比赛成绩由 10.0 分减分后得出。为了得到较好的分数,选手需要在动作难度、完成动作时姿势的标准程度、落地时的稳定度等方面苦下功夫。

双杠 |男子|

器械特点
双杠比赛使用两根水平且平行的木制横杠，杠高180厘米，两杠间距42～52厘米，以韧性较高的材料制成。

规则及看点
双杠是男子体操项目中动作种类最为丰富的项目，运动员在杠上可进行空翻、在杠下可完成垂悬等动作。双杠动作大致可分为开始动作、支撑、结束动作等。比赛的看点在于，运动员如行云流水般的动作中，时不时会戛然而止，呈现出完美的动静结合之态。倒立时爬动、触杠、坐于杠上或从杠上摔落都会成为减分项。

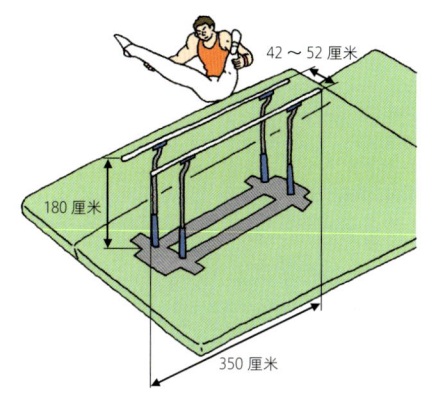

主要动作

莫里苏（Morisue） ●难度 D
支撑前摆团身后空翻 720 度成俯挂

滕海滨 ●难度 F
杠下空翻转体倒立

加藤弘之（Hiroyuki Kato） ●难度 G
支撑前摆团身后空翻 2 周转体 360 度下

单杠 |男子|

器械特点
单杠比赛使用 2.6 米高的金属横杠，杠身中穿有钢丝，由韧性较高的材料制成。

规则与看点
单杠比赛的精彩之处汇集于华丽的回旋和飞行动作之中。自始至终利用离心力展现出的整套动作既有美感，又有力量感。动作分三类，选手从所有动作中选择摆动、飞行动作、近杠动作、结束动作来构成整套动作。保持腾空状态的飞行动作是最引人注目的，连续完成多个高难度飞行技能将会得到加分。但此动作一旦失败就会落地，风险较大。最后的结束动作也十分夺人眼球，选手会摆至距地面 5 米高的高度后完成落地动作。像这样风险与华美并存的雄浑之处，被称为是男子体操的精华。

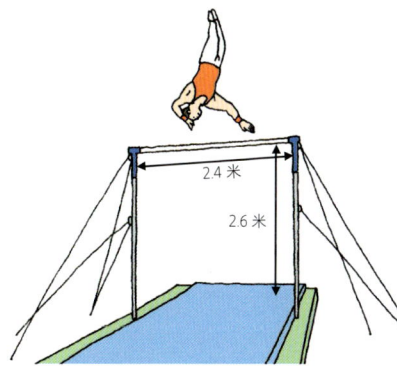

主要动作

特卡切夫（Tkatchev） ●难度 C
前摆分腿或躯体后跳跃杠成悬垂

科尔曼（Colman） ●难度 E
科瓦克斯（前摆后空翻 720 度越杠成垂悬）加转 360 度

卡西纳（Cassina） ●难度 G
直身科尔曼动作

宫地（Miyachi） ●难度 I
直身科瓦克斯（前摆后空翻 720 度越杠成垂悬）加转 720 度

平衡木 |女子|

器械特点

平衡木距地面 1.25 米，长 5 米，宽幅 10 厘米。比赛允许使用助跳板起跳。

主要动作

奥诺蒂（Onodi）●难度 D
后跳转体 180 度成前软翻

斯蒂肖娃（Shishova）●难度 F
木上团身后空翻转体 360 度

加里森（Garrison）●难度 G
并腿侧翻起跑→向后空翻转身 360 度上木

规则与看点

平衡木项目中，运动员要在一根表面宽度约 10 厘米的横木上做出一连串的舞蹈（跳跃、转身）与空翻动作。平衡木比赛只设有女子比赛，完成动作的时限为 90 秒，整套动作由技巧性动作（最多 5 个）及舞蹈动作（最少 3 个）组成，带有空翻的动作是取得高分的必要条件，因此大多选手选择在成套动作中编入空翻。优秀的平衡木选手需要具备良好的平衡能力、身体柔韧性、熟练掌握高难度动作以及艺术感受力。技巧性动作难度较高，但为了取得高分，选手多会选择这类动作。比赛中时有选手因这类动作摔落，让观赛充满了紧张气氛。减分项包括超时、摔落、落地时身体晃动等。但若在空翻过程中摔落，且 10 秒内回到平衡木上，则不会遭到减分。时间超过 60 秒时，视作比赛结束。

高低杠 |女子|

器械特点

高低杠比赛使用高度不同的两根水平横杠进行比赛。高杠高 2.5 米，低杠高 1.7 米，两杠间距 1.8 米。

规则与看点

高低杠比赛融合了回旋、腾空时的华丽和跳跃、空翻时的力量，是灵活性最强的项目之一。整套动作没有时间限制，比赛自运动员借助助跳板上杠即为开始。观众在比赛中可以看到运动员在高低杠之间游走的风采，感受那贯穿始终的优雅与健美。

主要动作

马罗尼（Maroney）●难度 D
低杠经倒立向后飞行至高杠悬垂

科马内奇空翻（Comaneci）●难度 E
高杠前撑后摆分腿前空翻抓杠成悬垂

科莫娃（Komova）●难度 E
斯塔尔德倒立（后方并腿腾空倒立）接向后转体 180 度抓高杠悬垂

得分算法

比赛中负责计算 D 分的裁判员共 2 人，2 位裁判员分别记录各自承认的动作及分数，最后汇总成绩。若 2 人得出的分数相同，则该分数为最终成绩；若不同，双方确认分歧后达成一致，得出最终成绩。负责计算 E 分的裁判员共 5 人，各自记录运动员在比赛过程中出现的失误（膝盖弯曲、落地后晃动等），并从满分 10 分中扣除相应分数。5 名裁判员得出的分数中，去掉最高分与最低分，剩余 3 人的分数求和后平均，即为最终 E 得分。

各项目的顺序

各项目的顺序是固定的，一般来说男子比赛的顺序为"自由体操—鞍马—吊环—跳马—双杠—单杠"，女子比赛的顺序为"跳马—高低杠—平衡木—自由体操"。不论是单项比赛、个人综合还是团体综合比赛，皆遵守上述顺序进行。值得注意的是，为了加快比赛进程，男子比赛分为 6 小组，女子比赛分为 4 小组同时进行，最先进行鞍马的小组将最后参加自由体操的比赛。

动作名称的渊源

竞技体操中的动作均被冠以设计并成功完成该动作的运动员的名字。当运动员希望在比赛中尝试新动作时，首先需要在赛前向赛方递交申请，申请后若在该赛事中成功完成相应动作，动作将被冠以递交申请的选手之名。若同时有两人申请同一动作，且均在比赛中成功完成该动作，该动作则被冠以两人的名字。有些运动员的名字出现在多个项目中，这是该选手成功设计并完成了多个动作的成果。

逐年增加的动作数量

自 1896 年雅典奥运会起，竞技体操便成了奥运会的正式项目，至今已经走过了 120 多年的岁月。随着时间的推移，各种各样的动作被运动员施展出来，有些动作经过改良已经不复存在，有些动作由于时代的变迁而不再符合规则，有些动作与其他动作融合出新的动作，也有些动作因为危险性过高而被取消。即便如此，竞技体操的动作数量也在这样的推陈出新中不断增加。目前，男子竞技体操的规则说明中已经有 800 余个动作。

团体赛是全队综合赛

在决赛中，每支队伍中的 4 名运动员将有 3 名参加所有项目的比赛，3 人的得分相加得出最终成绩。因此，任何一个人的失误都将影响到整个队伍的成绩，不容半分懈怠。预选赛中排名第 1、第 2 的参赛队，决赛中将最后进行单杠（男子）或自由体操（女子）比赛。最后的项目将会大大左右最终成绩，因此选手在最后进行的项目中的表现至关重要。特别是男子比赛，单杠项目允许运动员挑战高难度的腾空、落地动作，各队参赛选手使出浑身解数奋力一搏的光景将会令观众赞叹不已。

着装规定

男子比赛要求运动员上身穿带有本国（或地区）标志的背心，下身穿长裤及袜子。只有自由体操及跳马比赛可在长裤与短裤中选择，若选择短裤则允许赤脚。女子比赛要求运动员穿着体操服，体操服材质不得过于透明且开叉不得过高。可选择穿袜子或光脚。若违反着装要求，个人项目将受到 0.3 分的减分处理，团体综合等比赛将直接在团体分中减去 1 分。

日本的传统项目"美丽体操"

日本男子体操运动员多年来在体操比赛中大放异彩，日本甚至被称为"体操日本"。从动作上看，不论是标准度、细致程度还是美感，都受到了世界各国的好评。近年来，体操比赛愈发重视高难度的新动作，但日本没能跟紧时代这一脚步，曾经有一段时间与金牌失之交臂。虽算不上一块金牌都拿不到，但与曾经的"体操日本"终究是大相径庭。在这样一段低迷期中，日本选手再一次追溯日本体操那种精准华美的传统。这为他们打下了坚实的基础，也为他们成功且优雅地完成高难度动作提供了绝佳条件。近年来，日本选手不断创新动作，实现了技巧与美感的兼备。

Rhythmic gymnastics

■ 重视艺术性的华美竞技

艺术体操

这是一项手持器械配合音乐节奏进行的体育竞技。男子艺术体操未被奥运会纳入正式项目，使用的器械及规则上男女比赛略有差异。

>>>>> 比赛场地

体操垫
艺术体操个人项目、团体项目均要求选手在一块边长 13 米的正方形场地中完成比赛，选手的成套动作必须充分利用整块场地，但不得超出边界。

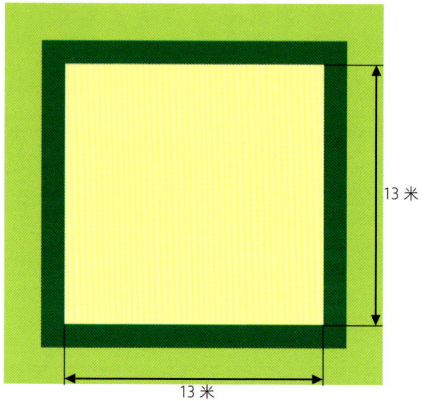

观赛 4 要点

要点 1　动作构成与难度分（D 得分）与动作完成分（E 得分）取总分

体操比赛中，最终成绩由整套动作的难度评分与动作的完成分两部分的总和计算得出。艺术体操个人项目与集体项目的难度评分均不设置上限，动作完成分满分 10 分，以减分制进行计分。难度分与完成分的总即最终成绩。难度分中，身体动作或器械动作难度等为加分项；完成分中，艺术性失误、技术性失误都是减分的对象。

要点 2　优雅、华美、富有艺术感

艺术体操拥有华美精湛的动作，这些动作经运动员精彩表现，与伴奏音乐融为一体。除了完成动作的技术，艺术体操的看点在于身体、器械、音乐三者的和谐统一，在于浓厚故事性的动作设计和动作本身的优雅。

服装与妆容也很重要

参赛选手要求身穿体操服参加比赛。艺术体操的体操服大多是经过精心设计的。此外，华丽的妆容也是必不可少的。

要点 3　比赛共设 5 项

艺术体操使用的轻器械共 5 种。圈：高抛后接住或从圈中穿过。棒：体操棒一组为两根，选手持体操棒进行旋转、投掷等动作。带：运动员将体操带在空中绕出多个螺形或是抛接体操带。绳：选手进行类似跳绳的动作、将绳抛向空中或缠绕在身上。球：拍球、在身体上或地面上滚动球。

要点 4	**个人项目以行云流水般的流畅度为重，团体项目则以同步性、多样性为重**

个人项目要求选手身体动作和器械动作皆精确无误，同时，动作的难度、动作间的衔接也会受到裁判员的重视。团体项目每支队伍 5 名运动员，动作难度及艺术表现力自不必说，所有运动员的同步协调性也至关重要。观众从团体项目中能够感受到个人项目中没有的震撼力。

知道这些观赛更有趣

各项目的看点

圈
圈操的主要动作包括圈在身体上及地面上的滚动、转动、人从圈中穿过等。选手也会在将圈高高抛起后用手或脚接住，甚至可以从圈中穿过后再接圈，稍有失误便会失败的这类动作是观赛亮点之一。有时还能看到选手将圈直接抛至与赛场顶部同高，可以说是十分奔放豪迈的动作设计了。但若是在接圈时出现失误，扣分将十分严重。

带
带操是艺术体操中最华丽的项目之一。比赛中，观众可以看到彩带如蝴蝶结一般柔顺的材质与行云流水般的动作相得益彰；可以看到被抛至上空的彩带在空中划出的抛物线与运动员精湛的接带技巧。比赛常见的减分行为有彩带落地、缠绕、打结等。

球
球操的亮点在于运动员炉火纯青的控球技术。观众可以看到球在运动员手中呈现出前所未见的运动轨迹，同时又有着流畅自然的节奏，实在是精益求精与多元性的完美结合。除抛接球失误以外，过度用力持球以及两手接球都是减分行为。

棒
棒操使用一对体操棒进行比赛，选手可将其旋转、抛接甚至空中转动。有些选手会在将右手的体操棒抛出的同时，左手还保持转棒等高难度动作。还有一些同时或相继将体操棒抛出的动作也不容错过。当然，接棒失误会遭到减分。

绳
绳操比赛可以看到诸如过绳跳、将绳缠在身上的同时点地跳以及高跳等动作。特别是华丽又快速的跳跃动作让观众赞叹不已。此外，持绳、抛绳的技巧也十分重要。减分项包括绳落地或脱落等。

并非举行全部项目

艺术体操个人综合比赛从 5 个项目中取 4 项进行（按年度对举行的具体项目种类进行更改），最终成绩为 4 项成绩之和。各项目的比赛时间均在 1 分 15 秒至 1 分 30 秒之间。团体综合比赛包括所有队员使用同种轻器械的比赛和分别使用两种轻器械的比赛，两者成绩之和为最终成绩。比赛时间在 2 分 15 秒至 2 分 30 秒之间。

轻器械简介

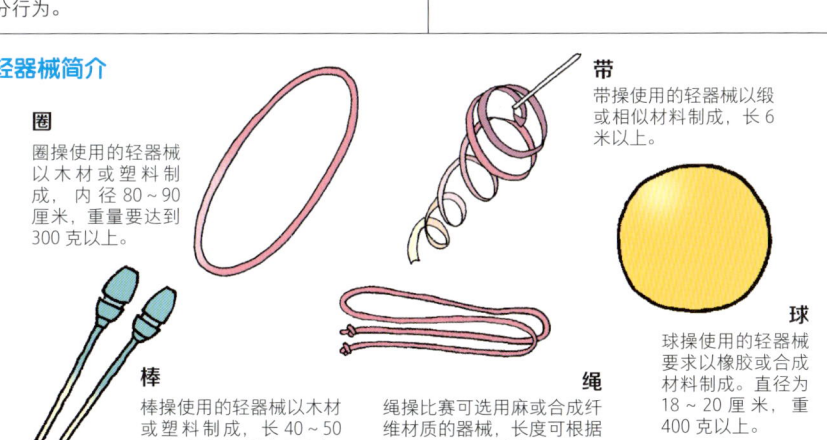

圈
圈操使用的轻器械以木材或塑料制成，内径 80~90 厘米，重量要达到 300 克以上。

带
带操使用的轻器械以缎或相似材料制成，长 6 米以上。

棒
棒操使用的轻器械以木材或塑料制成，长 40~50 厘米，重量要超过 150 克。

绳
绳操比赛可选用麻或合成纤维材质的器械，长度可根据选手需要进行调整。

球
球操使用的轻器械要求以橡胶或合成材料制成。直径为 18~20 厘米，重 400 克以上。

Trampoline

■ 在空中进行的高度与美的对决

蹦床

蹦床是一种以跳跃及空翻等华美动作为主打的竞技体操项目。选手在腾空时的动作优雅华丽，这也就要求选手具备相应的专注力，才能在那短暂的腾空瞬间发挥全部实力。

>>>>> 比赛场地

蹦床

蹦床比赛选手进行跳跃的区域被称为床面，由纤维制成且由方形线圈出，选手比赛时不得超出该范围。

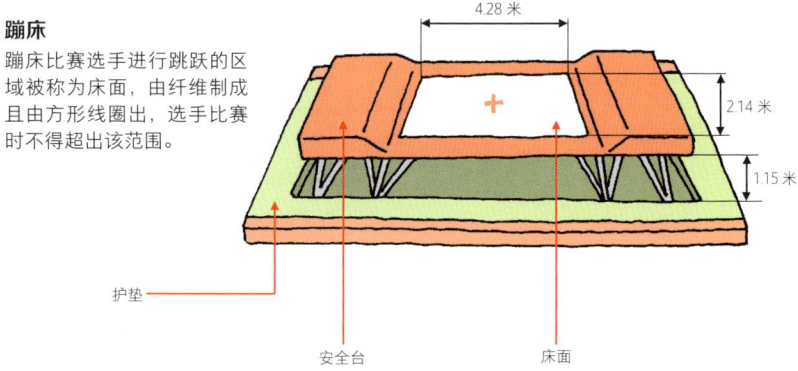

护垫　　安全台　　床面

观赛 3 要点

要点 1　技术分、难度分、高度分、位移分四者求和决定最终成绩

蹦床比赛中的成绩由 4 部分组成。技术分（E 分）：反映动作及姿势的完成情况；难度分（D 分）：对空翻、转体等动作的难度进行评价；高度分（T 分）：通过测量跳跃的高度而得出。2017 年前的蹦床比赛只有上述 3 部分，2017 年开始新增了位移分（H 分），以记录选手在弹跳过程中前后位移的多寡。也就是说，不仅是腾空时的动作，下落后回弹的瞬间也成了重要的评分内容。

要点 2　腾空时的空翻动作是醍醐之味

蹦床比赛中接连的高难度动作经常让观众目不暇接，其中大多都是诸如空翻或转身一类的杂技性较强的动作。高难度动作将会得到相应的难度加分，因此选手为了突出重围，必然要完成难度高的动作。一般来说，每转身 180°记 0.1 分，侧空翻每 90°记 0.1 分，前后空翻每一次 360°记 0.5 分，连续空翻 2 次记 1 分，连续空翻 3 次记 1.6 分。

要点 3　10 个不同种类的动作精彩纷呈

蹦床比赛要求运动员在结束起跳（相当于助跑）后共进行 10 次跳跃，且这 10 次跳跃中的动作不得重复。其中，充分利用蹦床的反弹力才能成功完成的多次空翻尤其能够为运动员挣得额外的难度分，因此世界顶尖的男子蹦床选手大多在这 10 次跳跃中，将一半以上动作都设计为包含空翻 3 周的动作。

知道这些观赛更有趣

空翻的基本姿势

直体	团身	屈体

直体空翻要求双手贴于身侧，亦被称为"layout"。同时需要注意腰部是否充分伸展。

团身指选手双手抱膝将身体团成一团的姿势。团身空翻在3种姿势中的旋转半径是最小的。

选手双腿伸直，屈体呈"<"形。屈体姿势需要较强的柔韧度及肌肉力量。

空翻周数及转体搭配

前后空翻的周数越多，难度加分越高，有选手甚至能够完成空翻4周的动作。另外，空翻与转体的搭配也十分重要。一般来说，前空翻后转体180度、后空翻转体360度要相对容易一些，想要提高转体的难度，则可以在上述基础上分别增加1周。值得一提的是，据说体操项目的著名动作"月面空翻"便是由蹦床项目中的"2周空翻转体180度"衍生出来的。

除双脚着网外还有背弹、腹弹等形式

比赛中选手着网时的姿势除双脚着网外，坐弹（臀部先着网）、背弹（后背先着网）、腹弹（腹部先着网）等方式也被视为符合规则。值得注意的是，很多运动员在训练时会使用膝盖着网的动作，这在正规比赛中属犯规动作。此外，只有保持身体直立并以双脚着网的形式才能获得最大的弹跳力，因此顶尖选手在比赛时多选择双脚着网的方式。

预赛与决赛的动作要求

蹦床比赛的预赛与决赛分别实行不同的动作要求。首先，预赛时运动员完成2套动作，2套动作均纳入最终成绩。第1套动作的所有动作都必须为空翻动作，只对4种情况进行难度分加分。第2套动作不能包含第1套动作的加分动作。决赛则要求运动员完成1套动作，动作内容由运动员自由决定，可包含预赛已经完成过的动作。

跳跃高度由红外线设备测出

蹦床比赛中将高度分（跳跃时间分）纳入评分范围，评分时使用红外线设备测取，红外线装置安装在蹦床床体上。红外线设备用于检测床面下陷的时间点，并计算运动员腾空的时间。评分时每1秒记1分，按照1/200秒为单位算出各个动作的用时。

双人同步比赛

蹦床项目除个人比赛、团体比赛外，另设有双人同步比赛。但截至2018年，双人同步比赛尚未成为奥运会正式项目。

■炫目技巧中隐藏着的转瞬对决

击剑

在击剑比赛中,一方选手用剑尖刺击对手,使剑尖准确无误地刺在有效部位。发源于中世纪的欧洲。

>>>>> 比赛场地

剑道 按照规则,击剑比赛在剑道上进行,剑道宽1.5～2米,长14米,呈细长形。为了适用于动作幅度较大的击剑比赛,剑道采用防滑材料制成。

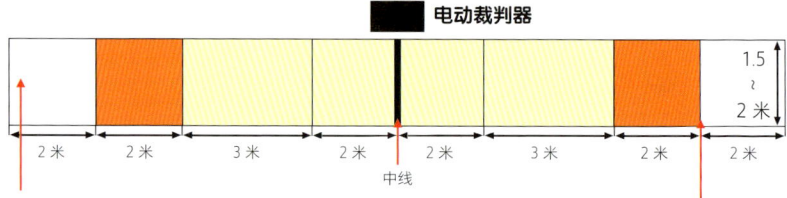

警告区
若选手双脚踏入警告区内,则对方得分。

端线
剑道的边界线,端线向内两米处另画有一条线以提示选手进入剑道边缘地区。

观赛 4 要点

要点 1
双方选手用剑刺在对方有效部位可获得分数,有效点击数多的一方获胜

击剑比赛由双方各1名选手持剑进行比赛。基本动作被称为刺击。击剑项目分为3种,使用的剑的种类及有效部位的规定均有所不同。

要点 2
花剑、重剑、佩剑

击剑按剑的种类分为花剑、重剑、佩剑 3 种,每一种剑在长度、形状、重量上的要求均不相同。并且,各项目中规定的有效部位也不相同,若能够熟悉这些不同的规则,观看击剑比赛时的乐趣更能加倍。

花剑
花剑是击剑比赛中的基础项目,运动员在比赛中只能刺,刺中对方有效部位后即得分。率先起手将剑尖指向对方的选手获得"进攻权",只有取得进攻权的一方刺中对手才记为有效得分。若对方成功防御并将剑尖指向对方,则进攻权转移给对方。双方之间围绕进攻权的博弈是看点之一。有效部位包括除头部、四肢外的躯干部分(需穿着金属防具)。

重剑
重剑比赛在国际上较为普及,尤其在欧洲十分流行。与花剑相同,重剑比赛中同样是以刺中对方为得分标志。不同的是,重剑比赛不设有进攻权,且对手全身部位皆是有效部位,因此,观众可以在重剑比赛中看到选手之间不间断、令人眼花缭乱的过招之景。

| 要点 2 | 佩剑 | 佩剑与花剑、重剑相比最大的区别在于佩剑比赛中承认刺与劈两种攻击方式，选手可以使用剑尖刺中或使用剑身劈中对手。佩剑与花剑同样采用进攻权的规则。有效部位为腰部以上，包括头部与双手。佩剑比赛中最大的亮点在于参赛选手间以剑身攻击时划出的刀光剑影。 |

要点 3 比赛分 3 局，每局 3 分钟，率先取得 15 分者胜

佩剑、花剑、重剑均设有个人比赛和团体赛。花剑、重剑每场设 3 局比赛，率先取得 15 分的一方获胜。佩剑比赛在一方选手获得 8 分后进入 1 分钟中场休息，比赛重新开始后先取得 15 分的一方获胜。团体赛中每支队伍出 3 名选手进行团体对抗，比赛共进行 9 局。

要点 4 使用电动裁判器计算有效进攻

击剑比赛中的有效进攻均通过电动裁判器进行识别。电动裁判器安装在剑道正中，探测器与选手装备的防具、武器之间通过拖线盘相连，在比赛过程中能够探测并记录攻击次数及部位。当选手刺中对方的有效部位，电子裁判器的有效色灯亮起；攻击无效则白灯亮起。

知道这些观赛更有趣

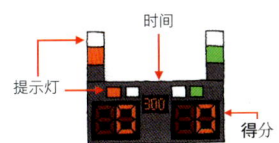

时间 / 提示灯 / 得分

击剑的防具与武器

剑 各项目中使用的武器不同。花剑长度要求 110 厘米以下，重量不超过 500 克。花剑韧性较大，较易弯曲，刺中对方时的力度超过 500 克时攻击方为有效。重剑长度不超过 110 厘米，相较于花剑，重剑硬度更高，重量也稍重一些，在 770 克以下，刺击的力度高于 750 克则为有效。佩剑长度不得超过 105 厘米，重量不超过 500 克，护手盘大小应刚好覆盖手背。

电子金属衣 花剑、佩剑比赛中，选手需身穿长度过腰的电子金属衣。重剑比赛中，选手虽不需要身穿金属衣，但要求身穿包裹全身的击剑服。

保护衣 保护衣可以在运动员受到攻击时起到二次保护的作用，一般为半袖，穿在电子金属衣与击剑服里面。

面罩 击剑比赛面罩分为两种，分别是"绝缘面罩"和"传导面罩"。前者在花剑、重剑比赛中使用，后者则在佩剑比赛中穿戴。面罩前方装有护颈，可保护运动员的喉部不受伤害。

电子裁判器

花剑比赛，若进攻为有效进攻，裁判器则点亮红色或绿色信号灯；若为无效进攻，白色信号灯亮起。重剑比赛在有效进攻时，裁判器会亮起代表该运动员的信号灯（红色或绿色）。佩剑比赛，当剑身或剑尖接触到有效部位时，裁判器则亮起代表该进攻方的信号灯（红色或绿色），若接触部位不是有效区域，则不亮灯。

主要犯规行为

击剑是一项极为重视参赛礼仪的项目，选手在比赛前后均需要互相敬礼、握手。若运动员不遵守礼仪规范，或不尊重裁判员、出言不逊会被要求离场，甚至被取消参赛资格。除此之外，若运动员在进攻时踩端线，则即便进攻成功也不记得分。故意用身体冲撞对手、用非持剑的手遮挡自己的有效部位也都是犯规行为。

击剑用语

- En Garde 准备
- Marchez 前进一步
- Rompez 后退一步
- Parade 拨挡
- Touche 当刺中对方有效部位时裁判发出的指示
- Fente 进攻时的基本姿势，运动员持剑伸臂，持剑侧腿向前迈出一步，另一侧腿伸直

■自古便令人热血沸腾的格斗项目

摔跤

这是一项按体重分组后进行的双人徒手格斗，被称为最古老的格斗竞技。成功使对方选手双肩着地或有效得分高的一方获胜。

>>>>> 比赛场地

摔跤垫
比赛在摔跤垫上进行，摔跤垫设置在室内，整体形状呈边长 12 米的正方形，厚度原则应在 10 厘米以上。如果垫的弹性达到国际规定，则厚度可低于 10 厘米。

消极区
用以告知选手接近场地边缘的区域，又被称为红色带圈。

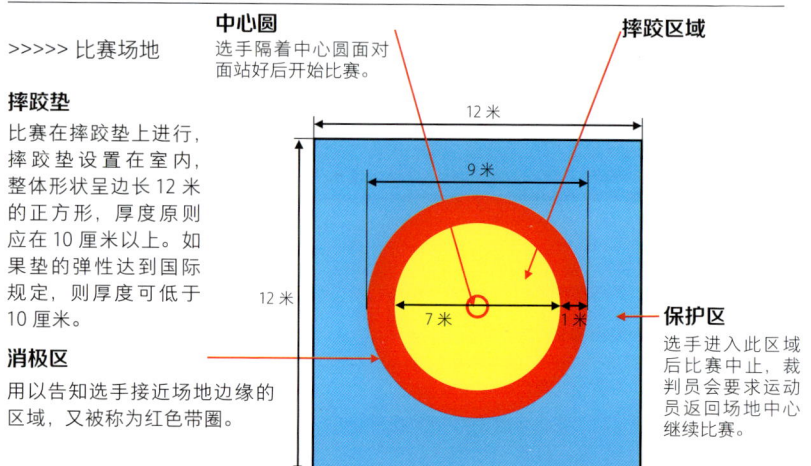

中心圆
选手隔着中心圆面对面站好后开始比赛。

摔跤区域

保护区
选手进入此区域后比赛中止，裁判员会要求运动员返回场地中心继续比赛。

观赛 5 要点

要点 1　比赛分 2 回合，每回合 3 分钟

摔跤比赛每场比赛分 2 回合，每回合 3 分钟，最终得分高的一方获胜。将对方摔倒在地的次数多或得到更多分数的选手获胜（技术优势获胜：在技术分之差达到一定数值时视为比赛结束）。摔跤比赛的执行裁判组由场上裁判员（在拳击垫上进行裁判）、侧面裁判员和执行裁判长组成。

要点 2　古典式摔跤和自由式摔跤

摔跤比赛分为 2 种，即古典式摔跤和自由式摔跤。女子摔跤比赛只设有自由摔跤项目。男子、女子摔跤比赛分别按照规定以体重分组，低于相应体重的选手将被分到一组。

要点 3　双肩着地有效则比赛结束

一般来说，摔跤比赛共 2 回合，每回合 3 分钟，中场休息 30 秒。但若在比赛中裁判团判断一方运动员"双肩着地"，则不论比分如何，比赛立即结束，成功使对方选手双肩着地的选手获胜。

双肩着地

不论是自由式摔跤还是古典式摔跤，都存在双肩着地的规则。当一名运动员双肩同时接触摔跤垫的时间超过 1 秒，则另一方的选手获胜。除此之外，特殊胜出形式还包括技术优势获胜，即通过与对手拉开一定技术分差来取得胜利。古典式摔跤为 8 分差；自由式摔跤为 10 分差。

要点 4	**古典式摔跤以臂摔为主；自由式摔跤以擒抱为主**
	古典式摔跤只能使用上半身进行攻防，不可进攻对手腰以下的位置，因此主要以站立或躺倒时的招数为主，这是古典式摔跤的看点之一。自由式摔跤的攻击范围为全身，因此除站立、躺倒后的动作，观众在自由式摔跤比赛中还可以看到通过腿部动作摔倒对方的场景。

要点 5	**通过使对方陷入不利状况而获得加分**
	除通过使对方双肩着地获胜以外，选手还可以通过拉大难度分分差制胜。成功完成相应进攻动作可获得相应分数，分值为1～5分不等。主动进攻获得的加分中，典型的有：站立时运动员使用动作将对手直接摔出（4分）、跪撑状态下将对手抱起后摔出（5分）等。让对手陷入不利状态也可以获得加分，例如，站立状态下使对方出界可获得1分。

知道这些观赛更有趣

体重分组规则

摔跤比赛中参赛选手按体重分组，男女分组规定略有差异，具体如表所示。

	男 子	女 子
自由式摔跤	57 公斤级	50 公斤级
	65 公斤级	53 公斤级
	74 公斤级	57 公斤级
	86 公斤级	62 公斤级
	97 公斤级	68 公斤级
	125 公斤级	76 公斤级
古典式摔跤	60 公斤级	
	67 公斤级	
	77 公斤级	
	87 公斤级	
	97 公斤级	
	130 公斤级	

主要犯规行为

下列行为将会被视为犯规或被予以警告
- 抓头发
- 咬人
- 用头撞人
- 掐、拧对方选手皮肤
- 抓衣服
- 将对方选手手臂后折时角度大于90度
- 拳打脚踢
- 在使用"折颈摔"时不能只钳制住颈部就进行摔投动作

除一些危险性较大的行为，在选手犯规或消极进攻时会遭到警告。另外，所有选手有义务在摔跤服中备有止血用的手绢。

提倡侵略性进攻的自由式摔跤

在自由式摔跤比赛中，针对消极进攻的惩罚极为严重。初次消极进攻，裁判员中止比赛，进行口头提醒；第2次消极进攻后若30秒之内未得分，则被扣除1分并记警告1次；第3次开始每次消极进攻都会有30秒的"强制得分时间"。若累计受到3次警告，则对方获胜，比赛结束。

可对裁判结果进行申诉

对裁判结果存在质疑时，可提出申诉，要求观看比赛录像。教练每场比赛有1次向裁判团提出申诉的机会，一般来说是通过投掷相应颜色的海绵来进行的。但申诉也需要选手同意，有时也会出现选手拒绝申诉的情况。

单败淘汰复活制

摔跤比赛采取淘汰赛制，半决赛胜出的选手晋级决赛，败北的2位选手参加第3名的角逐。第1、2回合中与晋级决赛的2位选手对决时败北的选手，拥有参加复活赛的资格。复活赛中排名前2位的选手则有资格角逐第3名的位置。即共4名选手竞争第3名的位置，胜出的2人并列第3、败北的2人并列第5。

主要招式

选手进攻有效或通过进攻动作成功使对方进入特定状况时可获得分数。

自由式摔跤 古典式摔跤
双肩压制
一方选手将对手的双肩同时压在垫上1秒以上则视为获胜，裁判员会发出"Fall"的信号，比赛结束。

自由式摔跤 古典式摔跤
翻滚
选手自后方抱住对手的腰部，翻滚1周。翻滚1周后对手双肩自然同时朝向地面，因此可获得2分。

自由式摔跤 古典式摔跤
擒抱
擒抱是摔跤的基本动作之一，选手需抓准时机抱住对方，并控制对方双手。古典式摔跤的擒抱以躯干部分为主；自由式摔跤则根据不同部位分为双脚擒抱及单脚擒抱等。

自由式摔跤
锁踝
锁踝是一种较为复杂的翻滚动作，选手用手臂牢牢将对手脚腕处固定，同时翻滚1周。每翻滚1周能够获得2分，若连续翻滚数周，则能够得到相应的分数叠加。

自由式摔跤
锁腿摔
选手用双腿夹住对方单侧腿，将对方身体向反方向弯曲。进而用双腿固定住对方髋关节，扭转对方上身，通过扭曲对方脊柱进攻。

自由式摔跤 古典式摔跤
抱摔
在成功擒抱住对方后压住对方手臂及颈部，找准时机将对方摔出。

自由式摔跤
扫腿翻摔
在对手呈匍匐姿势时，从对方双腿内侧进攻，使对方无法保持匍匐姿势，并通过反转对方身体以达到使对方双肩落地的目的。

自由式摔跤
锁腿翻摔
在切实防守对方擒抱或与对方纠缠时，双手绕到对手后方控制大腿关节，并向后摔投对手。

> 古典式摔跤

折颈摔

选手用左手擒住对手颈部的同时抓住其左肩，随后将对手摔出。但在这一动作中，只钳制住颈部就进行摔投动作是犯规的。

> 古典式摔跤

背摔

选手擒抱对手左臂，左手环抱对手躯干。左右腿相继迈出一步后将对手以腹部为支点向后摔出。

> 自由式摔跤　　古典式摔跤

单臂过肩摔

选手在扭住对方手臂的同时进攻。摔跤与柔道不同，没有可以抓握的部位，因此出手的时机格外重要。

> 自由式摔跤　　古典式摔跤

背负式抛投

选手从两侧钳制对手双臂，顺势将对手以侧翻的形式摔出。将对手摔出后，多接压制动作。

> 其他动作

对抗细节

大多数观众在观看摔跤比赛时，会不由自主被一些较大的动作吸引，但选手在与对手制衡时的细节也十分重要。尤其是在为了抢占先机而进行的对抗中，对对手的双手、双臂或双肘进行控制将会取得比赛节奏的主导权。尤其是在控制对手双手时，可以通过拉扯或推搡来打乱对手的身体平衡。

主要分值

> 自由式摔跤

1分
- 出界分（选手出界时），对选手记警告1次。

2分
- 拖倒（绕至对手背后，使对手头部、双手、双膝5个部位中的3处与垫子接触；或使对手坐倒在垫上，背部朝垫子等）。
- 在双方呈撑跪状态进行攻防时，将对方逼至危险状态。

4分
- 摔投对手并使对手进入危险状态。

5分
- 完成大幅度的投技动作。

※ 危险状态：肩膀与垫子之间的夹角大于90度时。
※ 大幅度动作：以大幅度的动作将对方投出，并使对方进入危险状态，是幅度极大的投掷技能。

> 古典式摔跤

1分
- 出界分（选手超出场地界线），当运动员受到逃避比赛的警告时记2分。

2分
- 拖倒（绕至对手背后，使对手头部、双手、双膝5个部位中的3处与垫子接触；或使对手坐倒在垫上，背部朝垫子等）。
- 在双方呈撑跪状态进行攻防时，将对方逼至危险状态。

4分
- 摔投对手并使对手进入危险状态。

5分
- 完成大幅度投技动作。

■多种多样的攻防战令人回味

拳击

选手穿戴拳击手套后在拳击台上进行比赛，
攻击范围仅限上半身，规则十分严格。

>>>>> 比赛场地

拳击台

拳击台高约 1 米，台上以粗绳围出 6.1 米见方的区域。比赛时双方的服装及护具要与所在角的颜色相同。女子拳击选手要求穿短袖（包含无袖）T 恤。女子比赛允许装备护头。

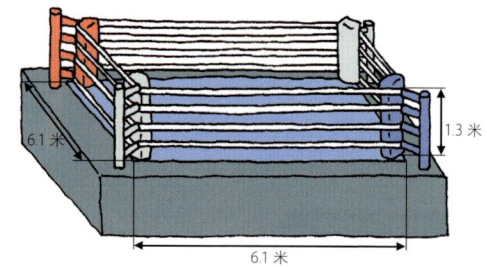

观赛 3 要点

要点 1

进攻时仅允许使用拳头
胜负取决于 KO、RSC、分数等

拳击比赛中只允许选手使用佩戴拳击手套的双拳进行攻击，攻击的部位仅限对手的上半身及侧面，即腰带以上的部位。比赛的结果通常由 KO、RSC 或分数这三者之一决定，除此之外还会出现选手弃权、失去比赛资格而定出胜负的情况。

决定胜负的主要方式

KO(Knock Out)
当选手受到攻击后没能在 10 秒内重新开始比赛即被判为 KO，比赛结束。

RSC(Referee Stopped Contest)
当比赛中出现选手间有着明显差距或处于劣势的选手受到过度攻击等情况时，比赛可按照裁判员的判断分出胜负。

分数
每场比赛都配有至少 3 名裁判员，比赛可以通过 3 名裁判的评分来决出胜负。

要点 2

比赛分 3 回合，每回合 3 分钟

奥运会比赛中男子、女子拳击比赛每回合均为 3 分钟，每场比赛 3 回合。各回合间设有 1 分钟休息时间，选手可在这 1 分钟内与教练沟通。

要点 3

防守很重要

防守动作可分为双手、身体及脚步节奏 3 大类。选手都需要根据与对手间的距离、对手出拳的模式来调整自己的防守技术。具体来说，选手需要灵活应对对手的种种动作组合，并在成功防守后进行反击，这种攻防互换的能力是拳击比赛的精髓所在。

知道这些观赛更有趣

体重级别

男　子		女　子	
咖次蝇量级	49 公斤级	蝇量级	51 公斤级
蝇量级	52 公斤级	次轻量级	57 公斤级
雏量级	56 公斤级	轻量级	60 公斤级
轻量级	60 公斤级	次中量级	69 公斤级
次轻量级	64 公斤级	次重量级	75 公斤级
次中量级	69 公斤级		
次重量级	75 公斤级		
轻重量级	81 公斤级		
重量级	91 公斤级	※ 男子拳击比赛重量分组数据为里约热内卢奥运会时使用的数据。	
特重量级	91 公斤以上级		

评分规则

每场比赛均设有至少 3 名裁判员，对选手的有效攻击次数、技术、战略等方面进行评分。

主要攻击动作

刺拳

刺拳是使用频率最高的攻击方法之一，占据十分重要的地位。选手腰部保持不动，以手臂力量打出的快速攻击。

勾拳

勾拳是从侧面攻击对手的招式。可以进行极短距离的攻击，借助离心力对对方造成极大的打击。

腹击

泛指所有指向腹部的攻击。拳击上体很少能直接对对手造成重大的伤害，但连续打击对手可以消耗对手较多体力。

主要防御动作

阻挡

选手通过拳头、手腕及肩膀来抵挡朝向头部、胸部的攻击。

后仰躲闪

选手在对方发起攻击时后仰上半身以躲避攻击。成功避开对手的攻击，便能够消耗对方体力。

摆体躲闪

选手头部按 U 字形轨迹摆动头部以躲闪对手的出拳。多见于双方距离较近时。

Judo

■日本传统项目：承载着众人期待的"一本胜负"

柔道

柔道发源于日本，注重参赛礼仪。选手徒手进行比赛，通过投摔等技能在瞬息间决一胜负。

>>>>> 比赛场地

榻榻米

柔道比赛在边长 10 米的正方形场地中进行，此区域被称为比赛区。比赛区四周设有 3 米以上的安全区，在安全区中进行的攻击均视为无效。参赛选手在比赛区中央相互行礼后比赛开始，比赛结束后同样要行礼。

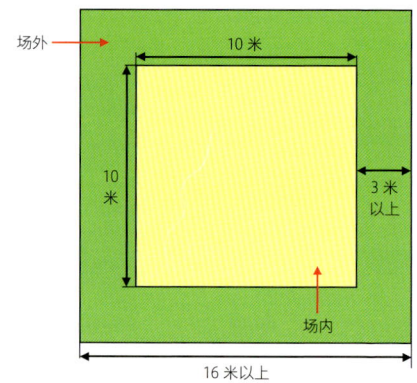

观赛 4 要点

要点 1　比赛时间 4 分钟，以"一本""有技"或"犯规"定胜负

在比赛时间内成功完成"投技"或"固技"等进攻，可视为"一本"，比赛当即结束。当"投技"完成不充分时，则被判为"有技"；"固技"的压制时间大于 10 秒视为"有技"，达到 20 秒则为"一本"。此外，2 次"有技"即可视为一次"一本"。而若比赛态度消极，则会受到"指导"处罚，3 次"指导"便失去比赛资格。当 4 分钟内没能决出胜负时，加时赛中先得分者获得该场比赛胜利。

一本
选手在控制对手的同时使用投技，通过投技的极大力量和速度把对方摔出，使其背部着地；在"固技"时对手明确发出声音或用动作表示认输；压制对手超过 20 秒钟。

有技
完成"一本"所需的 3 个条件中，有 1 条或以上未被满足；压制技能在 10 秒以上 20 秒以下。

要点 2　动作分为华丽的"投技"及难度较高的"固技"

"投技"指扰乱对手姿势，将对手摔出的动作。"投技"分为"手技""足技""腰技""真舍身技""横舍身技"5 种，主要技能有"背负投""大外刈""巴投"等。"固技"为束缚对方的招数，分为"抑技""绞技""关节技"3 类，常见技能有"袈裟固""送襟绞""腕挫十字固"等。另有一种被称为"返技"，指借由对手进攻的机会，反守为攻将对手摔出的技能。

要点 3	**轻量级的速度令人赞叹，重量级的力量令人震撼**
	轻量级的柔道比赛选手的动作幅度较大，很多时候胜负只在瞬息间便有了结果，让人目不暇接。重量级比赛的选手虽然体型壮硕，但并不代表他们的动作迟缓，同样让人有在一个走神后便错过了关键时刻的时候。重量级比赛的魅力在于不亚于轻量级的速度及独有的力量感。

要点 4	**组合方法与返技也不容忽视**
	要想让进攻成功，组合方法十分重要。组合方法指的是双方选手互相单手抓紧衣襟，另一只手抓对方衣袖。当组合动作有利时，选手能够在进攻时更加得心应手。若选手持续表现出消极对待组合方法的态度，将会被罚判"指导"。但值得注意的是，若因组合方法占优势而轻敌的话，对方也会在受到进攻时反守为攻。

知道这些观赛更有趣

体重级别

柔道在 1964 年东京奥运会上首次成为正式比赛项目。当时，柔道比赛分为无差别、重量级、中量级、轻量级 4 项。这种分类很好地反映出了柔道"以柔克刚"的理念。随着柔道在国际上越发普及，体重级别也不断细化，现在男女柔道比赛皆按 7 级分组。

男　子	女　子
60 公斤级	48 公斤级
66 公斤级	52 公斤级
73 公斤级	57 公斤级
81 公斤级	63 公斤级
90 公斤级	70 公斤级
100 公斤级	78 公斤级
100 公斤以上级	78 公斤以上级
混合团体 男子：73 公斤级、90 公斤级、90 公斤以上级 女子：57 公斤级、70 公斤级、70 公斤以上级	

主要招式

投技　"投技"指的是打破对方姿势并将对手摔出的技能，对手在受到进攻后将会失去防守能力，面朝上倒下。"投技"可细分为"手技""足技""腰技""真舍身技""横舍身技"。

一本背负投
选手抓住对手单侧手臂，使用腰背部将对手背起后摔投出去。

大外刈
选手用腿从外侧横扫，打乱对手身体平衡，使对手面朝上摔倒在地上。

扫腰
用腰部将对方顶起后摔投出去。

内股
单侧腿贴住对方大腿内侧后横扫,将对方摔投出去。

巴投
选手向后倒下的同时使用单侧脚抵住对方腹部,将对手向后摔投出去。

固技 "固技"亦称寝技,是禁锢对手的招数,可细分为"抑技""绞技""关节技"。

袈裟固
选手令对手仰卧后紧握对手后襟即单侧手臂,压制对方。

上四方固
选手从仰卧的对手头部向下压住对手,双手抓住。

横四方固
从仰卧的对手身侧向下压住对手,与对手的身体约成直角。

绞技、关节技
绞技指使用对方的衣襟或自己的袖子绞紧对方的招式。有一定危险性,很少出现在奥运会等国际比赛中。绞技为连续技能,一般可以成为"一本"的得分动作。关节技则指的是用腿、手臂、膝盖等部位攻击对手肘关节,使对手的肘关节向反方向受压迫而被压制。

联络技
指将若干招式有机结合,连续进行进攻。第一招破坏对手身体平衡,随后摔投对方,进而压制。例如,用小内刈扰乱对方,随后用背负投将对手摔出等。

曾经使用过的规则:"有效"与"效果"

当选手完成了相当于"一本"或"有技"程度的高难度动作时,裁判给出的评价为"有效"。若选手完成动作尚达不到"有效"级别,则评价为"效果"。"有效"或"效果"不论累计多少次,也不能等同于"一本"或"有技"。现在这一规则已经被废止。

犯规与指导

若选手在比赛中出现故意离开场地、不配合裁判工作、行为过度消极等情况,裁判员将会判罚。判罚有两种情况,即"指导"或判犯规。若选手犯规情节严重,裁判员当即宣布比赛结束。若"指导"次数累计 3 次,选手同样当即失去比赛资格,比赛结束。

主要犯规行为

河津挂
河津挂指的是选手用腿绊住对手的腿并向后拉扯，随之施力，后将对方压倒的动作。河津挂会对运动员的后脑以及腿部关节造成较大伤害，被认为是危险动作，禁止在比赛中使用。

危险行为
故意在摔出对方时使对方头部先着地、将倒在场地上的对手拉起再一次摔出等故意向对手进行的动作。

使用肘部以外的关节技
比赛时，由于会造成韧带断裂等后遗症，柔道选手不得向手肘之外的其他关节进行关节技。

对对手或裁判出言不逊
指发出怪声、辱骂对手、不配合裁判员工作等行为。

常见指导

态度消极
不积极主动参加比赛，用手抓住自己的衣襟等行为。

长时间抓住对方腰带或衣服
一直抓着对方的袖扣、腰带等位置，不主动进攻。

直接用手攻击对方头或脸部
在挣脱对方钳制时，使用手或脚攻击对方面部。

柔道服穿法不整或未经允许擅自整理腰带
故意扯开自己的柔道服或未经裁判允许便整理腰带。

极端防御姿势
比赛中不主动发起攻势，例如不断躲避、从不试图摔投对方等。

出界或将对手推出界
选手在寝技、站立姿势时出界，或将对手故意推出界外。

双方持续双手相握时间过长
双方在站立状态时双手相握，不进行下一动作的时间超过 6 秒。

在规定以外的情况下使用寝技
寝技的使用有着明确规则，只能在规则范围内使用寝技。

场内、场外的判定

场外判定
宽 10 米的榻榻米四周环绕的安全区为场外区域，在安全区进行的进攻无效。

场内判定
指 10 米见方的榻榻米区域，在此区域内发起的进攻为有效进攻。只要在发起进攻时身体位于场内，随后出界也视为进攻有效。

关于"暂停"

当裁判需要中止比赛时会给出"暂停"口令。"暂停"口令发出后，参赛选手需要返回比赛场地中央。在选手的柔道服需要整理、比赛进程拖沓、选手流鼻血等意外情况发生时，裁判会使用这一指令。"暂停"口令发出后比赛会进入短暂中止状态，随着"开始"口令，再次开始比赛。

教练意见

教练员在比赛过程中不得与选手交流，只有在比赛中止的期间，即"暂停"与"开始"之间，教练员可以对选手进行指导。此外，教练员不得进行以下行为：在比赛过程中发出声音；对裁判员的判定妄加评论、质疑或要求重新裁判；辱骂对方选手、裁判员、观众或己方选手。

以"礼"始，以"礼"终

柔道十分注重礼节，一举一动都不能忽视礼。选手入场要首先行礼，然后踏入比赛区，随即互相再次行礼后开始比赛。比赛结束及离开比赛区时，也分别要行礼。可谓以"礼"始，以"礼"终。

柔道服

国际标准中，柔道服用白色或蓝色棉布制成，分为上衣和裤子两部分。柔道服不得过硬、过厚，要能够让比赛选手容易抓握。女子柔道选手在上衣下穿着短袖白色T恤。比赛时所有选手不穿鞋袜。

黑带并非最高级别

柔道中，新手使用白带，从1段至5段为黑带，按照具体能力提升段位。从5段开始则要以年龄、业绩等综合因素来判断是否能够升段，6段至8段为红白带。值得注意的是，现役运动员只佩戴黑带，在国际比赛中出场时也同样只使用黑带。

追溯这一日本传统项目

柔道发源于日本，原本仅限日本国内，随后普及全球，1964年成了奥运会正式项目。1964年，柔道只有男子项目，比赛分4个重量级，日本队在其中的3个级别组获得了金牌，在另一个级别组获得了银牌。由于是日本土生土长的运动项目，有人甚至认为"应该包揽所有级别组的金牌"。日本在奥运会中夺金数量最多的项目便是柔道，是日本的传统强项，承载着人们对金牌的期待。

> **柔道用语**
>
> ● **扫**　指扫踢对方腿部，使对手失去平衡。当对手试图重新站稳时通过扫踢攻击其重心侧的腿，则可以轻易让对手摔倒。分为出足扫、扫腰、送足扫等。
>
> ● **刈**　足技的一种，通过切别来使对方失去平衡。其中，大外刈动作幅度较大，小内刈则幅度极小。
>
> ● **受身**　指当被对方摔投出去时用来缓和冲击的技能。分为后方受身、侧方受身、前方受身三种。
>
> ● **压技解脱**　当裁判认为压技失去效用时发出的信号为"压技解脱"，该信号代表正在进行的压技结束。

世界各地的柔道

柔道发源于日本，它极其注重礼节，十分具有日本的特色。柔道在世界各地都受到不少关注。除日本外，柔道在巴西、法国、德国等国家也十分流行。尤其是法国，有消息说法国全国共有数千家柔道场。修习柔道，可以受到规律、礼节、敬意等精神层面的熏陶，可谓是老少皆宜。也有人说，一踏入道场，便因为那扑面而来的细微紧张感而感到踏实。

柔道规则的改订

2018年，国际柔道联盟面向2020年东京奥运会对柔道规则进行了改定。主要的改动内容在于，将得分判定的种类缩小至"一本""有技""合计一本"3种。将旧规则中的"有效"纳入"有技"之中。这一改动迎合了日本柔道界"重视一本之价值"的理念。此外，新规则中将原本累计4次犯规则失去比赛资格改为了3次。

空手道

■令人瞠目的出手速度与力量

空手道发源于日本，是一种用身体进行防御的竞技。现在，空手道普及至世界各地，2020年东京奥运会上将成为奥运会正式项目。

>>>>> 比赛场地

榻榻米

空手道比赛在边长8米的正方形比赛区域中进行。比赛区外侧围有1米宽的安全区，在安全区完成的进攻被视为无效。

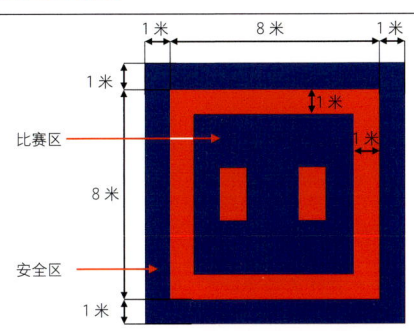

观赛 4 要点

要点 1　组手与型

空手道分为组手与型2个项目。组手比赛按体重分组，2名参赛选手互相通过踢、打、摔等动作进行攻防战。型的比赛中，选手在想象对手动作的基础上，编创出来的一系列动作，参赛形式为单人，各选手互相竞争动作的精湛程度。

要点 2　组手比赛时间为男子3分钟、女子2分钟；型比赛无时间上限

组手比赛的时间为男子3分钟、女子2分钟，双方分数差距达到8分即可判定胜负；或比赛时间达到上限后分数高者胜，若分数相同，则"先取"获得分数的一方获胜。所谓"先取"，指的是率先获得分数。若无先取，则根据裁判员的判断裁定比赛结果。型的比赛中，选手根据世界空手道联盟指定的动作表编串动作，2名参赛选手通过表演竞争输赢。表演结束后，5名裁判员举旗表决，票数多的选手获胜。在同一比赛中，单个动作不得重复使用。

要点 3　组手比拼得分；型竞争表演评分

组手比赛中，选手的上段、中段冲拳成功命中则为"有效"（1分）、中段踢技为"有技"（2分），上段踢技或向倒下的选手冲拳则为"一本"（3分）。型的比赛比拼的是选手表演中每一个动作的精湛程度。

要点 4　组手和型的看点大不相同

在组手比赛中，冲拳、踢技等招式直接可获得分数，但必须在击中攻击部位后立刻收回。这种在高速进攻状态下戛然而止的方式是组手比赛的醍醐之味。型比赛中表演的动作要求"正确、有力、快速、协调、极致"。

知道这些观赛更有趣

体重分级

型比赛中没有分级制度，只分男女子组别进行比赛。组手比赛在世界级大赛中按照体重分为 5 级。2020 年东京奥运会分别进行男子型、女子型，男子组手 3 级别、女子组手 3 级别比赛，合计 8 个项目。组手比赛的分级标准如表所示。

男 子	女 子
67 公斤级	55 公斤级
75 公斤级	61 公斤级
75 公斤以上级	61 公斤以上级

各项目看点

组手

招式的控制

组手比赛中不直接击打对方，而是在命中前的一瞬间收回招式。比起打倒对手，组手比赛更注重及时并精准控制地打出招式。若击中对方，则为"过度接触"；若攻击手臂、双腿、关节、脚背等部位，则为"攻击禁止部位"，均为犯规行为。

经过千锤百炼的"冲拳"与"踢技"之美

组手的亮点在于选手充满爆发力的冲拳或踢技精确指向目标部位的一瞬间。招式会以几乎令人难以察觉的速度不断被使出，精彩不容错过。

型

招式之美：不仅只有准确、有力

型比赛中选手运用一连串流畅的动作组合完成表演，动作是为了打败假想敌而组成的。与组手比赛不同，型比赛以裁判的裁决来决定最终结果。比赛虽然是 1 对 1，但形式为选手各自单独表演。看点在于表演中"型"代表的意义，冲拳与踢技的力度与速度、节奏、平衡性，等等。凝聚了这些看点于一身的表演令人目不暇接。

表演动作中藏有故事性

型的表演是以假想的敌人为目标编排的，选手在设计动作时需要通过型来表现出自己想要打倒对手的强烈愿望。这样的情感能否准确地让裁判员感受到，是比赛的重中之重。观众在观看比赛时应该意识到，世界顶尖级的选手的动作是藏有故事性的。

型不得重复使用，因此应着重关注型的选择和策略

规则规定在同一场比赛中，不得重复使用相同的型。因此，选手要在设计动作组合时考虑到从预选赛一路晋级的过程，最好熟练掌握 6 至 7 种不同类型的型。此外，究竟是将自身擅长的型用于预赛还是留至决赛，像此类战略计策上的安排也同样引人回味。

道服的区别

组手

在组手比赛中，要求选手穿戴拳套、护脚板、牙套、躯干护具。道服应选择材质轻薄的。

型

不穿戴任何防具。为了在快速冲拳、踢技时更好地发出摩擦的声音，应选用帆布等较硬材质制成的道服。为了防止比赛中道服松懈，应将道服重叠的前襟部分系好。女性选手在道服下穿纯白 T 恤。

组手要点及手、脚招式

组手比赛中,当副裁判判定动作得分后将举起代表该选手颜色的旗子。副裁判共4名,两人以上举旗则该动作得分,分值根据动作难度有所不同。

组手分值
- 上段或中段的冲拳或击打技…1分
- 中段踢技…2分
- 上段踢技、向倒地选手发出的冲拳…3分

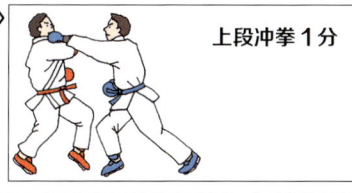

上段冲拳1分

上段
头部
面部
颈部

中段
腹部
胸部
背部
胸腹侧面

中段踢技2分

上段踢技3分

经典手技

顺突

选手双脚前后站立,前脚同侧拳进行的前冲拳。此外,在向前迈步后进行顺冲拳,可以使重心前移,加快出拳速度,从而成更加有力且快速的冲拳。这一技术被称为"追突"。

逆突

选手双脚前后站立,前脚的另一侧手臂进行前冲拳。在迈步或躲闪对手攻击时,逆突可以借助上半身重心的移动而进行。是十分灵活且速度极快的技术。

经典足技

边踢

从外往内的弧线形踢技。此外还有"内边踢与边踢相反",是由内向外划弧完成的踢技。由边踢演变出的还有"回旋踢",指的是从内向外踢出的技术。

其他踢技

前踢:提膝后向前踢出。后踢:提膝后背对对手向后踢出。横踢:使用被称为"足刀"的部位横向踢出。

横踢

后踢

型的评分点

对各动作内含的理解程度
裁判员会关注选手是否正确理解并且表现出了空手道技术的内在含义。也就是说，一套正确表现内含的动作是很大的得分项。此外，由于动作是以假想中的敌人为背景编排的，因此需要充分表达出想要制胜的决心。

站姿及动作的准确性
与很多武术项目一样，空手道也要求以"礼"开始、以"礼"结束。特别是空手道型的比赛，即便只是一个"礼"的动作，也可以看出许多门道。站姿是空手道训练中的一个重要项目，甚至有"站姿要学3年"这样的说法。

力量、速度、平衡性
选手在赛前需要申报比赛表演的动作，若比赛中选手演示的与申报的内容不同，则被视为犯规，失去比赛资格。观赛时应重点观看流畅、节奏感强且快速的动作组合。在此基础上若能够更加有力度且动作间的切换清晰明了的话，能够得到更高的分数。表演中断或腰带掉落则为犯规。

从约75种"型"中选择
世界空手道联盟规定的型约75种，选手需要从中选择相应的型进行表演。一场淘汰赛全赛程都不得选用重复的型。选手需要在赛前准备出全赛程需要使用的动作组合。

型比赛过程中的声音
型的比赛一般在静谧的环境下进行，使观众能够感受到紧张的气氛。不光是冲拳或踢技时会有声响，当动作速度极快或力度极强时，观众能够听见破开空气的声音。除此之外还有道服摩擦的声音、地板的声音、脚步声等，营造出独有的紧张气氛。这是一种只有在现场才能体会到的感受。选手若在比赛过程中拍打道服发出声音，则会被减分。

空手道起源于冲绳
空手道发源于琉球王朝时期的冲绳地区。在中国传来的拳法及日本武术的影响下，当时的传统格斗技"手"逐渐发展为现在的空手道。空手道是一项以保护自身为目的的武术，动用全身各个部位来达到防御的目的。明治时期开始，空手道在冲绳成为义务教育的一部分。20世纪20年代后才传入日本本土，战后开始在全世界范围内普及。

空手道没有先手
由于空手道以防御为目的，因此"专守防御"是空手道的基本理念。一般人们认为空手道没有先手一说，这种想法直接反映在了空手道的动作模式上。空手道不以攻击对手为目的，始终贯彻以空手保护自己的原则。

常见犯规行为
组手比赛的常见犯规行为有：过度接触——不加以控制，击中对方；攻击禁止部位——攻击对手的手、脚、关节、脚背等部位；伪装受伤；夸大受伤程度；反复出界；无防备——不主动防御对方攻击；不战而逃；攻击对方头部、颈部及膝盖等。型比赛中，表演中断、表演动作与赛前申请内容不一致等行为为犯规。动作种类或顺序与申请内容不同但坚持完成了表演、表演过程中有短暂犹豫、故意使道服发出声音等行为会造成减分。

> **空手道的流派**
>
> 空手道自冲绳地区传入日本本土，衍生出了数个流派。被称为现代空手道创始人的船越义珍建立了松涛馆流，另还有糸东流、和道流、刚柔流等流派较为有名。1964年时，为了使空手道成为奥运会的正式项目，上述4个流派结成了全日本空手道联盟。随后，世界空手道联盟（WKF）将他们的这一志愿拓展到了世界范围。2020年东京奥运会将空手道纳入正式项目，届时将会采用世界空手道联盟使用的规则。

※ 上述介绍的关于空手道的比赛规则为2018年1月施行版本。

跆拳道

■ 以踢腿动作著称的格斗竞技

跆拳道是一个吸取了日本松涛馆空手道的精华、发源于韩国的格斗竞技。2000年悉尼奥运会时成了奥运会正式比赛项目，全球修习跆拳道的人数高达7000万。

>>>>> 比赛场地

八角形场地

比赛场地为正方形，分为比赛区及安全区2部分，二者以不同颜色进行区分，具体使用的颜色遵循比赛主办方的规定。

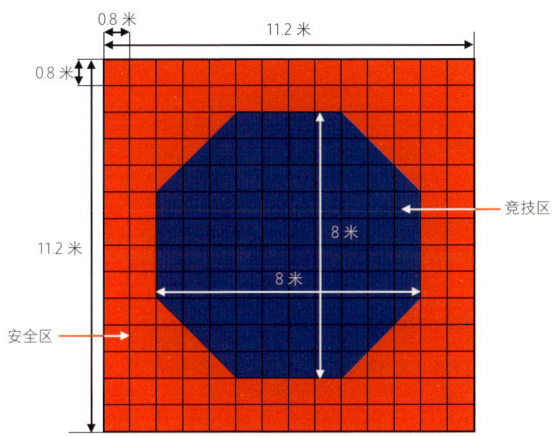

观赛5要点

要点 1　以比分决一胜负

跆拳道比赛中各个招式都有明确分值，比赛中获得分数高的一方获胜。获胜方式有多种情况，例如，3局结束后双方分差、第2局结束或第3局期间分差高于20分等。第3局结束时若双方得分相同则进入加时赛，加时赛中率先获得2分者胜，若加时赛无人得分，则根据优势基准进行判定。累计犯规扣罚10分者失去比赛资格，另一方选手获胜。

要点 2　比赛分3回合，每回合2分钟

每场比赛分3回合，每回合时长2分钟，回合间设有1分钟的休息时间。选手在2分钟的时间中要精准使用多种招式以制胜。对于观众来说，选手间的对决可谓是令人眼花缭乱，2分钟的时间眨眼间就过去了。

要点 3　进攻限制

为了防止选手在比赛中受到严重伤害，要求选手们穿戴护具及头盔。进攻时只可攻击对方有护具保护的部位。脚只可攻击上半身躯干（穿戴护具）及头部（穿戴头盔），拳只可攻击对手上半身躯干。比赛时使用电子防具来判定进攻是否有效。

着装及防具

跆拳道比赛中，选手需要穿戴电子防护服、头盔、护裆、护臂、护腿、护齿、手套、感应脚套等。为了区分双方选手，电子防具分为蓝红两色。

要点	**有效得分**	
4	跆拳道比赛中，命中头部与躯干部的攻击分值不同。	
	使用拳技有效击中躯干护具	1 分
	使用踢技有效击中躯干护具	2 分
	使用回旋踢有效击中躯干护具	4 分
	使用踢技有效击中头盔	3 分
	使用回旋踢有效击中头盔	5 分
	对方受到裁判员判罚	1 分

要点	**对违规行为的惩罚**
5	当主裁判判定运动员有犯规时，发出"扣分（Gam-Jeom）"口令，另一方选手则获得 1 分加分。若累计受到 10 次扣分处罚，该选手则"犯规败"。"扣分"行为包括：抓、摔对方选手；推搡、冲撞对方选手；攻击倒地的运动员或在"分开"口令后攻击运动员；故意用手攻击对方运动员头部；教练员或运动员有任何不良言行及任何妨碍比赛正常进行的行为；经主裁判提醒后 1 分钟仍不遵守。

知道这些观赛更有趣

体重分级

在奥运会跆拳道比赛中，除了表中写的体重分级外，还分有成年组及少年组、青年组，每个分组中各设有相应下位分级。

男 子	女 子
58 公斤级	49 公斤级
68 公斤级	57 公斤级
80 公斤级	67 公斤级
80 公斤以上级	67 公斤以上级

主要技术

攻
向躯干出拳。连击时得分不叠加。

下踢
使用脚尖向上踢出。

中段横踢
命中对手中段的横踢。得分技术中的 6 成至 7 成都是这一技术。

高位横踢
命中对手高段的回旋踢。

跳后踢
跳起后，在腾空的同时旋体后直线踢击。有效攻击中较见的技术之一。

4分

下劈
脚掌自上而下劈出。

3分

半月踢
从侧方如扇耳光一样踢出。

3分

回旋踢
旋转180°后踢出。击中中段部位4分，击中高段5分。
 ~
4分 ~ 5分

侧摆踢
从内侧向外侧向对手头部横向摆腿踢出。

3分

后扫踢
向后转身180°的同时完成扫踢。

5分

侧踢
足刀踢。

2分

跳后扫踢
跳起腾空的同时完成一个后扫踢动作。

5分

转身后踢
转身同时后踢。

4分

跆拳道用语

- Cha-Ryeot 立正
- Kyeong-Rye 敬礼
- Joon-Bi 准备
- Shi-Jak 开始
- Keu-Man 停止
- Kye-Sok 继续
- Hong 红方
- Chung 蓝方
- Shi-Gan 暂停
- Kye-Shi 计时1分钟

Archery

■ 在高度紧张的氛围中射出箭矢命中红心

射箭

选手用弓将箭射出，命中目标以获得分数。射箭的赛事很多，各项赛事针对的项目、弓种有所不同。这是一项不仅磨炼技术，还锻炼注意力及心理素质的运动。

>>>>> 比赛场地

射箭场

奥运会射击比赛的场地设置在地势平坦的露天地区。选手在比赛时双脚分跨在起射线上，向着 70 米外的靶射箭。

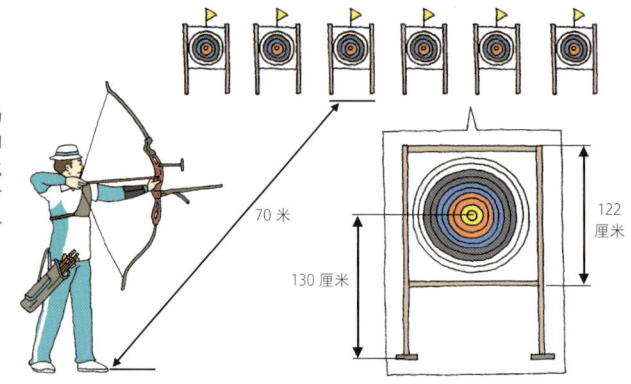

观赛 5 要点

要点 1　最终成绩以总环数为准

在射箭比赛中，选手用弓将箭向圆形箭靶射出。射中箭靶中心记 10 分，越靠近外侧分值越低，相邻两环之间分值差为 1。比赛按照选手命中的位置换算为相应得分，得分的总和为比赛最终成绩。比赛分为个人赛和团体赛，团体赛为 3 对 3 形式。射出的箭气势如虹地插入靶心的一刹那，能够在观众心中留下难以磨灭的印象。

要点 2　单局比赛分 5 组进行，每组 3 支箭

个人赛中每 3 支箭为 1 组，单局比赛包含 5 组箭。选手在单组中获胜，得 2 分；若出现平局，双方各获得 1 分。率先获得 6 分的运动员获胜。射箭时必须在 20 秒以内将箭射出。团体赛以排名赛的形式进行，每支队伍 3 名运动员，以 3 人的总得分进行排名，并以该排名顺序进行 1 对 1 的淘汰赛。团体赛每局比赛分 4 组，每组 6 支箭，且这 6 次发射要由 3 名运动员轮流进行，总用时不得超过 120 秒。各组中得分最高的队伍获得 2 分，若同分，则各队分别获得 1 分。率先获得 5 分的队伍获胜。

要点 3　射箭比赛通过排名赛匹配参赛队伍 不设预赛机制

射箭比赛中不设预赛机制，参赛选手首先以排名赛的形式决定对手，随后以淘汰赛的形式进行对决。个人赛和团体赛均进行排名赛，团体赛的赛程安排，通过各队选手的得分之和进行排名后得出。

排名赛

所有参赛选手都需要向箭靶发射共计 72 支箭，72 支箭的合计得分便是排名的依据。排名第 1 的与最后 1 名进行比赛、排名第 2 的与倒数第 2 名进行比赛。

要点	**心理素质很重要**
4	射箭可以说是一项老少皆宜的体育项目。但是,这也是一项分毫的失误便能左右最终成败的项目。因此,想要在射箭比赛中胜出,不仅需要技术,还需要较高的抗压能力。此外,选手还需要具备足够的分析能力,例如在比赛时能够将风速等影响要素考虑周全等。

要点	**常常演变成拉锯战**
5	在射箭比赛中,双方选手轮流射箭,每一次发射都会更新原有分数,以至于比赛经常会演变成总分分值的拉锯战。由于每次发射有时间限制,因此比赛的节奏十分紧凑,能够让观众体验到射箭比赛独有的紧张与刺激。

知道这些观赛更有趣

器械

弓
弓的种类有很多,其中不乏操作难度较大的弓种。有一些大型比赛会限制参赛选手使用的弓。

反曲弓
为了提高精准度,反曲弓上装有很多配件,使用起来稍有难度。适合长距离射箭。奥运会射箭比赛使用反曲弓。

裸弓
不加装任何配件的反曲弓被称为裸弓。裸弓的结构相对简单,对新手来讲,较容易上手。适合近距离射箭,将手抵在下颌使用。

复合弓
复合弓使用专用的撒放器,用手指扣动扳机将箭射出。复合弓的上下装有滑轮,拉弓时滑轮会转动。复合弓的射程比反曲弓更远。

箭
箭由箭头、箭杆和箭羽组成。大多用铝合金或碳纤维制成。

其他
射箭比赛中需要使用的除了弓与箭之外,还有用来装箭的细长箭筒、护臂、护指套(护手皮片)、护胸(为了防止弓弦被衣服纤维缠绕)等。

比赛项目

2020 年东京奥运会射箭项目包括男子、女子及团体 70 米标的射箭以及男女混合团体赛。

箭的速度高达 250 千米每小时

射箭运动中,选手射出的箭的速度根据不同弓的类型有所区别,最快可达到每小时 250 千米。这甚至可以直接将数毫米厚的铁板射穿,威力之大,令人瞠目。而这样的速度成就了射箭比赛转瞬间便大局已定的特点,是射箭比赛的亮点之一。

射箭项目

标的射箭
标的射箭比赛在平坦开阔的室外区域举办。不同赛事对射箭距离各有规定,奥运会比赛规定的射箭距离为 70 米。

原野射箭
原野射箭的场地是基于自然山地及草原等地形设置的,比赛场中设有 12 个靶位,各个靶位之间的距离不等。选手在比赛中向靶位射箭,最终按照得分决定名次。

室内射箭
室内射箭是在体育馆等室内场地举行的射箭比赛。选手站在距离箭靶 18 米处发射 60 支箭(每组 3 支箭,分 10 次交替发射,用时不得超过 120 秒)

Cycling

■ 多彩的竞速比赛：以脚力迸发出激烈火花

自行车

自行车制造业的发展与路面施工技术的普及，为以竞速为目的的自行车比赛提供了发展基础。1896 年的雅典奥运会上，自行车成了奥运会正式项目。

>>>>> 比赛场地

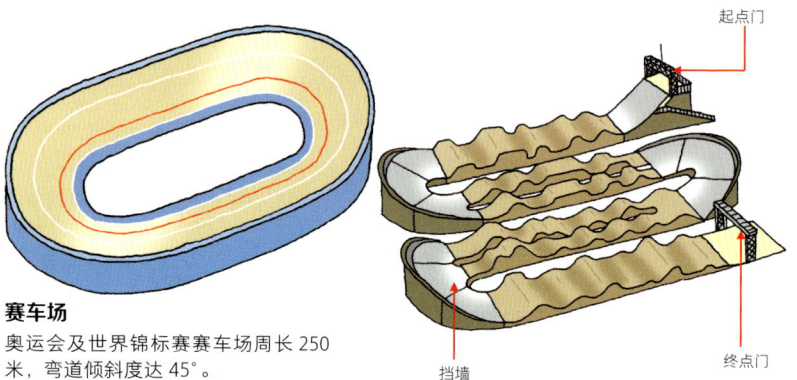

赛车场
奥运会及世界锦标赛赛车场周长 250 米，弯道倾斜度达 45°。

小轮车赛道
小轮车赛道全场 300 至 400 米，高 8 米的出发台是比赛的起点位置。整个赛道由凹凸不平的障碍道和数个倾斜弯道组成。

公路赛赛场
公路赛大多在进行了交通管制后的正规公路上进行。赛道包括上坡段及下坡段，男子比赛总长应在 200 千米以上，女子比赛在 100 千米以上。

越野赛赛道
越野赛赛道应以自然环境中的地形为主，包括山道、陡坡、仅能供 1 辆车通行的窄道等，周长为 4～6 千米。

观赛 3 要点

要点 1　项目种类多样

多种多样的项目是自行车比赛的魅力所在，大致可以分为公路自行车、场地自行车、山地自行车、Bmx 小轮车等。各项目还可再细分出多个小项，其中奥运会比赛项目包括场地自行车赛 6 项、公路自行车赛 2 项、山地自行车赛 1 项及 BMX 小轮车赛 2 项。

要点 2　4 大类项目各有千秋

自行车比赛有着丰富的项目种类，因此看点也十分多样。虽然大部分自行车赛都以竞速为主要内容，但各项目有着各自的规则。

| 要点 | 场地自行车赛 | 场地自行车赛下属的具体项目种类最为丰富，观众可以看到不同情境下的激烈角逐。包括争先赛、团体竞速赛、团体追逐赛、凯林赛、麦迪逊赛等。争先赛的亮点在于率先冲过终点的选手的耀眼风姿；团体竞速赛虽然是团队项目，但最终冲向终点的却是单人选手；团体追逐赛中选手之间通力合作抵抗阻力；凯林赛在尾声时的冲刺激动人心；比起名次，麦迪逊赛更看重得分。|

2

| | 公路赛 | 公路赛项目包括公路个人赛及公路个人计时赛。公路个人赛中全体参赛选手同时出发，在遇到不同地形时，选手各自发挥所长，争分夺秒。个人计时赛中，选手按照一定时间间隔顺次出发，因此只有当所有选手都抵达终点后胜负才会揭晓。|

| | 山地自行车赛 | 山地越野 XCO 赛① 在未进行路面施工的野外进行，观众可以在比赛中观看到独一无二的骑行。面对赛道中遇到的多种路况，选手需要将力量与技术巧妙结合，才能成功突破重围。此外，山地赛道有很多因地形所限无法并行的路段，因此在比赛一开始便一路领先，设法甩掉对手的战术在山地越野赛中被称为是必胜法则。|

| | BMX小轮车 | BMX 指 Bicycle Motocross，是基于摩托车竞速比赛发展而来的。因此，BMX 小轮车竞速比赛的赛道大多崎岖不平，能够观看到选手腾空跃起的画面。此外，BMX 小轮车的自由式比赛比拼的是腾空后的动作及旋转等杂技性强的高难度技术。|

要点 3

项目不同，车型不同

自行车比赛中使用的自行车，自然与日常生活中使用的自行车有所不同，均是经过专业研发后制成的。由于不同项目要求的性能不同，因此各项目中选手使用的自行车，都是根据该项目的特殊需要而改良过的。

知道这些观赛更精彩

比赛项目

2020 年东京奥运会中计划举办的自行车比赛如表所示，男女组比赛项目相同，均为 4 大类合计 11 个项目。

		男 子	女 子
场地赛		争先赛	
		团体竞速赛	
		凯林赛	
		团体追逐赛	
		全能赛	
		麦迪逊赛	
公路赛		公路个人赛	
		公路个人计时赛	
山地自行车赛		山地越野赛	
BMX 小轮车		自由式小轮车	
		小轮车竞速赛	

① Cross-Country Olympic，奥运会采用的山地车比赛形式。

各项目规则

场地赛

争先赛
比赛分组进行,一般为 2 人一组。选手以抽签的方式决定里道或外道,比赛时绕场地骑行 2 或 3 圈。虽然最初的半圈必须由里道运动员领骑,但在随后的赛程中里道运动员有可能因风的阻力影响而被超越。

团体竞速赛
每支参赛队伍 3 名运动员(女子比赛为 2 名),比赛中绕场地骑行 3 周(女子比赛为 2 周),以完赛时间为依据排列名次。第 1 圈结束时,首圈领骑选手离开跑道;第 2 圈结束时,第 2 名领骑选手离开跑道。最后 1 圈由剩下的 1 名选手单独完成。最终以该选手抵达终点的时间进行排名。

凯林赛
凯林赛赛程 1500 米,参赛选手一般不超过 7 人。比赛时绕场地骑行,比赛开始后由领骑员领骑,在距离终点约 750 米处时领骑员离开赛道,选手开始向终点展开最后的冲刺。

团体追逐赛
每场比赛 2 支队伍参加,每支队伍 4 名选手。双方相隔半圈同时出发,当后方队伍追上前方队伍时,后方队伍获胜。若未能追上,则率先骑完 4 千米的队伍获胜。由于领骑的队员受到的风压较大,在比赛中常能看到队员轮流领骑的通力合作之景。

全能赛
全能赛包括捕捉赛、快速赛、淘汰赛、计分赛 4 种。前 3 项比赛中各选手按比赛名次获得分数;计分赛从比赛中途开始计分,最终得分最高者为第 1 名。

麦迪逊赛
麦迪逊赛以小组为单位参赛,每组 2 人。每完成相应圈数后对前 4 名选手进行计分,最终以合计分数进行排名。比赛以接力的形式进行,选手可在赛道外侧慢速骑行以等待交接棒,2 名运动员握住手进行交接。

公路赛

个人赛
公路个人赛赛程很长,堪比马拉松。通常男子比赛在 200 千米以上,女子比赛在 100 千米以上。比赛以最终通过终点线的顺序排名。虽说是个人赛,但也有辅助选手参赛,他们为实力选手减轻空气阻力并牵制其他队员。

个人计时赛
个人计时赛在进行了交通管制后的公路或其他平坦路面上进行。选手以 1~2 分钟的间隔顺次出发,竞争完赛时间。出发顺序通常以上一年度的成绩为依据进行排列,成绩越突出的选手出发顺序越靠后。当所有选手全部完成比赛后才能决定比赛结果。

山地车

越野赛
越野赛在未经过路面施工的自然区域举行,赛道通常总长 4~6 千米,选手绕赛道骑行规定圈数以完成比赛。比赛的规定圈数根据预想比赛时间(男子项目约 1.5 小时)来定。比赛地点不同,赛道的情况差异较大。比赛过程中,选手可在指定地点进行自行车的更换及饮食补给。

BMX 小轮车

自由式小轮车
自由式比赛中选手利用跳台、坡面、墙壁来完成动作。常见动作有腾空后的空翻、水平旋转 360 度以及仅自行车旋转的"神龙摆尾"等。比赛得分根据动作的难度、完成度、高度、技能组合的多样性等进行评价。

小轮车竞速赛
小轮车竞速赛中,8 名选手同时从出发门出发,率先抵达终点的选手获胜。半决赛中各组成绩排名前 4 的 8 名选手可晋级决赛。由于比赛场地起伏较大,选手之间会出现撞在一起的情况,因此,比赛过程中选手必须佩戴头盔。

各项目排名依据

场地赛	争先赛	抵达终点的次序
	团体竞速赛	最后一名选手冲线的时间
	凯林赛	抵达终点的次序
	团体追逐赛	超越对手车队或骑完全程的时间
	全能赛	4 项比赛的合计得分
	麦迪逊赛	计分赛（每完成规定周数，排名靠前的运动员获得相应分数）
公路赛	公路个人赛	抵达终点的名次
	公路个人计时赛	完赛时间
山地自行车赛	山地越野赛	抵达终点的名次
BMX 小轮车	自由式小轮车	按评分排名
	小轮车竞速赛	抵达终点的名次

自行车的种类

场地自行车
场地赛大多在有一定倾斜角度的椭圆形赛道上进行，因此所使用的自行车又被称为"场地赛车"。场地赛车不装备变速器及刹车，脚踏通过车链直接与车轮联动。不同比赛使用的车把形状不同。

公路自行车
公路赛中使用的自行车在设计研发时便以高速骑行为目的，即"公路自行车"。车体使用的零件与材料随着研发进度不断更新，是所有车中车身重量最轻的一种。

越野自行车
越野赛中使用的自行车需要适应荒野、山地，对陡坡、台阶等路况也要具备足够的承受力。不仅是骑行速度，车体重量、抗冲击性、骑车姿势的容许度等都在不断优化。

BMX 小轮车
BMX 小轮车以构造简单、结实耐久著称。小轮车卸下了通常自行车装备的车灯、挡泥板、支撑脚架等零件，突出在比赛中的实用性。小轮车不设变速器，不适用于长距离骑行。

凯林赛[①]
在 2000 年悉尼奥运会上，发源于日本的自行车赛种（日语为"竞轮"）成了奥运会正式项目，被命名为凯林赛。在 2008 年北京奥运会上，日本选手永井清史在凯林赛中获得了铜牌，是日本队在奥运会凯林赛的首枚奖牌。

车速与机动车不分伯仲
绝大多数自行车比赛都是速度的较量，比赛中选手骑行的速度，与机动车不分伯仲。例如，在凯林赛的领骑员退场时，选手的行进时速约 50 千米，选手冲过终点线时的时速高达 70 千米。

BMX 小轮车的项目种类丰富
除了奥运会比赛项目"自由式小轮车"之外，BMX 小轮车还有其他竞技方式。例如在平坦路面上进行的"平地花式"、借助楼梯或扶手进行的"街式"以及在泥土路面上进行的"泥地跳跃"等。

---

① 源自日语"竞轮"。

Shooting

■ 精神专注力是胜负的关键

射击

射击比赛中使用步枪或手枪对准目标打靶的体育竞技项目,以精准度排列名次。比赛使用的枪械主要有步枪、手枪、霰弹枪等。

>>>>> 比赛场地

步枪项目赛场
选手在 50 米外处向靶心射击,当规定距离为 50 米时,靶的直径应为 15.44 厘米。

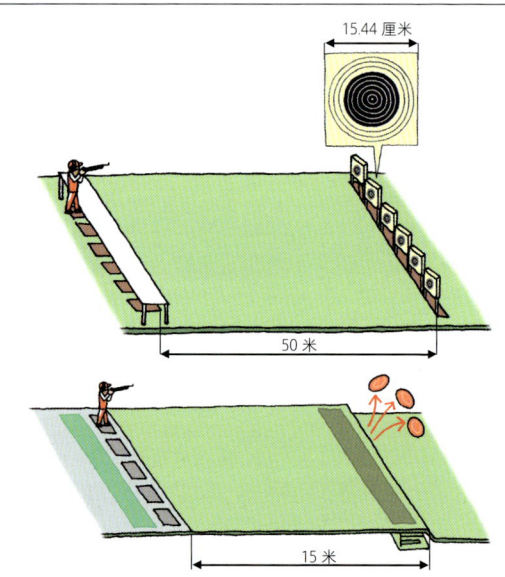

飞碟项目赛场
飞碟项目的设计目标为碟靶,碟靶形状如小盘子(直径 110 毫米),由抛靶机放出。运动员使用霰弹枪射击以命中碟靶。

观赛 4 要点

要点	
1	**以命中的分数或击碎碟靶的个数排名** 步枪项目的靶为等间隔的同心圆,选手射中的位置越接近靶心,分数越高。步枪项目和手枪项目在枪的种类及射击距离上有所不同。飞碟项目中选手最终名次按照击碎碟靶的数量排列。不论哪个项目,都需要在规定时间内完成射击。
2	**步枪及手枪射击、飞碟射击** 步枪及手枪项目中包含 50 米步枪 3 种姿势,10 米气步枪、10 米气手枪、25 米手枪等。飞碟项目分为飞碟多向及飞碟双向,多向飞碟比赛中运动员可以在设置好的射击台上移动,后者的碟靶轨迹要比前者复杂一些。
3	**每一发子弹都是竞争的关键** 在射击比赛的预选赛中,参赛选手通过 40 ~ 120 发子弹的较量排列名次,最终有 6 ~ 8 人晋级决赛。团体赛则有 5 支队伍参加预选。每一发子弹都要在 50 秒以内射出,每一发子弹都影响着比赛的最终名次,令人不禁屏息。赛场大屏幕上映出的选手专注的神情,以及电子靶的命中结果也将牢牢锁住观众的视线。

要点 4 **飞碟项目比拼的是瞬时判断力及反应速度**

飞碟项目中,飞碟放出后的秒速约为 22~30 米,霰弹枪的子弹速度为 300 米每秒,选手需要用它来击中碟靶。预判飞碟的移动轨迹十分复杂,要根据赛场的地形及比赛当天的风向进行判断,十分考验选手瞬时的判断力及反应能力。

知道这些观赛更有趣

项目种类 不同种类的射击项目所规定的子弹数量、射击时间都不同(但男女比赛规定相同)。了解了这些细节,观看比赛时能体验到更多乐趣。

		男 子	女 子
步枪射击	步枪项目	**50 米步枪三姿赛** 比赛时间:2 小时 45 分 / 卧姿 40 发、立姿 40 发、跪姿 40 发,合计 120 发	
		10 米气步枪 比赛时间:1 小时 15 分 / 立姿 60 发	
		10 米气步枪混合团体 比赛时间:50 分 / 男子立姿 40 发、女子立姿 40 发	
	手枪项目	**25 米手枪速射** 比赛时间:8 秒速射 5 发 ×2 组、6 秒速射 5 发 ×2 组、4 秒速射 5 发 ×2 组,以上 3 项在 2 日内进行比赛 / 立姿单手射击:两日赛程共 60 发	**25 米标准手枪** 比赛时间:5 分钟以内慢射计 30 发、3 秒速射 30 发 / 立姿单手射击:合计 60 发
		10 米气手枪 比赛时间:1 小时 45 分钟 / 立姿单手射击:60 发	
		气步枪混合团体 比赛时间:50 分钟 / 射击距离:10 米 / 立姿单手射击:男子 40 发、女子 40 发	
飞碟射击		**飞碟多向** 碟靶:25 个 / 射击位置:5 个(横向排列)/ 抛靶机:各射击位置前方 15 米处各设置 3 台(共 15 台)/ 选手按顺序轮换 5 个射击位置,合计放出 25 个碟靶	
		飞碟双向 碟靶:25 个 / 射击位置:半圆圆弧上 7 个、中心处 1 个(共 8 个)/ 抛靶机:圆弧上排列的射击位置的两端各共 2 台。选手按顺序轮换 8 个射击位置,向 25 个碟靶射击	
		飞碟多向混合团体 以男女混合的形式进行飞碟多向射击比赛	

※ 上述内容为预选赛内容,决赛时的比赛内容将有所不同。

步枪三姿赛
步枪射击包括卧姿、立姿、跪姿。选手在参加步枪三姿赛时要在 2 小时 45 分钟的时间内完成这 3 种姿势的射击各 40 发。这对选手的精神意志力是极大的考验。

气步枪
气步枪项目要求立姿射击,在这样一种很难保持稳定的姿势下比赛,出类拔萃的控枪能力是制胜的关键。

手枪速射
手枪速射项目仅开设男子组比赛。比赛分为 2 个阶段,每阶段各 30 发(8 秒 5 发 ×2 组、6 秒 5 发 ×2 组、4 秒 5 发 ×2 组),共计 60 发。比赛分 2 天进行。

25 米手枪
25 米手枪射击比赛为女子项目,选手进行慢射、速射各 30 发。每 10 发为 1 组,合计完成 60 发射击,排列名次。

气手枪
10 米气手枪项目中,选手在距靶 10 米处进行射击,每 10 发为 1 组,共进行 6 组 60 发。最终以得分排列名次。

飞碟多向
飞碟多向射击比赛中,选手瞄准向远处移动的碟靶射击。比赛时需按序轮换 5 处射击位置,轮换一周应命中 5 个碟靶。重复 5 次轮换。每个碟靶允许进行 2 发射击。

飞碟双向
飞碟双向靶场在半圆圆弧上设有 7 个、中心处设有 1 个射击位置。选手按顺序在每个射击位置射击,共 25 个碟靶。抛靶机在抛出碟靶时,2 台抛靶机可能同时抛出 1 个,也可能只有单个抛靶机抛出碟靶。

混合团体
近年来,国际愈发注重参赛选手的男女比例均衡问题,这也是混合团体项目设立的初衷。2018 年混合团体项目新增气手枪及飞碟多向比赛。

枪械介绍

步枪
步枪比赛中使用的枪口径为 5.6 毫米，重量为 8 千克以上。空气步枪的口径为 4.5 毫米，重量不得超过 5.5 千克。所有枪支只能使用普通的瞄准器，禁止使用各种具有放大功能的瞄准镜。选手的着装也有严格要求。

手枪
手枪比赛中使用 5.6 毫米口径手枪及 4.5 毫米口径空气手枪。射击姿势仅限立姿，选手必须单手持枪，射击时不得以任何方式支撑手腕。

霰弹枪
霰弹枪用于飞碟项目比赛，比赛允许使用 12 号口径或口径低于 12 号的自动枪。12 号口径指枪口直径为 18.5 毫米。可装填 2 发子弹，连射两发。

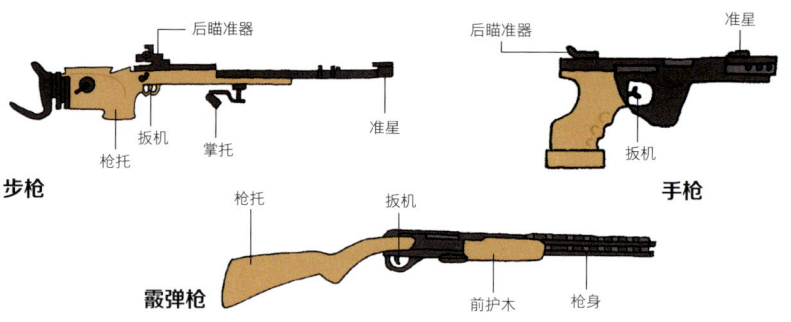

射击的三种姿势

立姿 立姿射击时选手身体保持直立，支撑枪的手臂尽量保持竖直，手肘撑在腰骨或肋腹部，头部尽量抬高。身体适当后倾以保持持枪平衡。允许使用手套。

跪姿 跪姿射击时选手单膝跪地，另一侧腿与地面垂直。支撑枪体重量的手臂，手肘抵在膝盖上。头部尽量抬高。脚腕下方可放置沙袋支撑。允许使用手套、枪皮带。

卧姿 卧姿射击时选手面朝下卧在场地中。运动员需要保持头部没有大幅度的动作，持枪时根据部位不同，肩膀与枪体间所需的力度也不同，需要熟练掌握技能。支撑体重一侧的手与地面的角度应大于 30 度，允许使用手套及沙袋。

射击时的遮光罩

在步枪射击项目中，选手可在枪身或瞄准器上散装一个遮光罩。遮光罩不得高于 30 毫米，可在自瞄准镜中心向另一侧眼睛（即不对准瞄准镜的一侧眼睛）100 毫米的范围内设置遮光罩。不过，近年来越来越多的选手选择在面部直接佩戴遮光罩。

日本的射击概况

飞碟射击运动在战前的日本十分流行，近年来随着人口老龄化趋势的加深，日本的飞碟射击爱好者总计约 17 万人，其中 80% 在 50 岁以上。日本法律规定一般民众不得随意持有步枪、霰弹枪等枪械，因此奥运赛场上参加步枪、手枪射击项目的日本选手大多从事的是警察职业。不过，其中不乏在高中时期就已经接触到这一体育项目的选手。相反，飞碟射击项目的参赛选手大多是普通民众。

充满了临场感与紧张感的观赛赛场

射击项目虽然对大多数人来说较为陌生，但实际在赛场观看过射击比赛的人，都会为场上富有冲击与震撼的画面而赞叹。比如，在飞碟射击项目中，选手发挥自身强大的瞬时判断力与反射神经，面对迅速移动的目标射出子弹，让观众不禁屏息。赛场上的地形、风向等条件不断变化，当子弹命中目标时，选手的兴奋与快乐能够真实地传达给观众。此外，射击项目独有的枪声、空气中弥漫的硫黄味，都给观众留下深刻的印象。

※ 上述内容为 2018 年 6 月版的规则。不排除进行改动的可能性。

■与飞溅的水花一同冲刺的快感

皮划艇

皮划艇自古以来就是人们生活的重要工具。如今,皮划艇成了一项体育竞技,选手控制两种小艇进行速度的角逐。皮划艇项目的比赛种类十分丰富,看点各不相同。

>>>>> 比赛场地

激流回旋赛道

赛道全长200~400米,设有18~25处水门。分为自下游向上游通过的逆水门(红色水门),以及自上游向下通过的顺水门(绿色水门)。

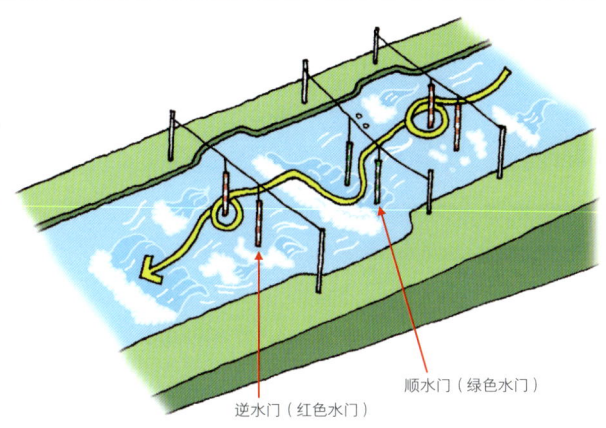

逆水门(红色水门)
顺水门(绿色水门)

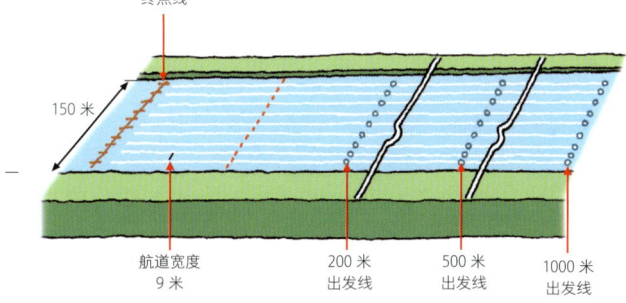

终点线
150米
航道宽度 9米
200米出发线
500米出发线
1000米出发线

静水赛道

静水比赛使用的赛道为静水直线赛道。项目包含200米、500米、1000米3项比赛,场地为各项目设置了相应的专用出发线。通常设有9条航道。

观赛3要点

要点 1 **在水上赛道中比拼名次与完赛时间**

皮划艇比赛的场地除了人工制造外,大多是基于自然湖泊河川建造的。选手在这样的场地中划动小艇,比拼速度。静水赛以冲过终点线的顺序为基准,激流回旋赛以选手的完赛时间为依据进行排名。静水赛分为单人项目、双人项目及4人项目。激流回旋赛中,皮艇只有单人项目。划艇虽然有单人及双人项目,但奥运会中只开设单人划艇比赛。速度与技巧是最大的看点。

要点 2 **分为静水赛及激流回旋赛**

皮划艇项目大致可分为2类,一类是有着笔直赛道的静水赛,一类是在激流中划动的激流回旋赛。在此基础上,按照艇的构造不同,又可分为"皮艇"及"划艇"2种。

要点 2	静水赛	静水赛规则较为简单，所有选手同时出发，比拼最终到达终点的顺序。在出发后的冲刺阶段结束后，选手以惊人的速度在航道中行进的画面可谓是震撼人心。此外，双人项目及 4 人项目中选手之间的默契配合也不容错过，实在是一项令人感到心神激荡的比赛项目。此外，选手借助自动起航器冲出出发线的一幕也十分精彩。
	激流回旋赛	选手在不断克服艰难险阻的同时向着目标前行。比赛中需要按照规定好的顺序及方式通过各个水门，一旦失败将会被罚分。最终的比赛成绩以"完赛时间 + 罚分"的形式计算得出。

要点 3 　静水赛关注速度，激流回旋赛聚焦技术

静水赛中，最令人瞩目的是自出发后直至到达终点时选手们的极致速度。激流回旋赛的亮点则在于通过水门的一个个瞬间。选手是否能够成功无罚分通过所有水门，赛道上的每一秒都牵动着在场观众的心。此外，由于比赛受水流的影响较大，因此选手的应对方式也值得关注。

知道这些观赛更有趣

比赛项目

下表中为奥运会将要举办的项目。参赛人数、距离等种类较多的是静水赛，男子组女子组的赛制有着细微差别。相对地，激流回旋赛中皮艇与划艇比赛均只设有单人项目。

	男 子	女 子
静水赛	200 米单人皮艇	
	1000 米单人皮艇	500 米单人皮艇
	1000 米双人皮艇	500 米双人皮艇
	500 米四人皮艇	
	1000 米单人划艇	200 米单人划艇
	1000 米双人划艇	500 米双人划艇
激流回旋赛	皮艇	
	划艇	

静水赛与激流回旋赛的场地与规则

静水赛

静水赛的赛场大多设置在河流、湖泊、水库等处，赛道为直线航道。每条航道宽 9 米，选手超出这一范围即失去比赛资格。在距离终点线 100 米处设有红色浮标，按照艇的最前端冲过终点线的顺序排列名次。双人及 4 人项目中，过线时所有参赛选手必须均在艇上。

激流回旋赛

激流回旋赛的赛场大多利用自然地形，变化多端。过水门时有规定的方式及顺序，若接触门框则会被罚分，每碰到门框一次，最终成绩将增加 2 秒。若没能成功通过水门，则每次产生 50 秒的罚分。因此，只有速度与技术兼备的选手才能脱颖而出。

皮艇与划艇

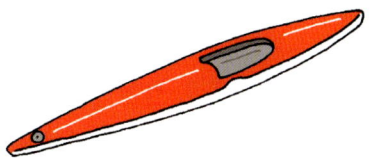

皮艇

皮艇装备有两支桨,选手使用双桨左右交替划水,脚部控制船舵。大多数皮艇除去人乘坐的位置外,其余部分为封闭空间,这样的设计被称为"密封甲板式"。皮艇比划艇强度更大。

皮艇速度更快

皮艇两侧均带有一支桨,因此比划艇更容易划出速度。特别是4人皮艇静水赛,是所有项目中速度最快的。在皮艇比赛中,速度与活力是亮点之一。

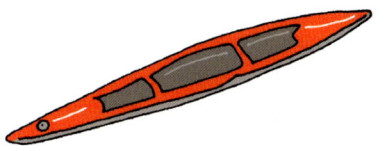

划艇

划艇只有单侧配有划桨,因此每次只能在左侧或右侧划水,两侧无法同时进行。选手的坐姿可以为单腿屈起的坐姿或是双腿跪坐。除供人乘坐的空间外,划艇仍有许多开放的部分,并且不安装船舵,构造十分简单。

划艇更难控制

由于划艇为单桨,选手每次只能在单侧划水,这就造成划艇很难向正前方行进。这就需要选手灵活操控划艇来完成比赛。划艇的这一特点不仅是在静水赛中,更是体现在激流回旋赛中。

皮划艇丰富多样的比赛项目

除了奥运会的正式项目外,皮划艇还有很多令人颇感兴趣的竞技方式

皮划艇野水

皮划艇野水项目在河流等自然环境中进行,选手顺着激流而下,较量完成整个赛程的时间。分为距离较短的"冲刺赛"及距离较长的"经典赛"。选手面对赛道上的岩石等障碍物做出的应对是比赛的看点。

花式皮划艇

在花式皮划艇比赛中,选手在有风浪及水底有凹陷的情况下划动桨叶并控制皮艇。有时皮艇会在水中甚至是空中旋转。可见这是一项十分强势的体育种类。

皮艇球

参赛队由5名选手组成,所有选手使用单人皮艇向对方球门中射球。进球更多的一方获胜。比赛中经常出现选手间相互冲撞的画面,比预想中的要激烈。可以说是皮划艇版的水球。

龙舟

龙舟起源于中国,据称是世界上最早出现的划船运动。龙舟对日本的冲绳、九州地区都产生了影响。最大的特征是船头处的龙头。

皮划艇用语

- Bow 船头
- Stern 船尾
- Paddle 桨
- Blade 桨叶
  桨上划水受力的部分
- Paddle 桨手

- Stroke 用桨划水一次
- Up-Stream gate 需要逆着水流通过的水门
- Eddy 回流区
  因障碍物等原因导致水流被截,从而流速较缓的区域
- Drop 漩涡
  流速极快且产生漩涡的区域

> 皮划艇

Rowing

■ 2000 米赛程完全依靠船桨来完成

赛艇

赛艇运动源于北欧海盗比试身手的活动，正式诞生于 18 世纪的英国。1900 年巴黎奥运会上赛艇成为正式比赛项目，有着百余年的历史。

观赛 4 要点

要点 1

2000 米直线赛道，以艇身最前端冲过终点线的顺序排名

赛艇比赛规则十分简单，参赛队伍从起点出发，顺着直线赛道率先完成 2000 米的队伍获胜。在出发前，船尾固定在栈桥上；出发后，船头冲过终点线则视为完赛。此外，皮划艇项目中选手面朝前而坐，而赛艇比赛中，选手则背对行进方向进行比赛。

要点 2

分为单桨与双桨

按照比赛时使用的船桨数量，赛艇比赛大致可以分为 2 类。艇身两侧分别装有 1 支桨，选手双手各操控 1 支的项目为双桨赛艇；仅有 1 支桨的则是单桨赛艇。

双桨

双桨项目中，选手双手各持 1 支桨，双桨对称划动。双桨项目中有赛艇比赛唯一的单人项目——单人双桨。此外，还有考验 2 名选手间默契程度的双人双桨，以及强调 4 名运动员之间团队合作能力的 4 人双桨。

单桨

单桨比赛中，选手需要双手握住 1 支桨，且每次只能在左侧或右侧的单侧划动，因此，单桨赛艇至少需要 2 名运动员才能进行比赛。比赛种类分为双人、4 人及 8 人 3 种。奥运会单桨赛艇比赛中，仅开设 8 人单桨比赛。8 人单桨项目中，除 8 位参赛选手外，另配有 1 名舵手。

要点 3

出发后的加速阶段及冲线前的冲刺最引人瞩目

赛艇比赛出发时，首先由发令员发出预备口令，同时红色信号灯亮起，随后出发信号响起且信号灯变为绿色，即可出发。如果在出发时能够一马当先，则可以将其他队伍纳入视野范围，较为有利。但一旦抢先出发或是出现其他出发失误，超过 2 次则无法继续参加比赛。此外，在临近终点时参赛队伍展开最后冲刺的时机与博弈也十分精彩。

要点 4

比赛结果以 1/100 秒的差距计算

赛艇比赛中，参赛队伍并驾齐驱的情况时常发生，几乎同时抵达终点的例子也不少见。因此，在判定最终名次时，以 1/100 秒为单位记录冲过终点线的时间，同时在终点线上方设有拍摄装置，可以将过线的瞬间准确记录下来以帮助判定。此外，在比赛过程中若进入邻近赛道，使其他参赛队伍因此受到水流影响或是直接受到撞击，越道队伍则失去比赛资格。

知道这些观赛更有趣

比赛项目

2020年东京奥运会开设的赛艇比赛如表所示。其中男子组、女子组项目各8项。轻量级比赛对参赛选手的体重有着一定限制，男子组轻量级比赛选手每人体重不得超过72.5千克，全队平均体重不得超过70千克。女子组轻量级比赛单人不得超过59千克，全队平均体重不得超过57千克。

		男 子	女 子
双桨		单人双桨	
		双人双桨	
		4人双桨	
		轻量级双人双桨	
单桨		8人单桨	
		4人单桨无舵手	
		双人单桨无舵手	

双桨与单桨赛艇的区别

双桨

赛艇比赛中使用的艇亦被称为"Shell"，为了提高速度，艇身细长。但这样的设计也同样使得船身缺乏稳定性，特别是单人双桨比赛中使用的艇，一旦失去平衡，则很容易倾覆。比赛中，各项目均对船只的最低重量有明确规定。此外，参赛人数不同，使用艇种的长度也不同。

单桨

单桨比赛中使用的艇大致与双桨相似，但8人单桨项目中需要舵手一同上艇，因此在艇尾处设有舵手的位置（也有部分艇的舵手位设置在艇首处）。单桨项目中选手双手持桨，因此船桨要比双桨项目中的大一些，长3米、重2.5千克。

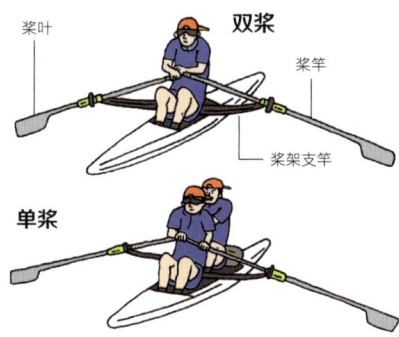

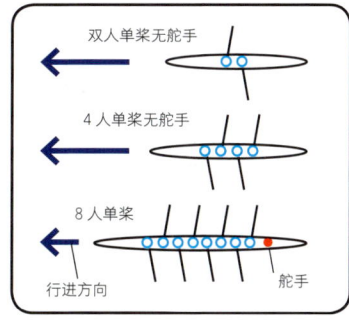

舵手与桨手的分工

舵手是带领整支队伍的重要角色，比赛中，舵手要掌握船舵方向，让队伍能沿着最短路线行进。同时，舵手还要时刻注意其他队伍的情况，制定合理的节奏分配策略。而位于队伍中央的桨手则是整支队伍的引擎。而坐在艇首的桨手则要观察所有桨手的状况，随时调整划桨节奏。

划桨技术

划桨动作包含几个步骤。首先，让桨叶入水，接着凝聚全身力量划桨前进，划至最大距离后让桨出水。最理想的赛艇比赛中，所有桨手整齐划一的动作与艇自如轻巧的前行画面合而为一。若掌握了至臻的划桨技术，所有动作几乎不会发出击水声，更不会溅起水花。

■与大自然的博弈

帆船

帆船比赛指选手控制帆船进行的比赛。赛场设置在海上,因此精确掌握并借助洋流与风向等条件,是在比赛中脱颖而出的关键。

>>>>> 比赛场地

帆船赛场

帆船比赛场地设置在海上,使用浮标划定路线。按照规定,出发线必须与风向垂直,在比赛过程中,若风向出现改变,也需要移动浮标调整赛道。图示为常见的帆船赛场例图。

观赛 4 要点

要点 1 **沿着规定赛道航行,竞争完赛顺序**

不同项目中,参赛人数在 1~2 人不等。选手乘上帆船,沿着设置好的浮标,按照顺序绕行规定圈数,最后冲过终点线则视为完赛。比赛过程中不一定严格按照赛道方向航行,选手需要合理利用风向,适当偏离路线。当遇到急弯时,选手如何操作以达到果敢且精准转弯的效果,是比赛的亮点。

要点 2 **聚焦于选手之间以及选手与大自然之间的博弈**

帆船比赛不仅仅是参赛队员之间的比拼。浪高与洋流流向、风向的变化等等,无一不是选手与大自然之间的较量。选手在比赛中需要时刻关注变化多端的自然条件,同时还要将与对手的相对位置记在心中。每一项都要求运动员有高超的技术及丰富的经验,那样才能在比赛时临机应变,取得胜利。

要点 3 **出发极为关键**

出发位置设置在下风侧,所有参赛选手同时出发。比赛开始前 5 分钟开始倒计时,如果能够抢占有利位置且以较快速度冲出起点,则为后续赛程提供了十分有利的条件。比赛前半段最为激烈的,便是选手为了争夺率先抵达第 1 个浮标而使出的一系列战术了。

要点 4 **经过 10 余次的预选赛后,决赛揭晓最终胜负**

在帆船项目的预选赛中,按照抵达终点的顺序,第 1 名记 1 分、第 2 名记 2 分、第 3 名记 3 分。各项目分别进行约 10 次预选赛,合计得分最低的 10 名选手晋级决赛。比赛的最终结果由预选赛得分及决赛的分相加后得出。预选赛举行的次数是根据天气、洋流状况决定的。

知道这些观赛更有趣

比赛项目

帆船比赛的项目种类根据船型及参赛人数划分。奥运会中共举行10项比赛，其中男子5项，女子4项，男女混合项目1项。

男 子	女 子
RS:X 级 激光级 芬兰人级 470 级 49 人级	RS:X 级 激光雷迪尔级 470 级 49 人 FX 级
男女混合	NACRA 17 级

RS:X 级

在冲浪板上加装船帆后使用。RS:X 级项目是一种帆板运动，奥运会将其归入帆船项目。虽然看起来使用的船体很轻巧，实际上对运动员的体力与耐力是极大的考验。RS:X 级比赛中的最高时速可以达到50千米，因此需要选手合理控制速度。

激光级
激光雷迪尔级

激光级为男子项目，使用全长 4.3 米、宽幅 1.37 米的小型帆船。激光雷迪尔级为女子项目，使用的船型相同，但船帆比激光级使用的帆要小一些。小型帆船极易受到风向与洋流的影响，操作难度较大。

芬兰人级

芬兰人级比赛早在1952年的赫尔辛基奥运会上便已成为正式项目，是现在奥运会帆船项目中历史最为悠久的。比赛使用全长 4.51 米、宽 1.5 米的帆船，船型较大。而选手一个人想要控制好这样的船，不仅需要技术，更需要足够的力量。

470 级

470 级项目中使用的帆船全长 4.7 米，是日本选手的强势项目。参赛选手为两人，其中 1 名选手控制舵柄的同时还要操控前帆，另外 1 名选手负责操作前帆。

49 人级　49 人 FX 级

49 人级比赛为男子双人项目，使用全长 4.99 米、宽幅 2.9 米的大型帆船。49 人 FX 级为女子双人项目，使用的船体与 49 人级项目相同，但帆较前者略小。比赛中可以看到选手将整个身体都探出船外，与船体之间仅由一根绳索相连，画面十分精彩。

Nacra17 级

Nacra17 级比赛使用全长 5.25 米的双体帆船，由男女选手分别操纵。这是帆船项目中唯一的男女混合项目。比赛过程中分为船长及船员 2 个角色。船长负责控制船帆，船员则将身体探出船外以保持平衡。男女选手中的角色分配可由运动员自行决定。

采用低分制

帆船比赛采用"低分制"的形式进行比赛，即分数最低者获胜。这样一来，如果出现犯规行为，则直接以加分的形式计入成绩，分数的评定要相对简单。此外，帆船比赛中关于碰撞、阻碍航线等行为判定，皆遵循"帆船竞赛规则"。

海上裁判系统

一般来说，帆船比赛中若有选手犯规，受到妨碍的选手可在比赛结束后进行申诉，并以当面核实的形式进行判定。只有决赛采取不同形式。决赛中，将有裁判艇跟随在参赛艇后方，这种方式被称为海上裁判系统。在这样的机制下，省了了赛后犯规裁决的时间，比赛成绩能够在比赛结束后立刻得出。

国际信号旗

国际信号旗是船只在海上互相交流时使用的旗帜。在帆船比赛中，赛方与参赛选手间传递信息时采用此种方式。图中所示为奥运会帆船比赛中常用的旗帜。

P 旗

比赛开始前 4 分钟时使用，是准备信号旗的一种。

N 旗

终止信号，发出后比赛终止或因故中断。

L 旗

通知信号，含有"集合""跟随"等含义。

Tennis

■ 华丽且强劲的对局与博弈

网球

网球运动的爱好者不分男女老少，人数众多。在大型赛事中进行的高级别比赛无一不是惊心动魄，精彩纷呈。

>>>>> 比赛场地

网球场

网球场正中设置球网，两侧分别画有单打比赛与双打比赛中需要使用的提示线。场地的材质可以是草坪、水泥或沥青。

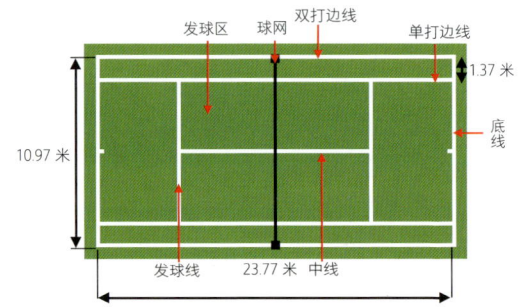

观赛 5 要点

要点 1　3 盘 2 胜制

每盘比赛中率先获胜 6 局者胜，每局比赛中率先获得 4 分者胜。而在温布尔登网球锦标赛等大型赛事的男子单打项目中，则采取 5 局 3 胜制。比赛项目包括男子单双打、女子单双打、男女混合双打。

要点 2　有发球权的一方占优势

网球比赛以发球开始，发球权所在的一方占优势。这是因为，发球的一方可以通过发球进攻来控制比赛节奏。发球权在己方的比赛被称为"发球局"，在比赛中拿下发球局是十分重要的。此外，发球有 2 次机会，即使第 1 次发球失误，也可以有第 2 次机会，这也是发球局有利的原因之一。每局比赛轮换发球权。

要点 3　关键在于是否能够攻克对手的发球局

由于发球局占有极大优势，因此若能够在对方的发球局取得胜利，便是向最终胜利迈进了一大步。在对手的发球局中获胜，被称为"破发"。选手在对手的发球局中处于弱势，若能一举拿下对方的发球局，接下来一局比赛的发球权又在己方，可以说是先发制人。此外，当选手仅差 1 分就能"破发"的状态被称为"破发点"，比赛双方的专注力是看点之一。

要点 4　在不同赛况下的心态调整很重要

网球比赛中的每一球都会使得比赛局势发生改变，从而使得运动员的心态发生变化。随着比赛时间的拉长，选手的体力逐渐透支，控球的精确度也会受到影响。体力一旦缺乏，选手很有可能因急于求成而出现失误，或是因为对手的完美发挥而失去斗志，被对方抓住弱点。因此，在比赛中随时调整心态也十分重要。

要点 5	**场地不同对选手发挥也有影响**

网球场有很多种，不同场地中球的反弹方式、球速等均有所不同。网球四大公开赛中使用的球场各不相同，因此即便是顶尖选手，也总是在某一赛事上屡屡受挫，其中的原因之一很有可能在于场地。每位网球选手都有自己擅长的打法与发球方法，而比赛场地是否有利于自己打法的发挥，对比赛结果也有着一定影响。

网球

知道这些观赛更有趣

计分方式

每局比赛率先获得4分者获胜。但并非以"1分、2分……"的形式计分。选手获得1分为"15"，获得2分为"30"，这是网球特有的计分方式。此外，比赛得分的最小单位为分（获得4分者胜出该局比赛）→局（先取得6局胜利的一方获得该盘比赛胜利）→盘（率先赢得3盘的一方获得整场比赛的胜利）→场（整场比赛）。

报分方式

分	0	1	2	3	4
点数	0	15	30	40	G
说法	Love	Fifteen	Thirty	Forty	Game

报分示例

15–0 Fifteen Love	30–30 Thirty All	40–40 Deuce

※ 报分时，发球权所在方的得分在前。

平局与占先

一般来说，率先获得4分的一方获得该局比赛胜利，但当比分为"40-40"时，比赛进入"平局"状态。平局后，率先获得1分的选手为"占先"的一方，占先方连续获得2分即可获胜。若占先方没能连续获得2分，则比赛再次回到"平局"的状态，进行新一轮占先及连续得2分的过程。

抢七

1盘比赛中率先获得6局胜利的一方获胜。但若比分为"5-5"的话，按照比赛规定，则双方之间必须有2分的分差才能判断胜负。例如，当比分为"7-5"时便可以分出胜负，而若出现"6-6"的情况，则下一局的获胜方将抢到第7局的胜利，这样的规则被称为"抢七"，抢七局中同样需要2分分差来判定胜负。值得一提的是，有些赛事中，最后一盘比赛不进行抢七。

申诉

比赛过程中，如果选手对裁判员的裁决（例如球是否出界等）有所质疑，可以进行申诉，要求回放比赛录像，进行重新判定。选手可以通过竖起食指或举手等动作向主裁判要求进行申诉。但这一机制只适用于装有电子裁判器的比赛。每盘比赛可进行最多3次申诉，申诉失败后不会扣分，但申诉次数减少1次。

教练指导

选手在比赛过程中，不得接受教练的任何建议或指令。在每盘之间的休息时间里，选手也不得与教练员交流，教练员只能在观众席观看比赛。如有违反，则会被判罚。但也有例外，在WTA巡回赛（女子网球巡回赛）中，规则允许教练员进入赛场进行指导，每盘比赛仅限1次。

球童

球童是网球比赛的一大特色。当双方交战告一段落，或是发球失败时，捡球人负责捡起掉落在场地内的球。捡球人在比赛过程中长时间保持或站或蹲的姿势，只有在有球掉落的瞬间迅速出动，令人印象深刻。想要成为一名捡球人，需要通过一系列基础知识的训练并通过考核，大多是由少男或少女担任。

071

击球种类

击触地球
击触地球指打从地面回弹上来的球,有时也用它来代指所有击球动作。击触地球的方式有"旋转球""削球"等。旋转球在击出后为旋转状态,包括顺向旋转的"上旋球"及逆向旋转的"下旋球"。近年来,上旋球被称为是网球比赛中最常用的击球方式。

截击
截击指在球未触地的情况下直接击球,多在近网时使用。比赛中经常见到选手在球速尚未减缓时冲上前去进行截击的画面。一方面,截击可以构成快攻,给对方造成压力。另一方面,截击近网后,返回原本位置需要一定时间,并且高速击球很难精确控球,这是截击的缺点。

高压球
高压球指选手将位于头顶上方的球直接进行扣杀,是一种极为有力的击球方式,很容易成为机会球。高压球可以是凌空高压球,也可以是落地高压球。落地高压球要求来球在触地反弹至高于头顶的高度后再进行击球。

放小球
选手在回击时,利用球拍减缓来球攻势,使回球在过网后立刻落地。这一击球方式被称为"放小球"。放小球有很多有利之处,例如它是一种出其不意的回击方式,可以让对手跑动较长距离,如果抓准时机甚至可以一击得分。但放小球的难度极大,若球没能及时落地或落地后弹回的高度过高,则会成为对手的机会球。

对拉球
指的是双方选手持续进行回击的状态,直到其中一方获得分数为止。在这一过程中,选手为了获得分数,会使用一系列策略进行回击。因此,这并非是单纯的相互回球,而是凝聚了智慧与谋略的反击。

发球
代表一局比赛的开始,也被称作"Serve"。发球时要求球抛出后不得落地,选手在球落地前将球击出。发球时的抛球动作被称为"Toss"。球发出后必须落入对方的发球区才能有效,否则被视为失误。发球有两次机会,第1次发球失误不会减分。有些发球的速度高达200千米每小时,是获得分数的绝佳机会。

正手
正手指对来自持球拍一侧的球进行的回击。在打正手球时,选手可舒展身体,仿佛将球纳入怀中一样进行击球。最基本的打法是平击球,也就是以平行的方向击球。但最常用的则是带有旋转的正手球。

反手
反手指对来自非持拍手一侧的来球进行的回击。击球时可采取双手环胸一般的姿势,并通过迅速挥摆手臂将球击出。反手球可单手,也可双手。

ATP 排名与积分
ATP是指职业网球联合会,选手可以通过参加联合会承认的赛事,并根据比赛排名来获得积分。以选手的积分产生的排名被称为"ATP排名",也就是通常所说的世界排名。该排名由各选手在过去52周(约1年)中参加的赛事及比赛成绩为基准进行积分后合计得出。但联合会将2016年里约奥运会从积分赛事中除名,参赛选手并不能通过参加奥运会比赛获得积分。因此,2020年东京奥运会能否重新恢复积分赛事资格,十分值得关注。另外,女子网球世界排名是"WTA排名"。

网球用语

- **Fault** 发球失误
若连续两次发球都未成功,则称之为"Double Fault"。

- **Ace** 使对方无从触球的强有力的击球

- **Cross** 斜线击球
朝向场地的斜线方向击球。

- **Passing Shot** 穿越球
指对方上网截击时,将球越过对手肋下击回。

- **Down The Line** 沿边线打出的回击球

- **Love Game** 未获得任何分数的比赛

场地种类

草地球场
使用天然草坪的球场。草地球场在过去十分常见，但由于维护困难，现在已经不太常用了。在草地球场上进行的比赛，球速很快。适合擅长高速发球的选手。

特点
- 球速快
- 反弹高度低
- 维护困难

红土球场
红土球场大多使用红土、沙土等，颜色以红色多见，可以减轻选手腰腿的负担。在红土球场比赛，球速较慢，因此相较于擅长强力发球的选手，红土球场更适合善于击球的选手。

特点
- 球速慢
- 反弹高度适中
- 场地较滑

硬地球场
硬地球场是在水泥或混凝土上加涂一层合成涂料后建成的，质感与硬度较大的橡胶相似，球的弹跳较为工整。同时，由于摩擦阻力较大，会对运动员的身体造成一定负担。球的反弹高度较高，适合擅长发球的选手。

特点
- 球速快
- 反弹高度高
- 弹跳规则

人工草坪场
在人工草坪上撒上沙土后建成的场地。这种场地防水性较好，雨天也可以立即投入使用。四大公开赛等大型赛事中没有使用过这种场地。

特点
- 球速慢
- 反弹高度低
- 弹跳规则

众人瞩目的四大公开赛

四大公开赛是职业网球的巅峰盛典，每年在美国、法国、英国及澳大利亚举行。若在四大公开赛中均获得冠军，则被称为"大满贯"，有时人们也会用"四大满贯"统称这四大赛事。一年之中举办的网球赛不计其数，但对于选手及观众来说，四大公开赛永远是值得特别关注的重要赛事。

1月举办 澳大利亚网球公开赛

对网球界来说，新的一年从澳大利亚开始。澳大利亚网球公开赛在墨尔本举行，使用硬地球场。澳大利亚位于南半球，对于欧洲、美洲、亚洲的选手来说，要面对从严冬到酷暑的巨大变化，因此时常会出现实力选手止步于预选赛的情况。澳大利亚网球公开赛是四大公开赛中唯一设有防中暑机制的赛事，当气温升至35℃以上时，主裁判可以推迟比赛开始时间。

5月举办 法国网球公开赛

法国网球公开赛在法国巴黎的罗兰·加洛斯球场举办。比赛使用红土球场，很多人都说，"提到法国就想到红土"。红土球场上球的弹跳十分不规则，因此，法国网球公开赛同样也是以意外不断著称的公开赛。此外，法网的所有赛场均为露天赛场，这也是四大公开赛中独一无二的。这使得比赛经常因天气原因顺延或中止，对选手的状态及心态都是一大考验。

7月举办 温布尔登网球锦标赛

温布尔登网球锦标赛每年在英国伦敦的温布尔登举办。比赛使用草地球场，每场比赛都是与这种易滑的场地进行的较量。温布尔登网球锦标赛有着悠久的历史以及独有的传统，大会规定选手不仅在比赛时，包括在训练时都必须穿白色服装。此外，在中心球场举办的赛事，门票价格之高举世闻名。温布尔登的中心球场只有在公开赛举办期间才公开使用，在当地十分有名，被称为"圣地"。

9月举办 美国网球公开赛

美国网球公开赛的舞台位于美国纽约郊外的法拉盛。大会使用硬地球场，这一规定经历过两次修改——从最初的草地球场改为红土球场，又改为现在使用的硬地球场。美国网球公开赛是四大公开赛中奖金最高、观众最多的赛事，是纽约的一大重要活动。此外，在最终盘采用抢七制也是美国网球公开赛的一大特色。

Football

■风靡世界的超人气竞技运动

足球

只要有一只球就能进行一场足球比赛，比赛规则也十分简单。全世界踢足球的人是最多的，可以说足球运动普及到了世界的各个角落。

>>>>> 比赛场地

足球场

又叫"球场""赛场"，大多植有草皮。一般规定球场长100~110米，宽64~75米，奥运会的足球比赛场地长105米，宽68米。

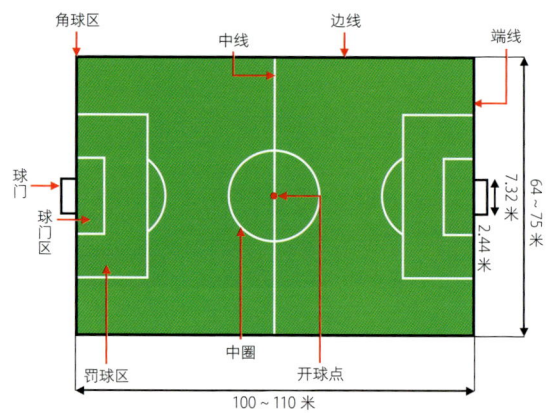

观赛7要点

要点 1　每队由11人组成，得分多的一方获胜

每队11人中一名球员守在球门前阻止对方得分，其余10人在场上不断攻守交替，争取将球射入对方球门内。球员要通过带球和传球攻入对方球门区，通过抢断或者向对方球员施加压力来防守。个人球技、球队配合都很有看头。因为足球竞技得分不易，所以每进一个球都让人热血沸腾。

要点 2　比赛分上下两半场，每半场45分钟，半场之间设有中场休息时间

男足与女足比赛都分为上下半场，每个半场45分钟，中场休息时间为15分钟。比赛中如有换人、球员受伤等情况导致比赛中断时，在45分钟后会追加"伤停补时"来补足这部分时间。每场比赛各队有3次换人机会，如果需要进行加时赛，各队会再增加1次换人机会。足球赛进球不易，因此比赛结束时双方比分持平的情况不少，在淘汰制比赛中，每场比赛必须决出胜负，那么就会进行加时赛。如果加时赛双方依旧平局，则会通过点球大战来决一胜负。

加时赛・点球大战

加时赛上下半场各为15分钟，中间有5分钟的中场休息，下半场结束后得分多的一方获胜。过去也曾在加时赛中使用由先进球的一队获胜的规则，或者是加时赛在前半场中就已经拉开分差的情况下，就不进行后半场的比赛方式。但在现行的赛制规则下，加时赛不管前半场有无比分差，都要进行后半场比赛。如果加时赛依旧不能分出胜负，则会进入5轮点球大战。点球大战由双方球员轮流进行，在与对方守门员1对1的情况下进行射门，进球多的一队获胜。如果5轮点球结束后双方仍未分出胜负，那么双方继续进行点球大战，直到一方进球超过对方为止。

要点 3	**定位球是得分的好机会**
	定位球是指当球越过球场的边线，或出现犯规的情况，在特定位置重新开球后再继续比赛。定位球大致有"角球""任意球"和"点球"。特别是在进行点球时，因为选手和对方守门员进行的是1对1的对决，对选手来说是最好的进球机会。有时候在比赛中双方迟迟无法得分，这时候运动员踢定位球能否得分就会备受期待，是比赛中的一大亮点，值得关注。

要点 4	**关注球员华丽的个人技术**
	个人球技一般有带球、传球、停球等，不过观看时能一目了然的，往往是带球。如果球员只是边踢着球边跑，可能对方轻而易举就把球截走了。因此，足球场上的选手需要掌握一些个人带球技术，比如混入真真假假的动作，巧妙地左右交替盘球迷惑对方，或者踢出让对方追不上的快速盘带球等。不仅仅是射门，盘带球这种华丽的球技也是令人享受比赛的乐趣之一。像足球这种团体运动，光靠以盘带球为代表的个人球技是无法取胜的，不过在比赛形势严峻时，靠个人技术打开局面而得分的情况也不无可能。

要点 5	**行云流水般的传球也是一大看点**
	在比赛中，运动员要进球的话有各种各样的策略，比如靠着盘带球一路长驱直入射门绝杀，或者靠远距离长传来进球。靠队友之间的传球技术配合进攻也是其中一种。传球既要靠细腻精确的传球技术，将球路连接起来然后进球，又要考验选手之间的相互配合。在场上球员密集的状态下，只靠把球踢出去来突破是很难的，然而可以靠如穿针引线一般细致的传球技术，互相配合着来突破。要做到这一点必须将个人技术与团队配合结合起来才行。

要点 6	**除控球选手外的其他选手的行动也很重要**
	一场90分钟的比赛中，平均每个选手能控球的时间似乎仅仅约2分钟，因此一名选手在比赛的大部分时间里面都是不控球的。那么，选手在不控球的时间里都在做些什么呢？这种不控球时的"无球"跑动对比赛也十分重要。例如，观察赛场战况、积极跑动接传球，或者积极跑动吸引对方防守，便于队友传球等。场上的选手们都是这样纵观全局，在对接下来的比赛形势进行预判后才行动，而不是只在拿到球的那一刻才有所行动。虽然观众的目光总会不自觉地跟着球走，不过观看比赛时留意一下周围其他选手是怎么行动的，再思考一下哪个选手的行动更可能为进球制造机会，也是一种乐趣。

> **无球跑动**
>
> 指场上选手不控球的状态，也指没有在球的周围参与争抢传球的状态。"无球跑动"包括出其不意地往对方疏于防范处传球后，为了衔接后续比赛而进行的"传切配合"；或者为了诱骗对方，给对方防守制造混乱而斜着在球场中奔跑的"斜线跑"；等等。

要点 7	**比分容易出现变化的几个时间段**
	足球比赛较容易得分的几个时间段为比赛刚刚开始时、比赛开始20分钟左右以及比赛快结束时。上半场和下半场之中，这三个时间段是比分最容易出现变化的。比赛刚开始时球员们往往还没习惯场上的状况，没法定下心来比赛；中间阶段人容易中途松懈，注意力分散；比赛的最后则容易因焦躁而出现意想不到的失误。其他情况例如刚刚换人后，以及进球后不久都是容易丢球的时候。

知道这些观赛更有趣

各个位置的分工

前锋 最靠近对方球门的位置，职责是进球得分。这个位置需要准确射门的能力，也需要积极跑动制造射门机会。

中锋
最靠近对方球门，也就是人们所说的最前线的位置。虽说这个位置顶顶重要的任务就是进球得分，不过怎么接球、怎么在不越位的情况下尽可能地跑动也是很重要的。

突前前锋
这个位置一般比中锋稍靠后些，这个位置需要与中锋配合射门，因此要靠传球带球制造射门机会，还要吸引对方防守，为中锋制造机会。

边锋
这个位置在球场边活动，通过带球突破、边路突破或"边路传中"（通过长传将球传向球门附近位置）将球传给球门前的同队中锋。

中场 从防守到进攻都与之相关的位置，这个被称为心脏的位置负责架构起整场比赛，让球队作为一个组织高效地运转。

进攻型中场
进攻型中场是在中场里面更倾向进攻的位置。这个位置的球员会从球场中间开始突破，传球给最前线的队友，有时甚至会自己射门，是负责进攻或制造射门机会的位置。这个位置也被称为"前腰"，主要任务是在中锋后方发起进攻，也被称为"影子前锋"或者"二前锋"。

中前卫
中前卫是处于中场球员正中间的位置，这个位置的球员要纵观全场把握状况，给全队下指示组织比赛，还要负责支援其他位置以及平衡整队。其中，"边前卫"是沿着边线活动的位置，当球场中央人群密集，活动不开时，边前卫就会从球场侧方带球突破进攻。这个位置的球员也会从对方球员脚下夺球发起反攻，对防守也贡献颇多。

防守型中场
防守型中场是侧重于防卫的位置，这个位置的重要任务是阻止对方的攻击，同时也会负责发动、开展进攻。尤其负责防守重中之重的"Anchor"（Anchor Man 的缩写，纯防守型后腰）在中场球员中也是处于最靠后的位置，而相对地，"Volante"（西班牙语的中场）就要负责高效地将球传向前线，发起攻击。一般来说，"Anchor"是更侧重于防守的位置，"Volante"是更侧重于进攻的位置，不过有时选手会在这两个位置间自由转换。

边翼卫
在边前卫与边后卫之间的位置，也就是说这个位置既要负责攻击又要负责防守。一般专门派球员担任这个位置的不多见，更多的是由边前卫或者边后卫的球员来负责这个位置。因此，这个位置也会视负责这儿的选手而定，变得更倾向进攻或者更倾向防守。

后卫 这类位置位于己方守门员的身前，是整个队伍阵形的最后方。后卫如果对防守阵势的判断失误，对方可能立刻就进球了。

中后卫
中后卫位于防守阵的正中，这个位置的球员要阻止对方的射门、传球，还要奋不顾身防守对抗对方的传中。"盯人中卫"一般会1对1地紧盯对方前锋，阻止他们射门，他们与对方的正面对抗较多，需要较强的盯防能力。"清道夫"一般负责对"盯人中卫"的行动进行掩护、跟进，"清道夫"这个位置身负中卫职责的同时，也会积极参加进攻，被称为足球场上的"自由人"。

边后卫
在己方左右两侧后卫。这个位置一般会紧盯从两侧攻过来的对方球员，拦下对方传向禁区的可直接形成射门的传中。负责防守的同时，也会抓住进攻的机会从侧方向对方球场跑，将球传向对方禁区。在这个位置的球员一般要具有精准的带球、传中技术，还要能负荷较大运动量。一般右撇子选手负责右侧区域，左撇子选手负责左侧区域，也有能同时守两侧的选手。

守门员

守门员是全场唯一一个能够在己方罚球区（仅在罚球区内）用手接触球的球员。守门员会用拳击球（像打拳那样把球击出）或者用脚阻挡对方的射门。是绝不能让对方进球的位置。另外，守门员有时也会负责在队伍的最后方观望全队，对防守阵的位置做出指示，并下达指令让己方球员对对方进行盯防。另外在点球大战时，守门员身负阻止对方进球的重责，是非常重要的位置。

独一无二的位置

一名优秀的守门员需要正确的判断力、强大的方向感、正面应对球的勇气等。甚至有"有优秀的守门员才能称得上强队"这样的说法，守门员在欧洲等地区是非常有人气的位置。

各种战术

都说足球比赛的战术细分起来的话数都数不清。各个球员的位置如何分配，怎样进攻，怎样防守，这些战术都会随着时代与教练的不同而改变。

阵形

阵型指球员在球场上的配置。"4-3-3""4-4-2""3-5-2"这样依次表示后卫、中场、前锋的人数数字。第一个数字越大表示该阵形的后卫人数越多，中间的数字越大表示中场人数越多，这就是所谓的"阵形"。看到"3-5-2"这样的阵形，就知道该队在中场配置了5人，他们采取的战术是充分传球，积极控球。

控球战术

控球是指保持对球的控制，因此所谓控球战术是一种保持己方对球较高支配率的战术。为了提升对球的支配率，采用这种战术时一般不怎么会使用长传球，而是需要靠精细的传球一点一点将球路联结起来将球传向前场。长传球虽然容易将球送出，但失去球权的概率也较高，因此控球战术下多用短传球。之后，在对方球门前有效地传球、射门，以期进球得分。

反击战术

强化己方防守，在对方向己方球场进攻时将球夺过来，迅速向对方发起反击的快攻型打法就是反击战术。己方一方面要坚守阵地不致丢分，同时趁着对方参与进攻的人数多，防守相对薄弱的时机，一下子向对方球门前快速进攻。在这种战术中，队伍强大的防守能力是必不可少的，同时，也需要队伍具备一名能够一鼓作气直捣对方球门的前锋选手。

区域紧逼

在前线积极向对方施加压力的一种战术。区域紧逼不是1对1盯人，而是由"区域防守"与"紧逼防守"组合而成。"区域防守"是己方球员相互传球分散对手的盯人战术。"紧逼防守"是己方数人一起向对方控球选手施加压力的战术。使用这种战术时，进攻重点集中在前线附近，因此进攻方的后防线也会相对靠前，整体形成一个向前压迫对方的阵形，在持球选手附近以人数优势向对方施压。

全攻全守

全攻全守战术是一种"全员攻击，全员防守"的战术，指球队虽然根据进攻与防守不同职责安排了各球员的位置，然而比赛时球员的位置是流动的，负责防守的球员也会参与进攻，负责进攻的球员也会进行防守。球队必须通过精密的传球提高控球率，再实施区域紧逼等战术，才能实现全攻全守。一名球员要能进行攻守转换需要具备各种各样的能力，因此球队中的每一名球员都必须有很高的个人水准，否则很难打全攻全守战术。

射门的种类

中距离射门·远距离射门

在罚球区外20~30米处的射门为中距离射门，离罚球区超过40米的射门为远距离射门。中远距离射门离球门都有一定距离，需要相当的控球技术才能射进。

无旋转射门

将球踢出时，球越是疾速旋转才能飞得更远。而无旋转的球球路变化是不规则的，很难被守门员扑到。想踢出无旋转球，要精准地往球的正中心位置快速出脚。

凌空抽射
当球还在空中时，直接将球踢向球门的射门。这种射门如果没有掌握好时机，球路轨道会像弓形那样，不过如果把握好时机准确击中的话，就算以很轻的力道踢出的射门也很有威力。

落叶球
从上往下落的一种射门，球在空中时因为竖直旋转，会像抛物线那样在球门前突然急速下落。这种射门往往会在踢任意球时使用，可以让球越过面前的防守人墙而得分。

弧线球
球会左右拐弯的射门。用脚的内侧去摩擦球的外侧把球踢出去，使球产生回旋，球的飞行轨道会弯曲变化。除了射门外，球员们踢角球、任意球时也会使用这种技术。

头球
不是用脚踢而是用头顶球的射门。虽说是用头部，但是正确来讲，头球基本用额头来顶球的。球员想把球控制在空中相对高的位置时会使用这种技术。

倒挂金钩
人在腾空状态下用后空翻姿势踢球的宛如杂技一般的射门动作。这个动作因为背对球门，又是上下颠倒的姿势，相当难控制。

越位是什么
越位是禁止进攻方球队为了进球提前埋伏在防守方半场的一种规定。为了防止在进攻时，进攻球队选手在对方半场的球门前等待传球，从而与守方守门员形成近距离1对1状态而设置的规定。

关键词
越位线
防守一方含守门员在内的离球门第2近的球员，其所处的位置横向延伸就是越位线。

越位位置
对手半场的端线与含守门员在内的离球门第2近的选手之间的区域。

构成越位的情形
- 身处越位位置的球员接队友传球。
- 队友射门时，身处越位位置的球员干扰对方球员比赛。
- 队友射门后，接住掉落的球继续比赛。

不构成越位的情形
- 仅仅站在越位位置，对队友的射门未造成影响。
- 在越位位置接球门球或角球这样的定位球。

越位小问答 下面几种情形是否构成越位？

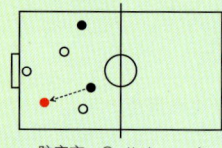

Q1 在下面红色圆形的位置处接球。
A1 接球时位于端线与越位线之间的越位位置，构成越位。
防守方=○ 传球=----→
进攻方=●●

Q2 身处下面位置的球员接住这个球。
A2 利用越位位置获得比赛利益，构成越位。
防守方=○ 传球=----→
进攻方=●●

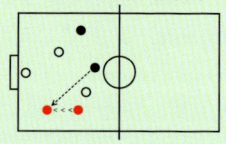

Q3 下面位置的选手在球被踢出后跑动、接传球。
A3 球员在队友踢球瞬间还未越过越位线，因此不构成越位。
防守方=○ 传球=----→
进攻方=●● 移动=>>>

定位球

任意球
比赛发生犯规时，由被犯规的一方球队在发生犯规的位置踢球。根据犯规的不同情形，分"间接任意球"和"直接任意球"两种。如果被判踢间接任意球，那么踢直任意球的球员不可以直接射门得分，球在进入球门前必须被其他选手触及。

角球
如果防守方的球员将球送出己方场区的端线，那么此时由对方球队踢角球。将球放置在角球区然后往球门前踢。有种叫"短角球"的踢法，即不把角球往球门前大力踢，而是把球传给离角球杆较近的其他队员。

球门球
如果进攻方球员将球送出对方半场的端线，那么比赛暂停，由对方守门员在球门区发球后重新开始比赛。

点球
比赛中一方球员在己方罚球区内犯规的话，则执行罚点球。罚点球时，球员与守门员是1对1的状态，因此是进球得分的最好机会。

界外球
比赛中球被送出边线外时，从出界的那一侧重新掷球入场，此时不是用脚踢，而是用手将球投掷入场。

主要的犯规行为

绊人
绊倒对手，或试图绊倒对手。

冲撞
不小心过度撞击对方身体。

抢断
在截断对方球时，踢球之前先接触了对方身体。

推人
推挤对方。

假摔
假装被对方球员犯规，以超出实际程度的形式假装摔倒。

手球
以手触球，实际不止手，整个上肢触球都构成犯规。

妨碍
对没有控球的对方球员，阻挡其前进或干扰其活动的行为，过去也被称为"阻碍"。

黄牌·红牌

比赛时球员如果做出粗野动作，或是在比赛中脱掉上衣等等被认定为违规的行为，裁判会掏出黄牌给予警告。球员在一场比赛中如果两次被黄牌警告，就会被出示红牌罚下场。如果球员做出严重危及对方安全的犯规动作，或者向对方吐口水、头槌对方等侮辱性举动，裁判会直接对其亮出红牌罚其下场。

奥运会与世界杯

奥林匹克运动会的男子足球比赛比世界杯的历史更悠久。过去曾有业余运动员参加奥运会，职业运动员参加世界杯这样的区分，为了让职业运动员也能参加奥运会的足球比赛，增加了"参加奥运会足球比赛的选手不得超过23岁"的规定，不过可以带3位超过23岁的选手参加比赛。上述限制是针对男子足球的，女子足球比赛并没有什么针对年龄的特别限制。

世界杯的狂热风靡全球

世界杯四年一度，是代表全世界足球最高水平的比赛。全世界有超过200个国家和地区会参加世界杯比赛，通过预赛而胜出的球队，加上不参加预赛的东道主球队，共32个国家和地区的球队能在世界杯决赛阶段比赛出场（2026年起出场队伍将增加至48支）。尽管只有这32个国家和地区的球队能参加比赛，但是每届世界杯举办期间都有大量的世界各地的球迷聚集到东道主国。整整一个月，举办地都会像过节一样热闹。世界杯比赛的收视率也在奥运会之上，参赛国（地区）自不必说，参赛国（地区）以外的国家（地区）也会播放世界杯足球赛，比赛的人气与影响力简直难以计算。世界杯的看点可以说是无穷尽的——知名球星的比赛表现、意料之外的比赛结果，以及新一代球星的诞生等。为比赛助威的各队球迷也令人印象深刻，整个场馆都淹没在比赛队伍的代表色中，球迷们拼命地以充满各国特色的方式为球队加油鼓劲。有人说足球球迷们的这种火热劲儿，仿佛球队的胜负是他们自己的人生，时而喜时而忧，也是足球项目独一无二之处。

Basketball

■在球场内疾速飞奔的高难度球技

篮球

篮球是一种全员防守、全员进攻、攻防迅速交替的快节奏运动。相比其他球类竞技更容易得分，选手的活跃表现也更能带动起观看者的热情。

>>>>> 比赛场地

篮球场
室内球场是篮球比赛的舞台，球场为 28 米 × 15 米的长方形场地，篮筐高 3.05 米，场地上画有各种标志线。

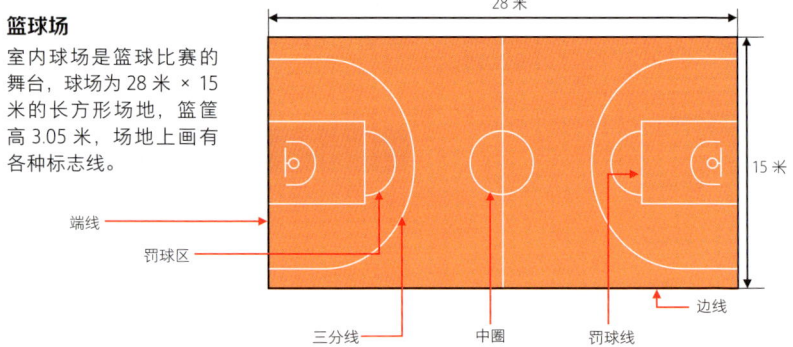

端线　罚球区　三分线　中圈　罚球线　边线

观赛 7 要点

要点 1　每队 5 名选手，得分多的一方获胜

篮球比赛中，每支队伍由 5 名选手组成，向对方的球篮中投篮得分，以得分多少作为判定胜负的依据。选手必须通过运球、传球来维系传递，通过投篮（射篮）来得分。在球被夺走的那一刻，立刻要反攻为守。由于在规则设计上对持球、触球有很多具体限制，因此球员们如何在不犯规的情况下最大限度地攻防对抗，是比赛的一大看点。

要点 2　比赛共分为 4 节，每节 10 分钟

一场篮球比赛时间合计 40 分钟，共分为 4 小节，每节 10 分钟。每节比赛之间有间隔用来休息或听取指令。第 2、3 节之间的间隔为"半场休息时间"，共 15 分钟。除此之外其余小节之间间隔为 2 分钟。第 3 节比赛开始时两队要交换场地。如果比赛结束时双方比分相同，会有 5 分钟的加时赛，直到决出胜负为止。

跳球

比赛开始要先"跳球"，两队各派一名球员为代表，分立于球场中圈中线的两侧，裁判在这两名球员中间将球抛起，两名球员跳起争球，以便让己方队员拿到球。不过，在得分后比赛重新开始时及自第二节起的比赛开始时，都不进行跳球，而是以底线发球的形式进行。

要点

3

每投中一球得 2 分
三分线外投中得 3 分

通常情况下，选手投篮成功可以得 2 分，而如果是在三分线之外投中的篮，则可以获得 3 分。另外，因对方选手犯规而得到的罚球机会，投中一次得 1 分。三分射篮是影响比赛走向的因素，不仅如此，由于投篮距离较远，即使是顶尖选手也未必能成功得分，因此一旦投中，便是可以让全场都沸腾起来的大看点。

罚球

一定条件下因犯规而受到处罚，而给予对方的投篮机会。由一名球员站在罚球区内，不受对方防御干扰地投篮。根据犯规处罚的不同种类，罚球可能会判罚 1 到 3 个球。

要点

4

全员进攻，全员防守，以迅猛的速度展开比赛

球队的 5 名球员都需要同时参加进攻与防守，是篮球竞技的一大特征。因为规则中有进攻时间限制，所以比赛过程相当紧张。攻守频繁互换，双方球员也会在场内快速奔跑拼抢，其他竞技项目一场比赛下来的得分是没有篮球这么多的。比赛过程中时而有火花四溅的贴身对抗，时而有机智巧妙的假动作，叫人眼花缭乱、目不暇接，这正是篮球比赛的魅力所在。

要点

5

充满力量的扣篮值得一看

所谓扣篮，不是将篮球投掷进篮筐，而是运动员高高跳起直接将球大力扣入篮筐。这一令人感到强大力量的豪爽球技，即使是对篮球不甚了解的人，也会有所耳闻。对球员来说，扣篮是展现自己妙技的机会；对观众而言，扣篮是考验球员弹跳力、增加比赛感染力的好机会。除了扣篮外，像带球上篮、跳投等兼具技术与艺术的投篮接踵而来，使观众沉醉其中。

要点

6

控球后卫掌控比赛

控球后卫（也被称为 1 号位）手握比赛进程关键的钥匙。控球后卫负责组织进攻，还要迅速看清楚比赛的形势走向，像队伍的司令塔那样将得分联结起来。所以说，控球后卫能力的高低决定了整支球队的强弱也不为过。另外，NBA 巨星迈克尔·乔丹曾担任的得分后卫（2 号位）一职，是得分能力很高的当红位置，这一位置也很大程度上影响了比赛的结果。

要点

7

篮板球成为下一次得分的关键

"篮板球"是指投篮未命中时，双方球员跳起争抢从篮板或者篮圈上反弹球的技术。篮板球的争抢是比赛中颇值得注目的环节。投篮的一方要是抢到了篮板球可以再次投篮，要是篮板球被对方抢走了，那己方的篮筐可一下子就危险了。许多比赛中，篮板球都成了左右输赢的关键。抢篮板球时，双方球员在篮筐下好似空中战一般跳跃争夺。在观看篮板球争抢时，观众可以多多留意擅长在篮下活动的中锋（5 号位）与大前锋（4 号位）。

篮球

081

知道这些观赛更有趣

各个位置的职责分担

控球后卫（1号位）
控球后卫是全队的司令塔，必须冷静、正确地判断比赛的状况后对同伴做出指示，担任着引导球队的职责，因此被称为"球场上的教练"。传球的能力、控球运球的技术当然是不可或缺的，还要具备能鼓励队友，提升士气的领导能力。它是球队中最重要的位置。

得分后卫（2号位）
身处得分后卫的位置必须具备很高的得分能力。在比赛中得分后卫要能远距离射篮，积极得分，要发挥强韧的精神与对手正面对决，还要辅佐控球后卫。这个位置上有像 NBA 的迈克尔·乔丹、科比·布莱恩特这些凭借卓越能力突破防守，豪取得分的活跃选手，在比赛中很能吸引观众目光。

小前锋（3号位）
和1号、2号一样，3号的小前锋主要在三分线外侧的外线区域活动，不过根据比赛情况，小前锋也会积极参与篮下与内线的拼抢，是需要在全场范围活跃跑动的位置。小前锋要参与篮板球的争抢以及近身打法的身体对抗，需要强壮的体格，还要机智灵活，具备很高的运球控球技术。打这个位置的选手，多半会被期待比赛时有活跃表现。

大前锋（4号位）
大前锋这个位置主要负责在篮下得分，在禁区内抢篮板球、近身防守也是大前锋的主要任务。激烈的篮板球拼抢、拦截对方投篮都要求大前锋有强壮的体魄与坚强的意志。同时，优秀的大前锋还需要有接传球的能力和中距离投篮的能力。

中锋（5号位）
中锋是被称为球队"顶梁柱"的重要位置。一支球队的中锋如果能牢牢掌控篮下，那么比赛就能稳稳地走向胜利了。中锋的特点是力量强劲，时常进行篮下盖帽、抢篮板球并在禁区得分。因此中锋多由队伍中最高大的球员担任。

第6人（替补选手）也值得瞩目
第6人虽然是"替补选手"，却承担着重要职责。他们通常是在比赛不利时扭转局面，或在比赛有利时保持优势的功臣。从这点意义上讲，第6人的能力未必比首发球员差，有时，他们是为了赢得比赛、特意等到比赛中途才"压轴登场"的大牌。

篮球用语

● Pivot 转身
以一只脚为中枢，转动身体改变方向的动作

● Fast Break 快攻
拿到球后，乘对方还未回防到位而迅速开展进攻。

● Cut In 切入
指进攻方未持球的球员避开对方防守进入篮下区域。

● Screen 掩护
进攻方两名以上的球员合作吸引对方防守，给持球队员制造进攻机会。

运球的快慢与技术

带球移动的运球，最重要的不是一味追求速度，而是保持合理的节奏。操纵着球的双手突然左右交替互换，出人意料地避开对方的防守向前推进——这就是高明的运球。运球有以下这些技巧：

换手运球
一种基础的运球技巧，双手快速交替运球，突破对方球员的防守，也被称为"交叉过人"。

胯下运球
双手交替运球，使篮球从自己两腿中间穿过的手法。即使被对方球员贴身包围，用胯下运球也很容易突破防守。

体前变向
做出交叉步过人的样子，使对方上当后突然改变身体方向往另一侧移动以晃过对方防守的一种技巧。

背后运球过人
在身后交叉运球换手控球。这种控球方式使对方手碰不到球，从而避开对方防守。

运球转身
边运球边转身绕开对方防守的运球方式，运球转身的难点在于要在不放慢速度的情况下准确地往目标方向转。

投界外球

如果一方犯规，由另一方球员在球场边线或端线处将球投入球场的行为。投掷界外球的球员要站在球场外掷ball，在开始计时后 5 秒内投球离手。界外球投出后，在其他球员接触篮球之前，投掷界外球的球员不得接触篮球，也不得从裁判指定投球的地方横行移动超过一米。这些都是投界外球需要遵守的规则。

篮下策应

进攻方球员靠近对方篮下，在背对篮筐的状态下等待时机、接球传球、切入篮下，打乱对方防守，伺机射篮，这一连串的行动，被称为"篮下策应"。篮下策应要和对方互相角力，对身体强韧性有要求，因此多由中锋或大前锋来担当。

传球也有各式各样的技巧

抓住对方守备的漏洞，将球传给队友而不被对方拦截的传球，需要高超的技术。从胸口位置将球向前平推的"胸前传球"，将球通过地面反弹传给队友的"反弹传球"，从身后将球传出的"背后传球"，不看队友传球的"盲传球"，等等。作为观众，观看场上球员那些动作华丽的精确传球是一种享受。

代表性的投篮

带球上篮
右手投篮基本上是以先右脚再左脚的顺序踏步上篮。如果是左手上篮，那就是以先左脚再右脚的踏步顺序。手心向上平放，随时都可以将球出手是这种上篮的特征。另外像跳投那样的"高手上篮"，从侧面切入篮下，背对篮筐向后打出的"反手上篮"等都是灵活运用带球上篮后形成的球技。

跳跃投篮
高高跳起，在跳到最高处时将球投出的一种投篮技巧。包括在到达起跳最高处之前将球投出的"跳投"，还有避开正上方或身前的防守，身体后倾的"后仰投篮"等。

扣篮
不是将球投入篮筐，而是直接将球扣进篮圈的投篮方式，是一种有名的能使观众热情高涨的华丽打法。比如像在空中接了传球后直接扣篮的"空中接力"，从罚球线起跳后在空中滑步的"空中漫步扣篮"等，都是迅猛而强有力的扣篮技能。

违反篮球规则一般分为违例与犯规两类情形

违例

一方球员如违反有关持球方式、持球时间的相关规则,球权将转移给对方,由对方球员在距犯规处最近的端线或者边线处投界外球,然后比赛继续。

带球走步

在没有运球的状态下持球走 3 步以上的行为。单脚不动的转身不算走步,不过作为轴心的脚如果移动,会被算作走步。

两次运球

指场上球员一次运球结束后,球未离手,再次运球的行为。

踢球

用脚踢球,或者以腿部停球的行为。

干扰球

投篮后,当球在飞行、下落或者在篮板上反弹后下落时,任何一方球员如果在球的位置高于篮圈时,有触及球的行为,则视为违例。

犯规

主要指违规接触持球球员身体的一些情形(正式的说法是"个人犯规")。如果一方球员有这类犯规行为,那么裁判会判对方球队投罚球或者投掷界外球后再继续比赛。

撞人

泛指进攻一方的球员故意用身体挤撞对方球员,或用手推挤对方,妨碍对方动作。

推人

防守时用自己的肩或腹部挤压对方身体。

阻挡

指不管对方球员有没有持球,都用自己的身体阻止对方移动。

拉人

拉对方球员的手或试图抱住对方不让对方活动。

5 犯离场

如果一场比赛中同一名球员出现 5 次以上的犯规行为,那么他必须被换下场。

秒数相关规则

篮球的一大特色就是比赛中设立了种种时间限制。这些时间规则不仅加快了比赛节奏,还能使比赛变得更富有趣味性。

3 秒规则

进攻一方的球员不得在对方篮下禁区内停留超过 3 秒。

5 秒规则

投掷界外球或投罚球时,应在裁判发出指令后 5 秒内将球掷出。

8 秒规则

控球的一方球队应该在 8 秒内将球从后场(己方场区)转移至前场(对方场区)。

24 秒规则

进攻方球队必须在拿到球后 24 秒以内投篮,如果球出手后在空中飞行时 24 秒信号音响起,那么只要进球或者球碰到篮圈就不算违例。

其他一些犯规

与个人犯规相对应的还有"技术犯规"。技术犯规包括辱骂裁判员及对方球员,以及故意打、踢、推搡这些"违反体育道德"的行为,都可能被强制要求离场。最严重是"取消比赛资格的犯规",只要犯规一次就会被退赛。

换人次数没有限制

篮球比赛中,替换球员的次数没有上限。换人要先提出申请,然后在球成为死球(进球或者违规等造成的比赛中断)时根据裁判的示意进行。有球员 5 犯离场或者受伤退场时也可以换人。

职业选手也能参加奥运会比赛

以前职业选手如果要在奥运会出场的话，会暂时停止参加商业比赛。不过，篮球运动员在这一点上不受限制，职业的篮球运动员也能参加奥运会。美国队当年由 NBA 巨星组成的"梦之队"，就成了吸引众人的大话题。

球服与球鞋

作为一项激烈的竞技运动，人们往往青睐那些轻盈、吸汗速干的材质制成的球服。特别是打篮球穿的鞋子（球鞋），也会因为 NBA 球鞋带来的人气而备受瞩目，甚至成为流行时尚的风向标。

NBA 的梦之队

1992 年巴塞罗那奥运会的男子篮球比赛项目中，代表美利坚合众国出战的是迈克尔·乔丹等 NBA 顶尖现役球员组成的精锐之师。作为史上屈指可数的巨星阵容，球队得了个"梦之队"的昵称。从那以后，美国队出征奥运会，都是以 NBA 球员为主组成的队伍。

NBA
（National Basketball Association）
1946 年设立的北美男子职业篮球联赛。与橄榄球、棒球、冰球并称北美四大职业体育联赛。

历年的巨星球员

●迈克尔·乔丹
乔丹场均得分 30.12 分，为 NBA 史上第一，在奥运会比赛中也两度斩获金牌，他凭借这些辉煌骄人的战绩被称为"篮球上帝"，是当之无愧的一名超级巨星。

●魔术师约翰逊
约翰逊担任控球后卫一职，他在 20 世纪 80 年代为洛杉矶湖人队五夺 NBA 总冠军做出巨大贡献，与迈克尔·乔丹、拉里·伯德等人一同在全世界引爆了 NBA 风潮。

●斯科蒂·皮蓬
皮蓬与迈克尔·乔丹一起，两次带领芝加哥公牛队勇夺 NBA 三连冠，引领公牛队走入了黄金时期。皮蓬不负史上最佳小前锋的称号，防守能力也十分出色，是一名全能型选手。

●沙奎尔·奥尼尔
奥尼尔凭借 2.16 米的身高与超群的身体能力，在 NBA 的 6 支球队中都先后有活跃表现。他扣篮时巨大的破坏力常常将对手震倒在地，被称为"黑色飓风"。

●科比·布莱恩特
科比在整个 NBA 生涯的 20 年间一直为名门洛杉矶湖人队效力，他拥有众多辉煌经历，曾 4 次获得 NBA 全明星赛最有价值球员称号，是 NBA 史上获得这一称号次数最多的人。科比退役后，湖人队史上首次为同一名球员退役 2 个球衣号码（8 号和 24 号）。

1992 年，对战克罗地亚时的意料之外

出征巴塞罗那奥运会时首次组成的"梦之队"，拥有迈克尔·乔丹、魔术师约翰逊、斯科蒂·皮蓬、拉里·伯德等各路 NBA 巨星，其阵容之豪华堪称传说级。当然他们在奥运会上碾压对手一路获胜，然而在决赛对阵克罗地亚队时，上半场竟然被对方 25 比 23 领先，令众人大跌眼镜。不过在下半场时，梦之队发威将比分反转，以大会全 8 场比赛最小比分差 32 分的优势战胜对手。

2004 年首次与金牌失之交臂，止步铜牌

自从巴塞罗那奥运会后，以 NBA 球员为主力的美国篮球队秉承着第一代"梦之队"荣光，不断收获金牌。然而到了 2004 年雅典奥运会时，NBA 的外籍球员多了起来，其他国家的奥运代表队中也出现了不少 NBA 职业球员，于是这些国家的球队开始觉醒成长。2004 年雅典奥运会上，美国队不敌 NBA 球星马努·吉诺比利率领的阿根廷队，以 81 比 89 的比分败北。这是梦之队自结成以来，首次丢掉金牌。而阿根廷队却乘胜追击，意料之外地斩获了当年的金牌。

Three×three

■ 发源于街头文化的 3 人制篮球运动

3×3 篮球

3 人制篮球在 2007 年由国际篮球联合会（FIBA）制定了官方规则，正式成了一项体育项目。2020 年东京奥运会起，3 人制篮球将成为奥运会项目。

>>>>> 比赛场地

3 人制篮球场

篮球场规格为 15 米 ×11 米，大约是 5 人制篮球场的一半大小。

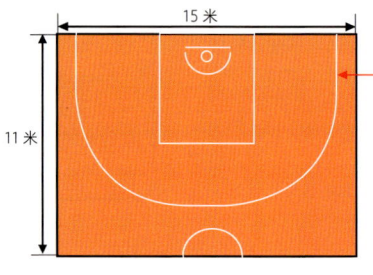

圆弧线（2 分线）

在线外投篮获得的分数，是线内的 2 倍，因此它又被称为 2 分线。

观赛 3 要点

要点 1　每支队伍 3 名球员，得分多者胜出

3 人篮球的比赛时间为 10 分钟。但若任何一方率先获得 21 分，即使比赛时间不足 10 分钟，也视为比赛结束。若比分相同，则进入加时赛。参赛球队最多由 4 人组成，4 名球员中有 1 名在比赛时为候补球员，比赛过程中换人的次数不限。与 5 人篮球不同，3 人篮球赛中教练员不入场。男子组比赛与女子组比赛使用的篮球相同，大小为 6 号，重量为 7 号。比赛前，双方通过抛硬币的方式决定进攻权，最后进行 Check Ball（防守方在弧线外将球传给进攻方）后开球。

要点 2　弧线内投球得 1 分，弧线外得 2 分

在弧线内外投球获得的分数不同。在线内投进的球得 1 分，线外得 2 分。发球得分为 1 分。从外围精准投篮是制胜的关键。

要点 3　攻防形势互换时要将球带出弧线外

比赛过程中，当防守方成功抢断进攻方的攻势，或是抢到篮板球后，场上的攻防形势将会对调。这时，控球队伍需要将球带出弧线外。这一过程中允许传球，但持球选手必须双脚同时落在弧线外。

知道这些观赛更有趣

持球后 12 秒内必须投篮

3 人篮球的进攻时限（持球后至投篮的时间限制）为 12 秒。选手为了能够在有限的时间内完成进攻，需要足够的判断力以及攻守的快速转换能力。3 人制篮球比赛比 5 人制节奏更快，能给观众带来特殊的观赛体验。

全队犯规

3 人篮球赛中，全队犯规（非个人犯规）的上限为 6 次。从第 7 次全队犯规起，每次全队犯规使对方球队获得 2 次罚球机会；第 10 次开始每次给对方球队 2 次罚球机会及进攻权。

Volleyball

■ 以队伍团结合作维持球不落地，以精妙的攻击对抗而取胜

排球

源于美国的竞技运动。
以高打强攻与快速多变的打法吸引观众。

>>>>> 比赛场地

排球比赛场

排球比赛场地为 18 米 × 9 米的长方形，球网设于场地中线上，网高为男子 2.43 米，女子为 2.24 米。

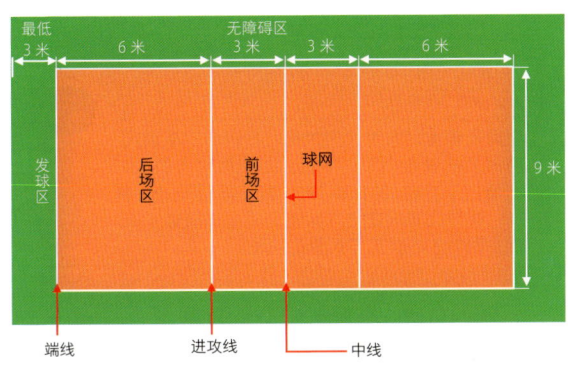

观赛 7 要点

要点 1

每队派出 6 名球员上场 得分多者获胜

排球比赛中，每队上场球员人数为 6 名，比拼得分。赛前由两队各派代表抽签，抽签结果用于选择发球权、指定球区。比赛开始由获得发球权的队伍先发球，之后双方持续对阵拼抢直至球落地、出界或出现犯规，在对阵中取胜的一方得 1 分。

落地得分制

6 人制的排球比赛曾经采用"发球得分制"，队伍需要首先取得发球权，并在对阵中战胜对方才能得分。1999 年，这一规则变更为"落地得分制"，落地得分制则不论队伍有无发球权皆可得分，发球权由得分的一方队伍取得。

要点 2

5 局 3 胜制

每场比赛共 5 局，先取 3 局胜利的一方获胜。前 4 局由先取得 25 分的一方获胜，第 5 局由先取得 15 分的一方获胜，不过在比分为 24 比 24（第 5 局为 14 比 14）的情况下，比赛将持续进行直至其中一方领先对方 2 分。每局结束后双方会交换场区，第 5 局一方先取得 8 分时也会交换场区。

要点 3

接球、托球与进攻性击球要在 3 次以内将球击回对方场区

排球规则规定球不可落地，同时每队最多击球（触球）3 次将球击向对方场区。击球的基本流程大致为接住对方的"接球"、将球传给进攻队员的"托球"以及直接将球击向对方场区的"进攻性击球"。

087

要点 4	唯一身着不同颜色队服的是专职防守的自由人
	每队可以登记专职防守的球员"自由人"上场。自由人在比赛中只可担任后排球员，替换后排球员的次数可以不受限制。然而自由人不可以发球、拦网以及在网前进攻。在队伍中，自由人所穿队服与其他队员的颜色不同，因此很容易就能分辨。

要点 5	除了进攻球员外，二传手与自由人也是看点
	说到排球比赛中有看头的，被提到最多的大概是将球大力击向对方球场而得分的强力扣球了吧。然而若没有自由人将对方的发球接下并精确地传给二传手，没有二传手将球托到绝妙的扣球位置，也就没有扣球啦。留神观看自由人、二传手的接球、托球技术，方能更好地感受排球竞技的魅力。

要点 6	拦网也是得分的关键
	拦网是看准对方进攻的时机，在网前高高跳起，将对方的进攻挡下的手段。如能将对方的大力击球拦下并将球打回对方球场，还能得分。此外，排球比赛规定己方队伍只能连续触球 3 次，但拦网时的触球是不计算在内的。

拦网

在网前伸高手，将对方击过来的球挡下，只要不妨碍对方球员击球，拦网的球员可以将手伸过球网。

要点 7	男排的力量、女排的坚韧是看点
	男子排球的好看之处，不是别的，正是球员们压倒性的力量。跳发球能达到时速 120 千米，那些身高超过 2 米的选手不停打出豪迈干脆的扣球球，威力之大以至于球在对方球场地面弹起老高。另一方面，女排的特征是每一球的对阵攻防可以持续很长时间。不屈不挠地将球不停接起的过程，往往让观众捏一把汗，这是女子排球独有的魅力。

知道这些观赛更有趣

球场站位与轮转

轮转的规则是指发球方的球员发球后，如在对阵中接球方队伍得分并取得发球权，（原发球方）队伍的球员须按顺时针进行一个位置的移动。如发球方得分，则不进行轮转，由原本位置的同一球员再次发球。在发球球员将球击出时，场上球员应在自己的位置站好，否则被视为犯规。

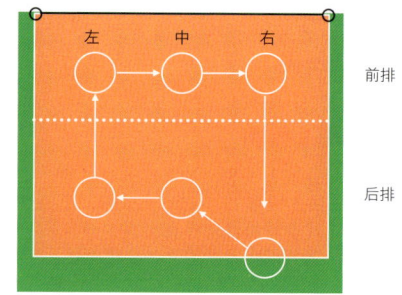

发球时的站位与犯规

发球时双方球员应按照比赛前提交的"阵容位置表"站位，球员分成前排球员与后排球员以及根据各自与球网的位置分左、中、右站好。后排球员应站在自己所对应前排球员的身后。比如后排左方球员，如果站在前排左方球员的身前或者侧面，则视为犯规。每一名左（右）方球员必须至少有一只脚的一部分比同排中间球员的双脚距离左（右）边线更近。发球球员将球击出后，场上各球员会立刻移动以便组织进攻。

各位置的分工

主攻手

在发球与拦网之外，将球击向对方场区是主攻手的主要职责，目标是打出让对方难以接住的扣球。担任主攻手的球员通常肩臂有力、弹跳力强。根据对战情形灵活使用各种攻击技术也是主攻手不可缺少的能力。

副攻手

主要负责拦下对方的攻击，副攻手多为身材高大的球员，这是球网的高度所决定的。副攻手需要仔细留意对方二传手、主攻手的动向，还要有从中间向左右两边快速移动的灵活性以及坚韧不屈的防守能力。

二传手

二传手需要在赛场上瞬间把握比赛形势，组织攻击，因此是撑起全队的司令塔。二传手除了要精准传球，传球技术还需要多样，以使整个队伍的攻击变化多端。二传手要有观察对方球员、预判其行动的判断力，还要有熟知己方球员特点的丰富经验。有时二传手也会迷惑对方拦网球员，自己直接将球击过球网来得分。

自由人

与自由人相关的比赛规则于 1998 年正式确立。自由人作为球队防守的要塞，不直接参加进攻。通常由全队接球技术最好的、能精确一传的球员担任。

场上球员在发球后可以任意移动

发球之前，双方球员需要在各自站位站定，球发出后就可以自由跑动了。直至本轮对阵结束，在下一球发出前，球员必须再次回到规定站位站定。

每局比赛最多可换人 6 次

比赛可以换人上场，每局比赛各队最多可以换 6 次，每换一人算一次，因此若同时换下 2 人，则算作 2 次。自由人与场上球员的交替不计入换人的次数内。

每局比赛可暂停 2 次

教练以及队长可以向副裁判提出暂停要求，以传达作战计划，或令球员休息一会儿。每一局比赛中双方都可以要求暂停 2 次，每次暂停 30 秒。有些赛事也有"技术暂停"。每局比赛当领先的球队达到 8 分或 16 分时，自动进入 60 秒的技术暂停（第 5 局比赛没有技术暂停）。技术暂停不适用于奥运会排球比赛项目。

自由人特有的规则

以下这些是只适用于自由人的特殊规则。

- 每队可以登记 2 名自由人参加比赛。
- 自由人穿着的队服颜色必须与其他队员的相异。
- 自由人可以多次任意进出球场，但是只能与后排球员交换。
- 自由人不发球。
- 不得拦网，也不得做出试图拦网的动作。
- 如排球处于高于球网的位置，自由人不得将球回击过网至对方场区。
- 如自由人身处前场区（攻击线的近网一侧）时将球高手传出，则其他队员进攻性击球的高度不得高于网。
- 能与场上的自由人交换的，只有先前被其替换下场的球员与球队的另一名自由人。

发球的种类

飘球
于身体正前方将球上抛，以直线轨迹挥手向前平推将球击出的发球方式。这种发球不使球产生旋转，球的飞行轨迹飘忽变化，也可能在对方接球球员面前突然垂直下落。

上手发球
使球产生强力回转的发球，利用手腕和手掌的推压，使发出的球大力上旋，在接球球员面前加速下落。如果回转控制得好，那么这种发球又快又强，且不易出界。

跳发球
通过助跑与起跳，像扣球那样将球强力击出的发球。虽然跳发球技术难度大，但是因为击球的位置高，发出的球威力大，很容易发球得分。抛球的安定感、起跳的时机以及击球时的心理素质都是跳发球的关键。

进攻的技巧

扣球
基本打法是助跑后高高跳起，使劲将球打进对方场区。"进攻性击球"是泛指除发球、托球外一切将球击向对方场区的球，包括扣球与后排攻击等。

后排进攻
位于后排位置的球员在进攻线后方起跳，将球击入对方场区的进攻方式，是一种往往能出乎对方意料之外的有效攻击手段。发动后排攻击的球员不可踩踏、越过进攻线，否则视为犯规。

吊球
假装要强力击球，但其实是瞄准对方拦网球员的侧面或对方场区的无人防守处，轻轻将球拨过球网的一种打法。关键点在于巧妙地放缓力量使球下落。

拦网出界
拦网出界是指球打在拦网球员的手上而落到球场外。有时进攻一方为了得分，攻手会特意将球击向对方拦网球员的手，造成拦网出界。

不擅长接球的球员很容易被盯上

要接起对方颇有威力的发球和强力的扣球，需要迅速的判断能力与技术。因此不擅长接球的球员很容易被盯上。瞄准对方的强力攻手击球也是常有的打法，这是因为攻手不是接球手，难以立刻参与攻击。

二传手的传球技术

二传手的职责是将球传向适当的位置，以便攻手发起进攻。甚至可以说，进攻的成功概率一定程度上取决于传球的精确度。二传手的传球要配合攻手助跑及跳跃的时机，所以二传手要灵活运用多种传球方式。

正面传球
最基本的传球，沿着球网将排球大力上抛。

背传球
二传手将球传给位于自己身后的攻手。这种传球需要二传手精确把握自己与身后攻手的距离，与队友的良好沟通也很重要。

跳传球
二传手在球的下落位置起跳，在较高的位置将球传出。跳传球不仅能更快将球传给攻手，也难以被对方的拦网球员看破。

全身的任何部位都可以触球

1995年排球规则改定后，可以接触球的身体范围由原来的"膝盖以上"扩大至全身，但是不可将球接住抛出。不过发球必须要将球先抛出再击出，因此不受此限制。

攻击模式

在排球比赛中，高大、强壮的球员确实会更具优势，不过要说不具备这些优势就铁定赢不了比赛，那倒也未必。各个球队都在苦心钻研战术，将各种快速多变的打法结合起来形成自己的风格。

主要的攻击

快攻
攻手在二传手传出前就开始助跑，在对方的拦网形成前将球击入对方场区的攻击。二传手与攻手的默契配合对组织快攻很重要。

双人快攻
两名球员同时摆出进攻姿势，互相掩护以迷惑对方拦网球员的攻击。

时间差战术
进攻方球员做出击球姿势诱骗对方球员起跳拦网，此时再由队友避开对方拦网击球的一种进攻方式，常常和快攻一同使用。

单人时间差
攻手自己佯装起跳扣球，但并不跳离地面，诱使对方球员起跳拦网，待对方拦网球员下落时再迅速起跳击球。

空间差
攻手助跑单脚起跳后，在空中滑步移动位置击球。这种方式的有利之处在于使对方难以预测拦网位置，更容易避开对方拦网击球。

主要的犯规

连续击球的犯规
- 将球过网击回对方场区前连续击球 4 次（4 次击球犯规）。
- 1 名球员连续击球 2 次（连击犯规）。
- 将球接住或抛出（持球犯规）。
- 在传球时双手持球等。

近网球员的犯规
- 在比赛中触碰球网或球网两端标志杆。
- 球员从网下穿越过中线进入对方场区并妨碍对方比赛。
- 球员的一只脚或两只脚完全越过中线进入对方场区。

发球犯规
- 主裁判鸣哨 8 秒内发球球员未将球击出。
- 2 次以上做传球、托球的动作。
- 在发球时踏及发球区以外的区域（包括踩踏端线）。

进攻犯规
- 后排球员踏入前场区（进攻线的近网一侧）起跳，并在高于球网的位置进行进攻性击球。
- 对方的发球在己方前场区且高于球网上沿时，球员进行进攻性击球。

拦网犯规
- 拦网球员在对方进攻性击球前或击球时，在对方场区空间内触球。
- 后排球员、自由人拦网，或做出试图拦网的动作。
- 从球网两端标志杆的外侧进行拦网。

关于近网球
当己方球员接到球后，球落入对方球场的无障碍区时，允许己方球员在 3 次击球内将球追回己方球场。但是，在追球时必须让球从球网两端的标志杆外侧回到己方球场。此外，触网的球只要没有落地，就可以通过 3 次以内的击球继续比赛。

9 人制排球
9 人制排球是日本独有的竞技项目，与 6 人制排球相比，球网更低（男子 2.38 米，女子 2.15 米）。女子的球场与 6 人制排球相同，都是 18 米 × 9 米，男子的球场为 21 米 × 10.5 米。比赛为三局两胜制，每一局先得 21 分的一方获胜。发球失败时，仅能重来 1 次，发球时其他队员可以自由站位，没有球员站位与轮转的限制。另外，拦网时的触球计入 3 次触球次数中，球触网的情况下只要在 4 次击球内将球过网击入对方场区即可。后排队员的行动也不受限制。对初学者而言，9 人制排球的规则比 6 人制排球更容易接受。

排球用语

- **Inplay 活球期**
比赛开球到比分确定为止的这段时间（例如球落到地面等可判断对阵结束的情况）。

- **Interval 间隔**
每局比赛中间的休息时间，基本为 3 分钟。

- **Screen 掩护**
发球一方的一名或多名球员为了不让对方看清己方球路而做出的一些遮挡。

- **Crossing Space 有效过网区间**
标志杆之间从球网上方一直到天花板的空间。排球必须经此空间穿过落入对方场区。

- **Dig 救球**
将对方的进攻性击球接住。

- **Mopper 擦洗者**
用拖把、毛巾等清洁球场地板，保持地面干燥的工作人员。

沙滩排球

■在沙滩上展开的激烈球类竞技

沙滩排球是 1996 年亚特兰大奥运会上成为正式项目的体育运动。观众可以将室外的美丽风景与场上的精彩较量尽收眼底。

>>>>> 比赛场地

沙滩排球场
场地大小为 16 米 × 8 米，球网高度与普通排球场相同，男子比赛 2.43 米，女子比赛 2.24 米。

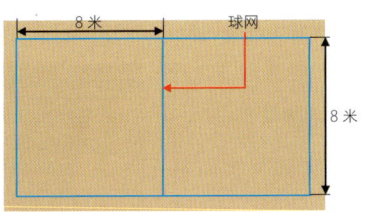

观赛 3 要点

要点 1　每支队伍 2 人参赛，比赛采取 3 局 2 胜制

沙滩排球场比普通排球场略小一些，因此参赛人数也相对较少，仅有 2 名选手组成。每场比赛分 3 局，在前 2 局中，率先获得 21 分且超出对方 2 分以上的球队获胜。若比分出现 20∶20 的情况，则比赛持续进行至任何一方领先对手 2 分为止。率先取得 2 局胜利的队伍胜出比赛，而当双方各赢 1 局时，则进行第 3 局比赛。第 3 局比赛率先获得 15 分且超出对手 2 分以上的队伍获胜。

要点 2　比赛强度极大，无替补球员

沙滩场地使运动员在移动过程中承受的负担较重，而每支队伍只有 2 名球员，选手需要持续进行攻防战，可以说强度极大。而且，沙滩排球比赛不设有候补球员，比赛中也不能接受教练员的指导，这要求选手有较好的抗压能力。

要点 3　聚焦于球员间的通力合作

沙滩排球的场地虽然比排球场略小，但球网高度相同。选手在比赛过程中不仅要以两人之力守住整个半场，还要时刻注意反击时球的高度，以免触网。因此，两名选手间的密切配合是十分重要的。

知道这些观赛更有趣

比赛用球

沙滩排球比赛使用的球，大小与普通排球大致相同。由于在沙滩排球的场地气压较低，很难打出高速球来。同时，沙滩排球受气流影响较大，控球难度较高。

雨天也照常比赛

沙滩排球是室外项目，即使下雨，比赛也照常进行。仅在雷雨天气时比赛才会取消。能否成功将沙滩的特征以及天气情况合理利用起来，也是观众在观看沙滩排球比赛时应关注的一点。

常见犯规行为

沙滩排球比赛，禁止选手以指腹触球的方式进攻。仅可以使用指尖或手指的外侧控球。

■ 高高跃起后的强劲进攻非常震撼

手球

这是一项运动员用手将球投入球门的运动，发源自欧洲，至今已经普及至 200 余个国家。1936 年起就已经被纳入奥运会比赛项目。

>>>>> 比赛场地

手球场
场地规格为 40 米 × 20 米，比篮球场要大。手球场分为室内场地及室外场地两种，奥运会的手球比赛在室内进行。

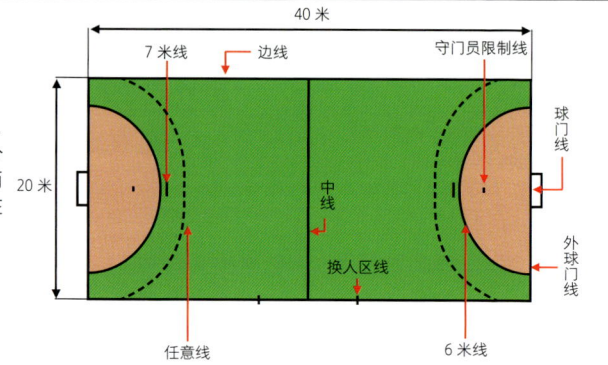

观赛 6 要点

要点 1 　每支队伍 7 名球员，得分多者胜

每支队伍中包括 1 名守门员、6 名场上队员，合计 7 人。比赛选手用手控球，通过运球、传球等过程最终将球投入对方球门，进 1 球得 1 分。比赛规则融合了足球与篮球两种运动的精华，以快节奏的对决、精彩的谋略、华丽的射门等要素深深吸引着每一位观众。

要点 2 　比赛分为两个半场，前后半场比赛各 30 分钟

比赛分为前后两个半场，每个半场比赛进行 30 分钟，整场比赛合计 60 分钟。若未能分出胜负，则进行 10 分钟的加时赛。当半场比赛开始或得分后比赛重新开始时，需要进攻球队双脚站立在中线上，并在 3 秒之内将球投出，这一步骤被称为开球。

要点 3 　比赛节奏快，得分机会多

比赛规则对选手持球的时间有着明确限制，因此球总是不停地在运动员之间传递着，战况因此而变幻莫测。有时甚至出现防守方成功抢到持球权，并在 5 秒之内一举得分的情况。射门的机会也很多，大多数手球比赛的进球数都在 20 以上，这也是手球比赛的魅力之一，观众可以观看到选手豪放的射门风采。此外，手球中也有与足球点球相似的规则，同样是进球的机会之一。

> **罚球（7 米球）**
>
> 当防守方犯规或故意妨碍进攻时，进攻方将获得一次罚球机会。罚球时，选手站在 7 米线后 1 米范围内，向球门投球。在进攻方选手进行罚球投球时，防守方球员除守门员外都必须站在 3 米以外处。

要点	射门动作豪放且技术性强，观众可享受华美的比赛场面
4	华丽的射门动作是手球比赛的一大亮点。在手球比赛中，队员（守门员除外）不得进入6米线内侧，因此投球必须在距离球门较远处进行。为了提高进球的精确度，在射门时有许多可以使用的方法与技巧。最常见的是"跳起射门"，指选手高高跃起后进行一记强有力的射门。此外还有速度极快的"远射"也不容错过。

6米线

6米线为半圆形弧线，划分出距离球门6米的区域，也被称为"球门区线"。不论是进攻球员还是防守球员，6米线内不允许任何除守门员以外的球员进入。值得注意的是，若在射门时选手从6米线外侧起跳，球射出后球员在线内落地的话，不被视为犯规。

要点	比赛允许球员间相互接触，赛况时常激烈万分
5	在手球比赛中，正面的身体接触不被视为犯规，因此经常会见到选手撞作一团的画面。进攻方来势汹汹，防守方伸展手臂严阵以待，双方交战的场面宛若格斗竞技项目。选手倾尽全力奔跑、跳跃、投球，这是手球比赛独有的比赛之景，使观众目不暇接。

要点	消极参赛为犯规
6	将消极参赛归入犯规行为是手球的特色。消极参赛指的是没有主动发起进攻的消极行为，例如长时间不进行进攻也不将球传给队友等行为。因此选手需要自始至终保持昂扬的斗志。

知道这些观赛更有趣

各位置的分工

守门员
守门员负责防守对方射门，保护己方球门。守门员需要具备能够在瞬间正确判断来球性质的能力，同时也需要有一定的果敢与勇气。在对方球队失分后，守门员需要立刻进行精准传球，将球传至深入敌阵的队友手中，达到快攻的效果。

中锋
中锋是指挥全队进攻的司令塔，有时可以与其他队友通力配合，在互传中完成进攻，也可以直接完成射门。这个位置需要有冷静分析赛况的判断能力及宽阔的视野，还要有良好的沟通能力。

站桩式球员
这个位置的球员在进攻时站在对方防守球员周围，牵制对方的防守。偶尔也会在防守的同时进行射门。他们需要清楚地了解己方队伍采取的战术，在赛场上随机应变，为队伍制造射门的机会。这个位置上大多是体形较大、富有力量的选手。

左内卫、右内卫
这是射门机会最多的位置，尤其是左内卫被称为是球队的王牌。出色的内卫球员具备灵活化解对方攻势、精准运球、长距离远射、中距离射门的能力。

左右边锋、边卫
球员站在己方半场辅助内卫进攻，也可以在球场的边线附近进行射门。有时也在攻守形势转换时及时应对，发起快攻。因此这一位置上大多是擅长快速奔跑的球员。

没有选手交换次数的限制

手球比赛中,不仅对选手交换次数没有限制,交换时也不需要向裁判申请。但是,换人的地点有着明确规定,即中线两侧4.5米范围内是双方队伍换人的区域。大多情况下,在攻守形势转变后,进攻方会换上进攻型球员,防守方则会换上擅长防守的球员。

比赛用球

男子手球比赛使用3号球,女子比赛使用2号球。3号球的周长为58～60厘米,重量为425～475克。2号球周长为54～56厘米,重量为325～375克。想要单手抓球需要一定的握力,选手大多在手上涂抹松脂(松树分泌出的天然树脂)以加强摩擦力。

消极比赛与防守方的行为

若进攻方不积极发起进攻,则会被判为"消极比赛"。一般来说,裁判员会举手对场上球员进行一次提醒,若提醒无效,则以鸣笛的形式判定该支队伍消极比赛。很多情况下,只要裁判员举手,进攻方球员便立刻发起射门,这时,防守方的运动员则全力防守,甚至不惜犯规。这是因为,即便防守方犯规,进攻方获得罚球机会,但裁判员进行的消极比赛提醒仍然有效。如果罚球结束后进攻方仍然未能积极比赛,则会被判为犯规。

守门员的技术

守门员是球队的守护神,甚至可以说守门员的实力能够直接影响整支队伍获胜的概率。首先,位置选择十分重要,守门员可以通过站位来缩小对方的射门区间,可以上前向对方球员施加压力。其次,准备姿势也是守门员的技术之一。守门员身体微微前倾,双手双脚展开,以便在射门发出的瞬间做出应对。因此守门员大多体格健硕、灵活,并且有着出色的跳跃能力与柔韧性。

射门的种类

射门是手球比赛中最重要的组成部分。当运动员灵活运用各项技术完成一个华丽且完美的射门,赛场便会响起雷鸣般的掌声。常见的射门方式如下:

跳起射门
运动员高速跑动后借助惯性高高跳起,在腾空时进行射门。由于射门高度较高,威力很大,时速甚至可以超过100千米。在腾空时与对方守门员之间的博弈十分精彩。

跑动射门
跑动射门时运动员不跳起,而是通过连续走位及助跑后进行射门。跑动射门在地面上进行,因此较为稳定,能够精确将球投向瞄准的位置,尤其在防守方球员被牵制时射门效果最佳。

倒地射门
选手向对方球门冲刺跃起后倒向对方门区,在腾空时进行射门,亦被称为"鱼跃射门"。由于在射门后会倒向地面,球射出后选手应立刻调整姿势减小冲击。多由边线球员发起。

弧线射门
在对方守门员离开球门时,将球从守门员头顶上方投出。在射门时需要尽可能将守门员从球门前引开。

盲区射门
利用对方防守球员的站位制造盲区,从守门员看不到的地方进行射门。守门员对这种射门的反应速度会相对慢一些。

快速传球也是亮点

手球传球技术多种多样。观众在看到场上选手精准且快速的互传后,心情也会舒朗起来。在传球时,选手不仅要防止被对方截断,更要想办法让队友容易接球。手球比赛的特色就在这精彩的传球。

高手传球
手臂高举后投出的传球。高手传球不容易被截断且较容易控制,因此也可以用于长距离传球。

体侧传球
利用手腕力量进行的快速传球。对手很难预判体侧传球的时机及方向。

触地传球
使球在场地上反弹一次的传球方式。在脚下空间不足时使用。

持球后不得超过 4 步

手球规则中也有与篮球走步相似的内容，但步数的计算方法是手球项目独有的。手球比赛中，选手持球最多走（或跑）3 步，但若球员是跳起后在空中接球，则不纳入步数之中。因此相当于实际可以移动 4 步。

持球时间最长 3 秒

持球时间也有限制。持球选手必须在 3 秒以内将球传出。因此，选手需要时刻关注己方与对方球员的动向，合理预判，准确传球。

常见的犯规行为

两次运球
一次运球结束后手持球的球员再一次开始运球。

推人
在防守时用自己的肩部、腹部等推搡对方球员。

抱人
抱住对方球员或抓住对方球员手臂限制其活动。

撞人
故意冲撞进攻方选手，妨碍进攻。

侵区
守门员之外的球员进入 6 米线的内侧。踩线即为犯规。

除守门员外所有球员不得用脚踢球

守门员以外的球员，只允许使用膝关节以上的身体部位接触球。即便不是故意行为，只要球接触到膝盖以下的身体部位，则为犯规。只要是膝盖上方，选手可以随意进行接球等动作。

任意球

比赛中，当防守方球员发生不应判以罚 7 米球的犯规行为时，裁判将判给进攻方任意球机会。如果犯规行为发生在防守方的任意球线内侧，则应从任意球线外距犯规地点最近处进行任意球。任意球时，防守方球员须离掷球队员 3 米以上。若犯规行为发生在任意球线以外，则在原地进行任意球。任意球线与球门线之间的距离为 9 米。

7 米球罚球

在 7 米球罚球时，守门员以外的球员都必须退至任意球线之外，只有掷球选手及守门员留在线内进行 1 对 1 的较量。掷球选手可以使用假动作迷惑对方或冲上前进行倒地射门，或细致观察守门员的动作，瞄准其盲点一举射门。7 米球罚球时，经常能观看到精确瞄准球门四角射门或从守门员两腿之间射门的精彩瞬间。

进攻优势

当防守方发生犯规行为后，若进攻方球员持球且处于有利形势，裁判则不会中止比赛。这是因为，若因防守方犯规而中止比赛进行罚球或任意球，会造成进攻方失去当前有利形势。

手球用语

● **Spin Shoot 旋转射门**
通过让球高速旋转，使球在触地回弹时能够改变角度的射门。

● **Cut In 切入**
进攻方选手穿过防守方球员，深入防守方门前。

● **Sky Play 快板球战术**
腾空时在进攻方的 6 米线内接球，然后直接射门。

● **Screen Play 掩护配合**
进攻方选手交替走位，混淆防守方球员的视线，完成互传。

Table tennis

■ 在球台上展开的极限节奏白热对决

乒乓球

运动员手持球拍在球台两端击球，比拼最终得分。选手击球时的动作十分有魄力，攻防之间的对决让人赞叹不已。

>>>>> 比赛场地

乒乓球台

台高76厘米，球网自台面起高15.25厘米。比赛场地以球台为中心，围出一个至少14米×7米的比赛区域，比赛区周围设有护栏。

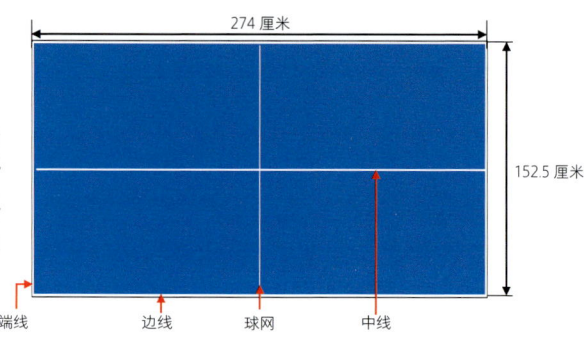

端线　边线　球网　中线

观赛6要点

要点 1 — 7局4胜制

每局比赛率先获得11分的一方获胜，在合计7局的比赛中率先赢得4局的选手获胜（共5局的比赛则是先取得3胜者胜）。选手在球台两端轮流击球，当选手出现失误，则对方选手得分。乒乓球比赛用球为塑料材质，重量较轻，直径为40毫米，重2.7克。各选手用惯用手持球拍击球。

要点 2 — 分为单打比赛、双打比赛与团体赛

单打比赛为选手间1对1的比赛，双打则为2对2的竞争。团体赛的比赛方式在不同赛事中有所差异。奥运会乒乓球团体赛，每支队伍3名运动员，比赛包括1场双打比赛、4场单打比赛，合计5场。团体赛的各场比赛均采用5局3胜制。2020年东京奥运会时，除男女单打、男女团体赛之外，还设有男女混合双打比赛。

双打击球规则

双打比赛中，两名队员必须轮流击球。若同一选手连续两次接球，则被判为犯规，对方球队得分。每局比赛交换接球顺序。

要点 3 — 每2次发球交换发球权

乒乓球比赛以一方选手发球开始，另一方选手接球并将球击回。发球方式有很多，但球在发出后必须在己方球台弹跳1次，过网后落入对方球台。一方选手连续发球2次后，由另一方选手发球，每2次发球交换1次。当出现发球或接球失误时，对方球员得1分。

要点	第 3 球是得分关键
4	运动员发球后，对方选手接球并将球击回，此时对发球选手来说，相对容易展开强攻。换句话说，乒乓球比赛的常见得分策略就是在对方将发球击回后的第 3 球展开攻势。接球方也会对此做好充足准备，由此势均力敌的双方球员便会展开一系列的攻防战，使观众目不暇接。

要点	聚焦于比赛中的强力扣杀
5	乒乓球比赛最精彩的便是双方选手之间令人眼花缭乱的对战。顶尖选手的快攻球时速甚至可以高达 100 千米以上，具有改变整场比赛局势的巨大影响力。因此选手在仔细观察对手动作的情况下选择的策略是比赛中的亮点。在双方交战时，观众应保持赛场的安静，直到其中一方得分再予以欢呼。

扣杀

指在不使球旋转的情况下将球平击回去的强力回球。但在扣杀时并非用力击回那么简单，更要想方设法击出让对方难以招架的回球才行。

要点	球员都有各自的战术类型
6	每位乒乓球运动员都有各自擅长的打法与战术，大致可分为几大类，包括"抽球型""削球型"及"快攻型"等。观众在观赛时若能了解每位选手的打法，并对该类型的特点及应对方式略知一二，观赛体验将会更好。

知道这些观赛更有趣

报分方式

乒乓球比赛用英语进行报分。例如，1 比 2 为"One-Two"。比分相同时为"X All"，6 比 6 为"Six All"。此外，一方选手率先取得 11 分获得该局胜利时为"One Game"。7 局制比赛中率先获得 4 局胜利的一方获得整场比赛的胜利。仅差 1 分就能够赢得单局比赛时，为"局点"，差 1 分获得整场比赛的胜利时，为"赛点"。

球拍

比赛对选手使用的球拍没有形状及大小上的规定，但要求球拍材质必须 85% 以上都是天然木材。球拍太大则容易超重，因此常见的球拍宽幅在 15 厘米左右。握拍方式也没有明确规定。选手可以用握手一样的姿势握拍，并将食指伸直加强稳定性，这种姿势被称为"横拍握法"。或者可以像握笔一样握住球拍柄，被称为"直拍握法"。球拍的击球面贴有胶皮，胶皮的具体材质及加工方法对球的旋转及速度有着直接影响，选手根据自身情况选择适合自己的球拍。此外，选手不能使用未贴胶皮的球拍面击球。

平手

当单局比赛比分为 10∶10 时，率先与对手拉开 2 分的一方选手获胜。比赛会一直持续至双方决出胜负，在此期间，发球权在每次发球后轮换。值得注意的是，现行的乒乓球赛规则中没有正式使用"平手（Deuce）"这个说法，裁判在双方平手时直接以"Ten All"或"Eleven All"等方式报分。

发球种类

正手发球
从惯用手一侧进行的发球。这种发球较容易控制手腕的动作，力量较强，也可以在球上施加上下或左右等各种方向的旋转。

反手发球
翻转手腕，从非惯用手的一侧进行发球。近年来使用反手发球的运动员相较于正手发球的来说为少数。

下蹲式发球
身体下蹲后进行的正手发球，可以使球的移动轨迹发生偏转。

发球规则
运动员右手持拍时，首先将球置于左手手掌，使对手能够看到球后保持静止。随后将球向上抛起，在球下落的过程中将球击出。抛球的高度必须高于16厘米。球在发出后必须在本台弹跳一次，过网后落入对方球台。开始发球至球发出为止的过程中，球不得低于球台高度，且不得超出球台端线。选手必须让对方球员清楚看到球。

重发球
当球发出后触网，并进入对方球台，则发球无效，需要发球选手重新进行发球，这被称为"let（重发球）"。若球发出后触网，并落入己方球台，则对方选手得分。

主要技术

抽球
运动员自下而上挥拍，使回球具有向前的旋转。常见的抽球有"快速抽球""弧圈球"等。

搓球
球拍朝上，搓击球的下部，使用下旋球进行反击。搓球虽没有突出的威力，但优点在于容易控制。当来球为下旋球等情况时使用。但如果球打飘的话，就会成为对方的机会球。

削球
球拍微微向上倾斜，自上而下贴着球的下侧挥动。可以让回球具有下旋性。

香蕉球
用反手对球施加横向旋转力。球的行进轨道像香蕉的形状一样，因此又被称为香蕉球。

抖腕球
以弹击的方式击出的进攻球。运动员通过迅速抖动手腕以强势回击来球。反击时常用这种打法。

轻推挡球
在球网附近将来球轻轻推出。目的在于使对方无法发起进攻。

乒乓球用语

- Topspin 上旋球
- Backspin 下旋球
- Sidespin 侧旋球
- Knuckle 不旋转或几乎不旋转的球
- Lobbing 将球挑高后回击
- Counter 利用对方的进攻顺势反击

主要的选手类型

抽球主打型

选手站在距球台一定距离处，通过步法走位对来球回以强力抽球。这种打法属于持续进攻型打法，对对手来说是极具压迫感的。选手可以通过调整抽球的力度及方向来迷惑对手。这是目前世界顶尖选手大多采用的战术类型。若比赛双方都为抽球主打型选手，那么比赛将充满紧张的激烈交战。

削球主打型

这类选手在比赛中站在距球台较远处，主要用削球的方式回击对手，通过改变球的旋转方向而达到使对手预判失误的目的。选手在比赛时也可以用削球缓冲对方的抽球攻势，当机会出现则立即上前发起强烈攻势。这类选手需要具备出色的削球技术，并熟练掌握相应步法，且要有细水长流的耐心与信心。近年来，由于乒乓球器械的升级换代，越来越多的选手选择强有力的比赛方式，采取削球主打的选手则逐渐减少。

近台快攻型

这类选手在比赛时站在球台近处，在对方回球后立刻发起反击，以达到得分的目的。反击的时机较早，使对方选手无法预判，有时也可利用对方的强劲抽球顺势反攻，在快速交手的过程中让自己获得优势。这种战术适用于体形较小的选手以及力量型的选手。很多日本女子乒乓球选手会选择这样的打法。

轮换发球法

当一局比赛开始 10 分钟后，合计分数仍未达到 18 分时，裁判将会宣布进行"轮换发球法"。轮换发球法正式施行后，每发 1 球后都进行发球权的轮换。发球方发球后，接球方进行了 13 次回球但仍未分出胜负时，接球方得 1 分。因此，发球方将会积极展开进攻。此外，只要双方选手达成共识，便可以在比赛一开始就采用轮换发球法，轮换发球法自启用起将会持续到比赛结束。

最后一局中一方累计获 5 分则交换场地

正常情况下，双方选手应在每局比赛结束后交换场地。只有在比赛进入最后一局（7 局制比赛中指第 7 局比赛）时，当一方选手累计获得 5 分就要交换场地。

回球时球不在己方球台弹跳为犯规

不论是发球还是接球，球在越过球网前都要先在己方球台上弹跳一次。若没有这一过程，对方球员得 1 分。除发球以外，若回球触网后落入对方球台，该球为有效回球，比赛继续进行。若球落在对方球台台面的边缘处，该球有效；若落在对方球台侧面，则对方选手得分。

得分为 6 的倍数时允许使用毛巾

各局比赛中，只有当选手获得 6 分（双方选手的合计得分为 6 的倍数）时，选手才可以使用毛巾。但在最后一局比赛中，双方交换场地时也可以使用毛巾。若选手使用毛巾的频率过高，则会分散对手的注意力，造成比赛拖沓，因此才有了这项规定。每场比赛中，选手有 1 次申请"暂停"的机会，暂停时间最长为 1 分钟，其间，选手可以与教练员进行沟通。当选手想要改变比赛局势时可以选择叫暂停。但由于只有 1 次机会，使用暂停的时机十分重要。

双打比赛左撇子与右撇子的组合更占优势

双打比赛中，若两名球员的惯用手相同，则站位也相同，在比赛中需要大幅度移动，否则很容易撞到队友。而若两名选手惯用手不同，站位就不同，两人相撞的概率就会变少。此外，双打比赛的发球通常落在球台的右半边，因此惯用左手的选手在接球时更有利。

Badminton

■时急时缓的攻势让对手无从反击

羽毛球

羽毛球作为时速最快的一种球类运动，被记入吉尼斯世界纪录。比赛使用的并非球体，而是装有羽毛的软木梭子。

>>>>> 比赛场地

羽毛球场
单打比赛场地为 13.4 米 × 5.18 米；双打比赛场地为 13.4 米 × 6.1 米。球网的中心上沿高度应为 1.524 米。

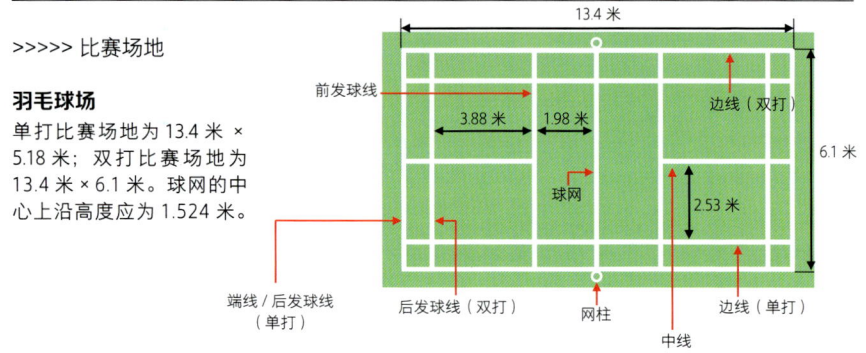

观赛 4 要点

要点 1　3 局 2 胜制

每局比赛中，率先获得 21 分的一方获胜。当比分为 20∶20 时，则率先与对手拉开 2 分差距或率先获得 30 分的一方胜出。若连续两局比赛都获胜，则获得整场比赛的胜利。若双方选手分别赢得一局比赛，则需进行第 3 局。比赛开始前通过抛硬币的方式决定发球权，比赛以发球选手的发球拉开帷幕。羽毛球比赛中，不论发球权在哪一方，只要在接发球的过程中成功制胜，便能够得分。得分的一方将获得接下来的发球权。

要点 2　单打比赛与双打比赛看点各不同

单打比赛与双打比赛中，发球与回球的有效区间不同。在发球时，对发球选手来说，发球的有效区间应在球场的斜对面，即对角线方向。单打比赛的场地狭长，双打比赛的场地则相对宽幅较大，且有效区域会相对宽一些，有利于选手展开团队合作。

> **双打轮转换位**
>
> 在羽毛球双打比赛中，前卫与后卫相互交替位置以达到更好地回击来球的目的。这种行为被称为"轮转换位"。轮转换位没有固定的规则，最重要的是选手之间的默契配合。

要点 3　聚焦于比赛过程中的博弈、战术与步法

在比赛过程中，若能抢占优势地位，便能更容易获得进攻机会，增加得分概率。因此，只有掌控整场比赛节奏的选手，才有可能胜出。例如，选手可以将球送至离对方较远处，使对方不停地跑动。这样的博弈与战略，是羽毛球比赛的看点之一。此外，选手灵活运用步法，合理分配体力，从而能够维持快速的比赛节奏，使得比赛充满了紧张刺激的氛围。

要点 4	**球速的缓急差是羽毛球项目的独特之处**
	顶尖选手将球击出后，球的初始时速可以超过 400 千米。而当球跃至对方球员处时，速度又会降至 100 千米以下。这样鲜明的缓急差距是其他项目所没有的。这一特色赋予了羽毛球项目独有的趣味。

知道这些观赛更有趣

球拍与球托

按照规定，羽毛球球拍全长不超过 68 厘米，宽不超过 23 厘米（对球拍框的具体规格也有明确要求）。球拍拍面由拍弦编织而成，用于击球。拍弦在编织时的松紧程度，会直接影响击球效果。球是由木托与鸵鸟等鸟类的羽毛制成，羽毛的总长应在 62~70 毫米之间。羽毛球击出后的移动距离受到气温及湿度的影响。

击球技术

扣杀
当球几乎位于身体正上方时，将球从较高高度击出。扣杀是快球的基础。跳起后进行的扣杀被称为"跃起扣杀"。

吊球
通过在球接触球拍的瞬间停止发力，使球落在对方半场的发球线以内。动作与扣杀相似，可以出奇制胜。

削球
在削球时，选手的动作看上去像是在用球拍拍面切割球身。与吊球相同，削球在进入对方半场后也会减速下落，但下落轨迹与吊球相比更趋于直线。

推球
在近网处将球用力推回至对方半场。在推球过程中，球拍没有大幅动作。

"夹发针"球
在近网处轻轻击球，使球掉落在对方半场的近网区域。因球的运动轨迹像夹发针而得名。

平高球
在回击头顶球（位于头顶上方的球）时，在球与球拍接触的瞬间加大力量，使球深入对方半场。

中场休息
各局比赛中，当有任意一方获得 11 分时，可进行 60 秒以内的中场休息。每局比赛之间则可以进行 120 秒以内的休息。

常见犯规
- 比赛过程中越网，在对方半场击球。
- 在比赛过程中，球拍、身体、衣服的任意一部分接触球网。
- 在比赛过程中，球击中选手的身体或衣服。
- 同一选手连续 2 次击球。
- 双打比赛中，同队球员连续击球。
- 发球时球未朝下。

申诉制度
当球落在边线或端线附近时，由裁判判定该球是否有效。选手可以向裁判员要求重新裁判。每局比赛最多可以申诉 2 次，裁判以摄像机记录的画面为依据。若申诉成功，则申诉次数不减少。若失败，则可申诉次数减 1。申诉制度可以减少误判，近年来，越来越多的羽毛球赛事开始引入这一制度。

赛场的空调

羽毛球比赛中，风对球的影响较大，因此在比赛时应极力避免因使用空调而造成的空气流动。当为了改善赛场条件而不得不使用空调时，按照规定，应在出风口处进行遮挡。

■精湛的曲棍技术与快速的节奏感充满魅力

曲棍球

曲棍球是一项使用球棍击球，使球进入球门的球类运动。通常人们认为曲棍球起源于古埃及，而现代曲棍球运动则出自英国板球选手的灵机妙想。

>>>>> 比赛场地

曲棍球场

曲棍球场长 91.4 米，宽 55 米，比足球场略小。球场两端设有球门，球门周围画有半圆形的线。

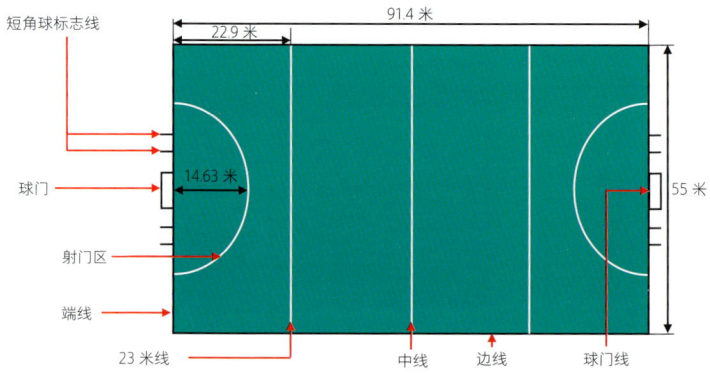

观赛 6 要点

要点 1 | **每支队伍 11 名球员，得分高者胜**

参赛队伍由 10 名场上球员及 1 名守门员组成，合计 11 人。比赛中，球员使用被称为曲棍的球棍击球，通过传球等方式，最终将球送入对方球门中。除守门员外，其余选手不得使用手或脚控球。每进一球得 1 分，比赛结束时，分数高的队伍获胜。

SO大战

当比赛时间结束，但双方比分持平时，曲棍球比赛不进行延时赛，而是进入 SO 大战。两支队伍各派出 5 名选手，这些选手轮流独自进入场地，在 23 米线的中心处与守门员进行 1 对 1 的较量。每次射门要在 8 秒内完成，得分多的队伍获胜。

要点 2 | **比赛分为 4 节，每节 15 分钟**

每场曲棍球比赛分为 4 节，每节 15 分钟，合计 60 分钟。第 1 节及第 3 节比赛结束后，各有 2 分钟的休息时间，第 2 节之后有 10 分钟的中场休息。

要点 3	**只有在射门区内发起的射门才有效**

曲棍球比赛中,射门必须在"射门区线"内侧进行,这是曲棍球项目的一大特色。因此,比赛中并不会出现足球等其他球类项目中的长距离远射,选手必须一一化解防守队员的阻拦,将球带入射门区内,并与守门员进行 1 对 1 的较量。

射门区线

在球门周边画有半圆形的标识线,被称为射门区线。射门区线半径为 14.63 米,进攻方在射门前,必须先通过传球或运球等方式将球带入射门区线内。

要点 4	**没有越位犯规,可以尽情展开激烈角逐**

一般来说,进攻方球员在从队友处接到传球时,若比防守方队位于最后方的队员距离防守方球门更近的话,便构成了越位。曲棍球项目中也曾经使用过这一规则,但在 1996 年的规则修订过程中,取消了这一规则。这样一来,进攻方在传球时,就可以不再估计防守方球员的站位,得分的机会更大。攻守形势转换后的节奏很快,队员之间默契配合,让球不断深入对方半场的画面令人赞叹。

要点 5	**换人次数不限,比赛局势变幻莫测**

曲棍球比赛中,没有对换人时间进行具体规定,且允许 1 次换上多名球员,换人的次数也没有上限,被换下场的选手也可以再次回到场上。一般来说,场上球员阵容的改变,会直接造成比赛局势的变化。

要点 6	**短角球是得分的大好机会**

当防守方球员在己方射门区内犯规时,进攻方获得一次短角球机会,这是曲棍球独有的定位球。在进行短角球时,对进攻方球员的人数没有限定,而防守方最多只能派出 5 名选手进行防守。也就是说,进攻方有着压倒性的优势,得分的概率较高。在进攻方的攻势面前,防守方仍然奋力一搏是比赛中不容错过的精彩瞬间。

知道这些观赛更有趣

器械

曲棍

曲棍不能由金属或含有金属的材料制成,曲棍的前端是弯头,弯头的一面是凸的,另一面是平的,比赛过程中只能使用平面击球。曲棍的重量不得超过 737 克,但长度没有限制。常见的曲棍大约长 90 厘米。

球

曲棍球比赛中使用的球重量在 156~163 克之间,周长 224~235 毫米。硬塑料材质,多为白色。

守门员防具

曲棍球比赛球速快、器械的材质硬,守门员在比赛中需要穿戴防具。防具包括头盔、护胸、护胫、手套等。

人造草坪场地

自 1976 年蒙特利尔奥运会起,奥运会曲棍球比赛使用人工草坪。为了防止球员在摔倒后与地面过度摩擦导致受伤,赛前要在人工草坪上洒水。而球在洒了水的草坪上速度更快,使比赛节奏更加紧凑。这也对选手的速度、体力及技术有了更高的要求。

各位置的分工

守门员
守门员是球门的守护者,为了能够成功拦截时速超过 200 千米的球,他们必须具备足够的瞬间爆发力。守门员在射门区内时,可以用全身任何部位接触球。此外,守门员在比赛中可以从最后方将场上情势一览无余,因此可以为队友提供有效建议。

后卫
后卫是防守对方攻势的要塞。通常情况下,场上会设置 3 名后卫,在防御时每人盯防 1 位对方前锋选手,用球棍将对方的球拦截下来。在成功抢到球后,后卫选手又是己方攻势的发起者。

中场球员
中场球员在比赛中位于前锋与后卫之间,起到协调攻守的作用。中场球员大多有 3 名,在防守时,可以拦截对方传球,或阻止对方中场球员的动作。在进攻时,中场球员可以起到传球过程中的纽带作用,如果能够抓准时机,甚至可以直接进入射门区内射门。中场球员需要具备出色的运球、控球能力,并且要有良好的判断能力和体力。

前锋
比赛中大多设置 3 名前锋选手,前锋球员主要负责发起进攻。在比赛中,前锋球员从中场球员处接过传球,深入对方射门区后进行射门。可以说是负责得分的重要位置。前锋球员善于观察对方的防守动作,临机应变,一举得分。在进行防守时,前锋选手可以在对方半场对对方球员施加压力,以达到拖延对方进攻、加大对方传球难度的目的。

比赛技术

运球
用球棍对球进行连续的小幅击打,带球前进。想要在保证一定速度的前提下运球,并且成功突破对方选手的防御,要求球员具备极高的运球技术。此外,由于只能使用球棍的其中一面击球,选手在运球时大多会巧妙地调整球棍的位置和角度,以保持运球动作,这样的画面甚至可以说是极具艺术性的。曲棍球运球包括让球在自己的惯用手一侧移动的"正手运球"、单手持球棍进行的"单手运球"、让球左右交替前进的"障碍运球"等。

传球
快速地互传是曲棍球独有的亮点。传球的方法不唯一。双手持球棍将球用力击出的传球叫"长传",让球棍前端持续与球接触的同时将球推出的传球是"推球",用球棍将球挑起后从空中传球的方法被称为"铲击球"。而接球的选手则需要用球棍接住来球,让球能够落在自己面前。曲棍球的传球难度较大,在顶级赛事中也经常出现失误。

防守
规则要求球员在防守时同样只能用球棍的平面触球,因此防守过程中正确使用球棍将球拦截下来的技术十分重要。如果能够精准将球抢下来,有时会直接拥有一个反击的机会。防守技术包括"敲击""截挡"等。要求运动员具备高超的控球能力和熟练掌握曲棍球步法。

射门
球员在合理运球、传球的过程中突破对方防守,在进入射门区后可以进行射门。在距离球门稍远处进行的射门为"击球";让球在场地上滚动后弹起的射门为"推击球";在队友击出的球上轻微施加外力以改变其轨道的技术是"贴球"。另外,有时还能看到进攻方球员趁防守方球员的注意力被己方队友牵制的瞬间发起射门。

2 名主裁判

曲棍球使用的球体积较小,球速较快,比赛节奏十分紧凑。为了在比赛中提高裁判的精确度,比赛中会有 2 名裁判员同时负责。2 名裁判员同为主裁判,拥有相同的权力。

重要的构成要素：短角球

短角球的进行规则如下：
- 进攻方球员的人数没有上限，而防守方最多只能派出 5 名选手进行防守。
- 在球发出前，攻方队员可站在射门区外。守方球员则应站在离罚短球点 4.55 米的本方端线或球门线的后面。
- 进攻方有一名球员担任"传球员"的角色，该球员站在端线外发球，当球移动至射门区外的瞬间，进攻方可以开始控球，防守方球员可以入场。
- 球移动至射门区线外后，由进攻方阻截者传给射手，后者接到球后可进行射门。
- 若射门球员直接用力将球向球门击出，则球的高度不能超过球门内的底挡板高度（46 厘米）。若射门前经过其他动作后才进行射门动作的话，则没有高度限制。

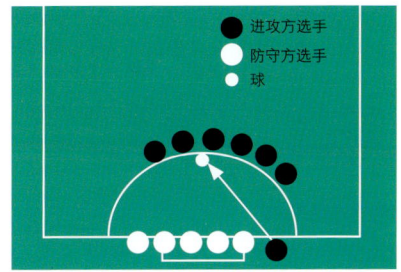

短角球开始时球员的站位
- ● 进攻方选手
- ○ 防守方选手
- · 球

裁判员使用三色牌

当球员发生严重犯规行为时，裁判员出示相应颜色的牌。

绿牌
表示"警告"。裁判员出示绿牌后，选手临时退场 2 分钟。

黄牌
裁判员出示黄牌，球员按犯规程度退场 5 或 10 分钟。

红牌
犯规情节最严重者，裁判员出示红牌。选手失去比赛资格。

常见的犯规行为

棍背击球
使用球棍头部凸的一面击球。

踢球
选手用身体的任何部位击球。球被击出后击中选手身体也视为犯规。

阻碍
用身体或球棍阻挡对方球员的视线、妨碍定位球等。

干扰球棍
用球棍击打对方球棍或用身体压住对方球棍等。

危险行为
在选手聚集的地方将球挑至空中，在对方球员头部上方挥动球棍、故意被球击中等。

6 人制曲棍球

在中小学生群体中，大多进行 6 人制曲棍球。根据参赛选手的年龄，比赛时间有所差异，最常见的比赛时间为 30 分钟，其中上下半场各 15 分钟。主要的规则与 11 人制比赛相同。使用的场地较 11 人制曲棍球场更加狭小，比赛节奏更加紧凑。

曲棍球用语

- **Corner 角球**
当防守方球员非故意让球冲出己方端线之外时，进攻方获得角球机会。角球在距场地四角 5 米处的边线进行。

- **Stroke 击球**
用球棍击打球。

- **Center Pass 开球**
在比赛开始或重新开始时，在场地中央进行的击球或推球动作。

- **Reverse Hit 反棍回击**
对从身体左侧（惯用手为左手的情况为身体右侧）的来球进行回击。这是一种将球棍放倒，用球棍侧面击球的新技术。

■在强有力的冲撞中深入敌阵

 15人制橄榄球

在球的争夺之中进行的比赛,球员在互相冲撞中将球送抵对方球门线内侧,不仅需要体力、腿部力量,更需要足够的果敢与勇气。

>>>>> 比赛场地

橄榄球场

场地表面大多采用草坪或泥土。球门线上设有不低于3.4米的球门柱,两门柱间距不少于5.6米。

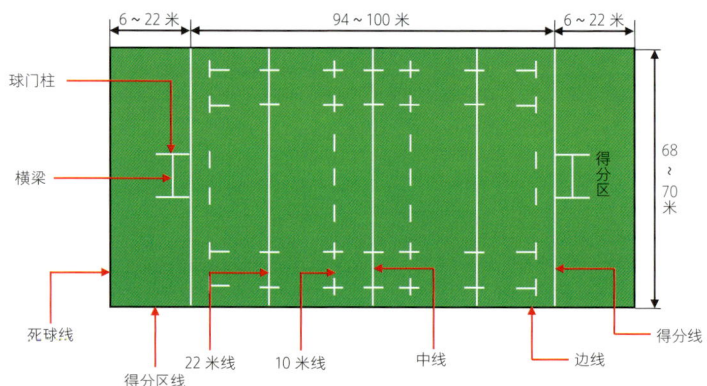

观赛7要点

要点 1　每支队伍15名选手,得分高者胜

橄榄球比赛中,各由15人组成的2支队伍争夺一个球,试图将球送达对方的得分区或球门。得分的方式有两种,可以将球接触对方得分区的地面,也可以让球越过对方球门的横梁之上。比赛在一定范围内允许选手间的身体接触。

要点 2　上下半场各40分钟

橄榄球比赛分为上下半场,各持续40分钟,整场比赛合计80分钟。不过,若出现因选手受伤、交换选手等情况而暂停比赛的话,则会在比赛结束后进行伤停补时,即比赛开始后满80分钟仍继续进行比赛。中场休息时间不超过15分钟,下半场开始时双方交换场地。比赛开始时,球员在中线处进行开球。

加时赛、金球制

在部分经过赛方同意的比赛中,若比赛时间结束时双方比分持平,则在5分钟的休息时间后,追加一场上下半场各10分钟的加时赛。若加时赛结束双方仍分不出胜负,则再进行10分钟的金球制比赛,率先获得分数的一方获胜。

要点	**得分方式分为 5 种**
3	橄榄球运动中的得分方式分为 5 种，其中最主要的方式为触地得分。触地得分为 5 分，触地后成功进行"追加射门"时得 2 分。若因对方选手出现不正当行为，且直接导致了己方选手的触地得分失败，则己方选手得 7 分。当一方选手有严重犯规行为时，另一方选手获得罚球机会，罚球成功得 3 分。比赛中将球掷向地面，待球弹起后踢出并成功得分时，得 3 分。射门时球必须从两根球门的横梁上方通过才视为有效。

触地得分

让球接触对方半场的得分区。球触地时进攻方选手必须持球，否则不构成触地得分。触地得分后进行的追加射门要在触地得分的位置进行，因此应尽量选择在距离球门较近的位置进行触地得分。

要点	**带球方式只有 2 种**
4	橄榄球比赛中，选手不得向前方投掷球，这是橄榄球项目的一大特征。传球时，只能向两侧或后方投掷，否则为犯规行为。因此，选手若想将球带向前方，只能抱着球向前跑，或将球踢向前方。比赛中，球的位置决定了越位线的位置，比球所在的位置更加接近防守方球门的进攻方选手不能参与比赛。

前拍

指选手所持的球向前掉落或选手将接触到手臂的球向前拍落的行为。前拍是橄榄球比赛中极为常见的犯规行为。一方队员出现前拍后，比赛将以密集争球的形式重新开始。

要点	**各位置球员的任务大不相同**
5	橄榄球比赛中球员的位置大致分为 8 名前锋及 7 名后卫。前锋负责抢下对方手中的球。相对地，后卫需要具备足够的奔跑速度，才能触地得分。后卫还要有娴熟的传球技术，能够在各种状况下灵活地带球深入敌阵。

要点	**进攻技术有传球、奔跑、踢球，防守技术有扑搂、拍阻**
6	进攻选手在奔跑的同时，通过结合传球与躲闪动作，达到持球向前的目的。此外，也可以以踢球的方式深入敌阵。另一方面，防守方可以通过扑搂持球选手或拍阻持球选手的形式阻断其攻势。值得注意的是，扑搂动作不能在运动员肩膀以上的位置进行，也不能对非持球选手做出这个动作。

拍阻

用身体截挡对方球员踢出的球。如果在对方半场的得分区前成功拍阻，则会大大提高得分机会。这一动作考验着选手的勇气。

要点	**长距离的奔跑及强有力的冲撞是看点**
7	橄榄球比赛中，选手之间强有力的冲撞是这项运动的特点之一。选手果敢地向对方发起攻势，在混战中牺牲自己，将球传给队友的画面可以说是橄榄球的特征。后卫球员在不断进行高超的互传过程中，有时甚至要持续奔跑 50 千米以上。

知道这些观赛更有趣

各位置球员的分工

前锋

在密集争球、列队争球时负责夺球的选手。前锋球员大多是体格较大的力量型选手。前锋球员根据在密集争球中的站位，又可以分成"第 1 排""第 2 排""第 3 排"。第 1 排包括支柱前锋及勾球队员、第 2 排为锁球队员、第 3 排则是侧翼前锋及 8 号球员。

支柱球员 ❶❸

支柱球员在密集抢球时站在最前列的左右两端，在密集抢球的过程中起到整支队伍的支柱作用。他们要支撑住合计将近 900 公斤的所有前锋球员的重量，因此支柱球员大多体格健硕。左侧的支柱球员被称为"松头支柱"，右侧的支柱球员为"紧头支柱"。

勾球队员 ❷

勾球队员站在最前列的中央，在抢球时起到控场的作用。同时，在球发出后，勾球选手还肩负着将球挑起后向后踢出的任务，因此他不仅需要一定的体格，还需要有相应的灵活性。勾球队员在列队争球时经常负责投球。

锁球队员 ❹❺

锁球队员站在第 2 排，从支柱球员及勾球队员身后进行支撑。很多锁球队员的身高都在 190～200 厘米之间，不仅可以在争球时牢牢"锁住"队伍的阵形，在开球及界外球时还可以接住高处的来球。

侧翼球员 ❻❼

侧翼球员站在第 3 排的两端，在争球时负责向对方施加压力、扑搂抢球、支援后卫。侧翼球员需要力量与速度兼备。不论进攻还是防守，都要先人一步率先奔向球所在的位置，受到整支队伍的信赖。

8 号球员 ❽

8 号球员站在前锋阵的最后，向其他 7 名前锋选手发出指令，相当于领头的前锋选手。8 号球员不仅要有结实的体格，更需要集速度、力量、判断能力于一身。在防守时，8 号球员的站位又是要塞之一，所以这位选手还要熟练掌握扑搂等技术。在进攻时，8 号球员根据需要可为后卫提供支援，因此他还需要具备灵活的传球及跑动能力。

前锋球员大多比拼力量

前锋选手在比赛时与对方球员进行激烈的争抢战，即使被撞倒在地也要立刻爬起来冲向球的位置。前锋球员的职责相较于后卫，也许没有太多引人注目的华丽动作，但若没有前锋球员抢球，后卫球员就无从获得控球机会，更不要说触地得分了。因此，前锋球员是整支队伍的要塞。

密集争球

比赛中发生犯规行为时，球员在犯规行为发生的位置进行密集争球。前锋球员站成 3 列，在裁判员发出指令后与对方球队前锋面对面躬身互相顶肩。待球投出后，当任意一方的勾球队员用脚将球成功踢向后方，即球从列阵中脱离后，选手方可移动。若密集争球旋转的角度大于 90 度，或故意使密集争球阵形瓦解，都视为犯规。选手身体之间的碰撞与选手一齐喊出的口号声可谓是充满魄力。

密集争球时选手的阵形

前锋 ❶❷❸ ❹❺ ❻❽❼

后卫 ❾ ⓫ ⓭ ⓬ ❿ ⓮ ⓯

后卫

后卫负责将前锋传来的球带入敌阵，通过灵活的传球、踢球及走位来实现触地得分的目的。后卫分为前卫、中后卫及最后卫 3 种，其中，前卫包括传球前卫及接球前卫。中后卫分为边卫及中卫。

传球前卫 ❾

传球前卫是将前锋抢夺到的球传递给后卫的桥梁。优秀的传球前卫要具备合理判断局势及灵活运球的能力。传球前卫虽然大多体格较小，但传球的技术是无人能及的。

边卫 ⓫ ⓮

两名边卫球员分别站在两名中卫球员的外侧，在进攻时，边卫接过传球后摆脱对方防守球员，进行触地得分。通常情况下，边卫球员是球队中奔跑速度最快、善于突破防线的选手。同时，选手还需要一定的体格，以应对上前扑搂的对方选手。

最后卫 ⓯

最后卫站在列阵的最后方，保护己方球门。同时也作为球门前的最后一档防线，阻止对方的触地得分。此外，也可以拦截对方球员投出的球顺势反击。大多最后卫都是熟练掌握各种踢球技术的运动员。在进攻时也可以从后方上前，参与到攻势之中，随机应变。

后卫选手主要比拼速度

后卫选手在比赛时通过华丽的技术及接二连三的触地得分，牢牢吸引住观众的视线。前锋拼尽全力抢到的球传给后卫，后卫需要拥有迅速的反应能力，还有与短跑运动员不相上下的奔跑能力。

前卫是战术的制定者

传球前卫与接球前卫统称前卫，在比赛中负责制定进攻策略。前卫选手向其他后卫发出信号，使用复杂的动作或出人意料的传球方式，攻克对方防守。两名前卫选手是球队的智囊。

接球前卫 ❿

接球前卫是率领后卫球员展开攻势的司令塔。接球前卫大多在踢球技术上造诣颇深，能根据对方的行动，选择不同踢球方式进行防御。此外，接球前卫所站的位置在比赛中也属要塞位置，因此接球前卫还要有一定的扑搂能力。接球前卫是极为重要的球员，甚至有人认为，接球前卫的判断力、踢球与传球的精确度直接影响比赛的走向。

中卫 ⓬ ⓭

中后卫球员包括边卫及中卫，中卫选手站在两名边卫球员中间。在进攻时，中卫负责将球传给边卫，辅助边卫进行触地得分。或者也可以带球突破防守，直接进行触地得分。这也就要求选手要具备出色的奔跑能力与力量。在防守时，中卫选手可以使用强劲的扑搂来化解对方的攻势。中卫可以算得上是后卫选手中的"无名英雄"了。

踢球技术

在橄榄球比赛中，踢球技术的使用频率有时高得令人惊讶。不管是可以直接得分的追加射门还是发踢，根据场上的不同局势，比赛中总是能看到各种各样的踢球技术。后卫选手中频繁使用踢球技术的球员很多，如果能精准掌握对方防守的薄弱之处，就可以直接得分。踢球技术有时会让场上的局势出现天翻地覆的变化。

短距离碰踢球

选手将球踢至防守球员头顶上方，使球越过防守球员头顶，落在防守球员身后较近的位置。

高碰踢球

选手将球高高踢起的踢球法。通过将球踢至防守方后卫选手的位置，可以增加进攻方的阵地。

踢地滚球

在较低处进行的踢球，球踢出后在场地上翻滚。目的在于利用橄榄球翻滚方向不规则的特点，拖延对方球员对球的走向的预判。

橄榄球

橄榄球比赛中使用的球为椭圆形，表面必须由 4 块皮料制成。直径 28～30 厘米，重 410～460 克。球落地时的弹跳方向不规律，这种不规律的弹跳也左右着比赛走向。

列队争球

当球进入场地边线以外的区域后，以列队争球的方式重新开始比赛。首先，双方球队各派出 2 名以上球员，在距边线 5 米以上处分别排成一队。投球员将球投出后，双方球员争球。选手抢到球后，可以选择将球传给己方后卫或直接发起进攻。争球时可以用一定方式辅助争球球员，但在投球时不沿直线投出或妨碍非持球选手行动等行为属于犯规行为。

通过连续攻击打破对手防线

进攻方在令对方"Breakdown（通过扑搂使攻击停顿）"后拿到球立刻开始下一波攻势的行为被称为连续攻击。通过连续攻击，不断向对方选手施加压力，逐渐攻破对方防守。近几年来，比赛中的连续攻击次数已经可以达到 10 次、20 次之多了。

密集争球

密集争球指持球选手被对方球员困住后，两队选手挤成一团争抢球的情况。进攻方选手为了守住球，会进行强有力的冲撞，掩护持球选手。防守方以扑搂的方式应战，试图将球夺取过来。密集争球后球的去向将会左右比赛的节奏，有着十分重要的影响。

乱集团争球

持球选手被对方扑搂成功并倒地后，将球放开。球在被该球员放开后，两队选手在球周围推挤、争抢球的行为被称为"乱集团争球"。一旦发生乱集团争球，选手便不能用手抢球了。进攻方应尽早将球抢到手，并迅速展开进攻。为此，进攻方选手要能够顶住来自防守方的压力。

围挤争球

指持球选手在被对方选手团围困住后仍保持站立姿势，等待队友的支援。此时，若进攻方球员加入进来，则构成"围挤争球"。围挤争球时，所有选手均保持直立状态，这样可以保持挤成一团的状态将球一直带向对方得分区，进行触地得分。

换人规则

报名时每支球队最多可以报 23 名运动员，其中 8 名为候补球员。选手被换下场后，不得再次上场参加比赛。但若球员是因受伤出血而被换下的，在伤势得到控制后可以再次回到比赛中。

橄榄球用语

● Head Gear 用于保护头部及耳朵的头盔
比赛中选手可以自由选择是否戴头盔。日本规定年龄在 19 岁以下的球员必须戴头盔。

● Drop Kick 落踢
将球扔向地面后踢出。不仅用于得分，在开球时也可以使用。

● Touch 出界
指球落入边线外的区域。

● Direct Touch 直接出界
球队在己方 22 米线外（靠近对方场地）踢出的球，未触地直接落入界外。球直接出界后，以列队争球的方式重新开始比赛。

● Sin Bin 受罚席
指选手受到黄牌处罚后暂时退场 10 分钟。同一比赛中受到 2 次黄牌处罚则失去比赛资格。

常见犯规行为

前传
持球时将球向前投掷。

抱球不放
当持球选手因对方的扑搂而倒地后,应立刻放开球,否则视为犯规。

越位
进攻方球员中,位于持球球员前方者进行比赛的行为。密集争球时,排在最后的选手的位置为越位线。

争球时的越位
争球时,大多数球员的越位线位于最后方选手身后 5 米处。前锋球员若在发球之前离开争球位置,则为越位。后卫球员的站位超过越位线,为越位。此外,双方球队争球前卫的越位线也有所不同,他们的越位线是以球所在的位置划定的。

没有放开选手
球员在完成扑搂后应马上放开被扑搂的选手,以免妨碍比赛进行。

倒向对方选手
在密集争球时倒向对方选手,妨碍争球进行。

没有沿直线投球
在列队争球等情况下,没有将球沿两队之间的中线笔直投出。

教练员坐在观众席

按照惯例,橄榄球比赛时,教练员会坐在观众席上观看比赛。这是因为,橄榄球是一项十分注重球员独立性的运动项目,教练员不应该过多干涉球员比赛。故而,教练员将比赛中的决策权留给球员,尤其是队长。而且,在观众席上能够将整个场地纳入视野,更利于掌握全场局势。

橄榄球是绅士的运动

正如"one for all, all for one(我为人人,人人为我)"这句话所说的,球员为了将一颗小小的橄榄球送入对方阵营中而牺牲自己。同时,橄榄球还是一项十分公平的运动项目。橄榄球项目将比赛结束称为"No side",指比赛一旦结束,双方将不再分敌我。

扑搂及扑搂的应对方式

准确且成功扑搂一名正在奔跑的选手是十分困难的。球员在进行扑搂时需要降低重心,全力跳起扑向对方。被扑搂的选手则可以通过灵活的走位或用手将对方推出等方式躲避扑搂。

掌推
运动员单手持球,另一只手将发起扑搂的对方球员推出的技术。

> 15 人制橄榄球

橄榄球的起源与实力强国

关于橄榄球的起源有着诸多说法,其中有这样一则故事。1823 年,英国有一所名为拉格比的公学,这所学校的学生在踢足球的时候用手将球朝着球门扔了出去。这虽然是犯规的行为,但在校内引起了不小的讨论。最终,这种做法被制定为正式规则,成了橄榄球规则的前身。现今它主要在欧洲及曾经是英属殖民地的国家盛行。其中,要数英格兰、新西兰、澳大利亚及南非等国家实力最强。

新西兰·全黑橄榄球队

即使对橄榄球不太了解的人,也一定见过这样的画面:众多体格健硕的男人站在场地正中间大声喊叫,手舞足蹈,震慑对方。这是新西兰毛利族人的传统舞蹈。只有新西兰的全黑橄榄球队在比赛前跳这样的战舞。面对这样斗志昂扬的表演,不仅仅是新西兰选手,就连对方球员以及场上观众也不禁受到鼓舞。

Rugby sevens

■参赛人数少且需要在球场上快速跑动的橄榄球比赛

7人制橄榄球

比赛使用15人制橄榄球球场，参赛双方各7名球员上场。
在2016年的里约热内卢奥运会上正式成为比赛项目。

观赛4要点

要点 1 每支队伍7名球员，得分多者胜

每支队伍派出的场上球员包括3名前锋选手、4名后卫，合计7名球员。参赛双方以将球带入对方的得分区为目标，展开比赛。每场比赛中，每支队伍最多可以进行5次换人。得分的方式与15人制橄榄球相同，即触地得分5分，触地得分后射门得2分，若因对方选手出现不正当行为，直接导致选手触地得分失败，则进攻选手得7分。当选手有严重犯规行为时，另一方选手获得罚球机会，罚球成功则得3分。比赛中将球掷向地面，待球弹起后踢出并成功得分时，计3分。

要点 2 比赛时间为上下半场各7分钟

7人制橄榄球的比赛时间与15人制相比要短很多。比赛分为上下两个半场，各进行7分钟，中场休息不超过2分钟。因此，有时一支队伍要在一天之内进行2到3场比赛。相应地，比赛方在安排赛程时也能较为紧凑，所以奥运会中也将7人制橄榄球纳入了正式项目。

要点 3 与15人制比赛使用相同场地，比赛节奏更快，触地得分更多

7人制橄榄球比赛使用与15人制比赛相同的球场，即长94～100米，宽68～70米的场地。防守方要以7人的队伍守住整个场地，这无疑给进攻方提供了不少突破防线的可能性。这也就更加强调场地的合理分配及队员的站位。7人制比赛中，参赛球员数量少，对观众来说可以更清晰明了地观看比赛。

重开踢

当任意一方得分后，15人制比赛中由未得分的一方获得重开时的开球权，7人制比赛中则相反，由得分的一方重开。这是因为，在7人制比赛中，球被踢出后由接球者直接得分的情况很常见，因此这种做法其实会让失分队伍享有得分机会。

要点 4 得分更多是出自传球或踢球而非密集争球，个人技术十分重要

7人制比赛中，防守方选手每人负责的防守区域较大，容易被进攻方看出漏洞。因此，比赛中经常能看到选手在互传中奔跑的画面。但较少看见像15人制比赛中的密集争球。这要求选手具备躲避与对方接触的灵活走位能力，以及正确判断局势的洞察力。不仅是后卫，在7人制比赛中，前锋也需要长距离奔跑，因此7人制橄榄球的选手很少有重量级的。

知道这些观赛更有趣

各位置球员的分工

前锋

前锋球员共 3 名，大多是整支队伍中体格相对健硕的运动员。7 人制比赛中前锋球员也要尽量具备后卫球员的能力，也就是要有较好的奔跑能力。

支柱球员（1、3 号）

列阵时起到稳固两端的作用，争球时的主力。但 7 人制比赛中的争球人数较少，支柱球员的力量之差，很有可能决定着整个队伍间的力量之差。此外，他们也可以直接带球得分。

勾球队员（2 号）

勾球队员在争球时，用脚将球勾起后踢出。但由于人数较少，列阵经常移动，球也就很容易离开列阵。这就要求勾球队员具备出色的勾球技术。

后卫

后卫选手负责将前锋球员抢到的球带入对方得分区。不论攻守，都是对体力的考验。

传球前卫（4 号）

攻击时不仅可以直接带球触地得分，也可以作为进攻的领头羊，带领队伍发起进攻。而防守时则是队伍的最后一道防线，极为重要。

接球前卫（5 号）

与 15 人制比赛相同，接球前卫是整支队伍的智囊，他要纵观全局，找出最佳方案。接球前卫大多不经常进行传球，而是以奔跑的形式参与比赛，因此除了冷静分析局势的能力，还需要果敢的精神。

中卫（6 号）

中卫不仅强调速度，同时也应具备突破对手防线的力量，因此大多数的中卫球员体形十分高大。在比赛中是一道坚实的防线。

边卫（7 号）

边卫最大的作用在于可以用无人能及的速度完成触地得分，边卫球员跑得越快，得分的可能性就越大。

密集争球由 3 人进行

由双方球队的前锋球员，合计 6 名球员进行。双方前锋球员在力量上的悬殊，直接影响到争球的结果。

常见的犯规行为与 15 人制比赛相同

向前踢球、向前掷球等主要的犯规规则与 15 人制比赛相同。不同点在于，15 人制比赛中裁判员出示黄牌时，球员要暂时退场 10 分钟，而 7 人制比赛为 2 分钟。

落踢是基础

在所有向球门踢球的技术中（如触地得分后进行的追加进球或是因对方选手犯规而获得的罚球等），最基础的是落踢（让球在地面上弹跳一次后踢出）。

考验综合能力

7 人制橄榄球比赛中，每一位球员的活动范围都较大，一旦失误就很有可能让对方触地得分。因此，比赛对运动员的要求是全方位的，包括体力、速度、扑搂能力、传球能力、踢球能力等。

选手层与 15 人制不同

由于 7 人制比赛不仅对球员的重量及体能有着较高要求，对速度及体力也是一种考验。因此，虽然同为橄榄球比赛，但几乎没有橄榄球运动员同时参加 7 人制和 15 人制这两种比赛。相反地，只要跑得够快、身体条件达到标准，非橄榄球项目运动员也可以报名参赛。

可以轻松观赛的体育项目

7 人制橄榄球比赛时间短，仅利用周末时间就能够完成全部赛程。观众在比赛中可以清晰地看到球的位置，感受比赛特有的节奏感。即使对橄榄球毫无涉猎，也可以看懂比赛。

American football

■发源与美国的球类项目，伴随着激烈碰撞的精彩瞬间

美式橄榄球

美式橄榄球是美国国内最火热的体育项目，规则看似复杂，其实只要掌握了重点，便不难理解。

>>>>> 比赛场地

美式橄榄球场
美式橄榄球场上的标志线比起其他运动项目要多很多，这是它最明显的一个特征。端区与球门区是与得分直接相关的重要区域。

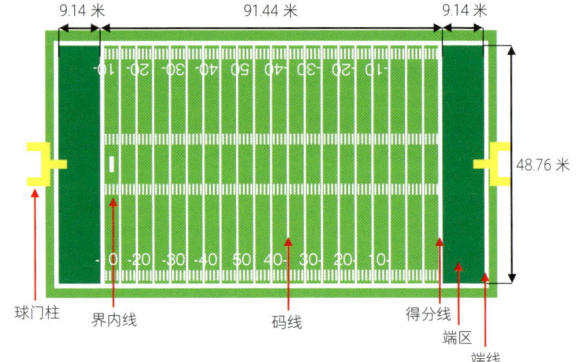

球门柱　界内线　码线　得分线　端区　端线

观赛 7 要点

要点 1

每支队伍 11 名球员，得分多者胜

美式橄榄球是一项明确区分进攻与防守的体育项目。所谓明确区分，并不是指一支队伍内部分为进攻球员和防守球员，而是指当一支队伍进入进攻时间后，全队选手都要参与到进攻阵中，防守时同样也是 11 名球员全员进行防守。比赛中换人的次数与人数没有限制。也就是说，如果想要在攻防形式改变时更换球员，甚至可以将全队球员换下。比赛最终的胜利属于得分多的一方。

要点 2

比赛分为 4 节，每节 15 分钟

美式橄榄球比赛分为 4 节，每节 15 分钟。第 1、2 节为上半场，第 3、4 节为下半场，半场之间进行 12 分钟的中场休息。如果比赛暂停，则比赛计时也随之暂停，选手要在比赛计时有效时进行 15 分钟的比赛。比赛围绕着进攻方的进攻展开。进攻方发起 4 次进攻并带球向前移动 10 码①以上，则可以重新获得 4 次进攻的机会，若没能达成该条件，则攻守方互换。此外，进攻方得分后，攻守方也要互换。当 4 节比赛结束后，若双方得分相同，则进行加时赛。两支队伍轮流获得进攻权，直到分出胜负为止。

> **进攻**
>
> 美式橄榄球中，进攻（down）指进攻方的一次进攻，当防守方成功将球拦截下来，或进攻方持球球员被防守方球员的扑搂绊倒在地时，裁判员鸣哨，单次进攻结束。第 1 次进攻为 "first down"、第 2 次为 "second down"、第 3 次为 "third down"、第 4 次为 "fourth down"。

① 码（美制）等于 0.9144 米。

要点 3
进攻的方式分为奔跑与传球

"奔跑"，顾名思义是指选手持球跑动，是最基础的进攻方式。虽然球员很难通过这种方式达到前进较长距离的目的，但仍然能有一定的效果。另一种进攻为"传球"，即将球向前投出，投向深入敌阵之中的队友。由此一来，便可以扩大己方阵区。但同时也要意识到投出的球有被防守方拦截的危险。此外，还可以通过弃踢来扩大己方阵营范围。

弃踢

大多在第 4 次进攻时使用，当球员判断很难通过 4 次进攻前进 10 码以上距离时，进攻方在第 4 次进攻时选择放弃进攻权，并将球踢出去，以达到扩大阵区的目的。

要点 4
通过达阵得分

进攻方通过不断进攻，一点点扩大己方阵区范围，最终将球带入对方的端区（得分区）则可以获得分数。这被称为达阵，每次达阵可以获得 6 分。包括在端区内接下传球，也视为达阵。达阵之后，得分的一方获得一次附加机会，若能利用这一机会再次达阵，则能够额外获得分数，即"追加得分（Extra Point）"。

要点 5
得分的方式有 4 种

美式橄榄球比赛得分的方式有 4 种，每种方式的分值不同。大分值的战术有时可以成为反败为胜的法宝，大大增强了观众在观赛时的乐趣。

达阵 将球带入对方的得分区，得 6 分。达阵后观众席会响起阵阵欢呼。

射门 当球员判断达阵难度较大，但能够将球踢至对方的球门时，球员大多进行射门。当选手踢出的球穿过球门柱，得 3 分。射门的成功率与选手的射门技术有着直接关联，但大多情况下，只要距离在 30 码左右，便能够有较大概率成功射门。

附加分 当球员达阵后，获得附加机会额外发起进攻，此时获得的分数被称为附加分。若选手能从得分线外 3 码处重新达阵，则获得 2 分。将球踢出后成功射门，得 1 分。

安防 进攻方在己方端区受到防守方球员的扑搂时，被称为安防。安防后，防守方队伍得 2 分，比赛重新开始时由进攻方开球。美式橄榄球比赛一般以防守方开球、进攻方接球后发起进攻的形式进行。由进攻方发球，会使进攻方陷入较不利的形势之中。

要点 6
进攻的模式主要有 2 种

其一，四分卫将球传给跑卫，跑卫带球一举深入敌阵。跑卫的职责主要是挣脱防守方的扑搂，精准找出合理路线，带球向前。跑卫包括全卫及半卫两种。其二，四分卫将球传给外接手，由外接手带球向前。外接手可以在深入敌方阵营之后接住传球，一旦接球成功，他将要跑上很长的距离。

美式橄榄球

要点	**进攻权在比赛进行中也有可能转移至防守方**
7	有时，在进攻方正在进攻时，也会发生攻守形式转换的情况。当进攻方持球选手因防守方的扑搂摔倒在地，且防守方成功控球，则进攻权移至防守方。此外，若进攻方球员掷出的球在落地之前被防守方球员截获，则进攻权移至防守方。在比赛过程中进攻权移至防守方的情况被称为攻守交换。

知道这些观赛更有趣

各位置球员的分工

进攻队　美式橄榄球被称为"进攻的比赛"。进攻方球员的使命就是在有限的进攻次数中推进阵线、尽可能获得分数。球员的位置大致可分为3种：后卫、进攻线锋、接球手。

后卫　后卫通常设置在争球线后方1码以上处，是进攻时的中枢位置。主要由四分卫与跑卫组成。

四分卫
四分卫是美式橄榄球比赛中的焦点位置，在进攻时起到指挥整支队伍的作用。不仅要有坚实的体格，更要具备足够的领导能力和精确的瞬时判断力。

跑卫
跑卫的职责就是持球向前跑动进攻。跑卫又可分为半卫及全卫。半卫是以速度与机敏性突破防守的位置。全卫则是力量型选手，不仅负责突破对方防守，还要保护己方队友，为队友抵挡对方的拦截。

进攻线锋　进攻线锋的职责是为队友抵挡来势汹汹的攻势，为队友开路。进攻线锋不能亲自持球发起进攻，但却是进攻时不可或缺的球员。

中锋
中锋在阵形中站在进攻线锋球员的中间位置，负责向四分卫发球。

进攻护锋
进攻护锋站在中锋两侧，在跑动进攻时为跑卫引路，在传球进攻时保护四分卫。

进攻截锋
进攻截锋在传球进攻时最为活跃。由于四分卫的非惯用手一侧容易成为盲区，因此进攻截锋负责在四分卫身侧保驾护航，是进攻线锋中最重要的位置之一。

接球手　接球手与四分卫共同完成长距离传球，是专门进行传接球的位置。通过成功完成长传，达到迅速推进阵线的目的。

外接手
外接手负责突破对方防线，并接住四分卫传来的球。外接手不仅需要强大的破防能力，更需要准确沿着四分卫的指示行进的能力。

近端锋
近端锋是同时肩负着接球手与进攻线锋两项职责的特殊球员。与外接手相比，近端锋在速度上略逊一筹，但在力量上却有着明显优势。

防守队

防守队指的是在比赛中进行防守的一方球员。大致可以分为防守线锋、线卫、防守后卫3种。与进攻方不同，防守方不受规则限制，可以按照防守范围划分职责。

防守线锋

防守线锋要在进攻方发起进攻的第一时间进行防守，阻止对方球员的跑动进攻或四分卫的传球。是对阵中的最前线，大多防守线锋的体格都十分结实。

防守截锋
防守截锋位于防守线锋的正中央，与进攻线锋的正面交锋是比赛中的一大亮点。通过扑搂等方式阻拦对方的跑动进攻。当对方进行传球时，防守截锋则负责向四分卫施加压力，尽可能在四分卫将球传出之前扑搂防守。

防守端锋
防守端锋的位置位于防守线锋的两端，负责抵挡欲从两端进攻的持球球员。不仅可以通过扑搂将对方截下，也可以通过其他方式将对方持球选手逼向球场内侧。而在对方想要进行传球进攻时，防守端锋则需要绕至进攻线锋的两侧进行防守，因此需要一定程度的跑动能力。

线卫

线卫位于防守线锋后方，是防守的要塞。同时担任着拦截持球球员以及截断传球的任务。

防守后卫

防守后卫是防守阵容中最后的一道防线。一旦防守后卫被攻破，进攻方便获得了触地得分的机会。同时防守后卫也要时刻警惕四分卫的长传。

线卫
线卫负责守护己方阵地的中央区域，是要塞位置。当一支防守队拥有一名实力强大的线卫时，整体防守将会呈现出极为稳定的状态，能够将失分控制在最小限度。线卫按照具体位置，又可以分为很多种，比较有代表性的包括守卫中央部位的中线卫、防守两端的弱侧线卫、在进攻人数较多的一侧进行防守的强侧线卫。

角卫
角卫是防守队伍中最接近边线的球员。大多时候角卫负责拦截对方的传球进攻，是对方外接手的强劲对手。

安全卫
安全卫站在防守阵形的最后方，综合把握全场形势，在必要时做出精确判断进行防守。

特勤队

特勤队指的是一支专门负责踢球的队伍。虽然只有在比赛的重要节点处才会需要踢球，但根据战术，有时特勤队也可以与防守队及进攻队一样，对比赛进程起到决定性作用。特勤队上场的次数也许并不多，但每一次上场都起到关键性的作用。

踢球手
是专门负责踢球的球员。在队伍进行开球、射门及追加射门时上场。

回攻手
是防守方的特勤球员，负责截断对方球员踢至己方阵地深处的球，随后立即持球冲向敌方阵地。回攻手甚至可以直接持球完成触地得分，那是美式橄榄球比赛中最为精彩的时刻。

弃踢手
在队伍决定弃踢时上场。一名优秀的弃踢手能够精确掌握弃踢时的角度与距离，为队伍争取到一个有力的场上位置。

长发球手
在射门、弃踢时专门负责发球。

扶球手
负责接收长发球手的发球并将球扶稳以协助踢球手踢球。

美式橄榄球

比赛流程

发球

由防守方进行发球，由进攻方接球。防守方从己方的 35 码线处发球，标志着比赛开始。当进攻方持球选手被防守方扑搂（进攻攻势中断）时，标志着攻防战拉开帷幕。

开始进攻

进攻开始前，进攻方与防守方应面对面列阵，球的位置在二者中间。当进攻方最前列中间位置的中锋将球传给后方的四分卫或其他球员时，标志着进攻开始。进攻方有 4 次进攻机会，并且要尽量在 4 次进攻之中前进 10 码。进攻的方式有跑动进攻或传球进攻，并最终通过完成触地或射门获得分数。当 4 次进攻结束，通过进攻方是否成功前进 10 码来决定接下来的攻守分配。

得分

当进攻方成功将球带入对方端区，并完成触地或射门后获得分数。得分后双方互换攻防。

未能前进 10 码

进攻方在第 4 次进攻时进行弃踢，放弃进攻权。

互换攻防

成功前进 10 码

进攻方可以获得 4 次继续进攻的机会。

继续进攻

进攻技术

进攻时的主要技术包括跑动进攻及传球进攻。而同样重要的还有对欲上前扑搂的防守选手进行截挡。不论是跑动进攻还是传球进攻，都需要对上前试图阻止进攻的防守队员进行牵制，以保护己方队友。

防守技术

防守方主要通过对持球选手进行扑搂，也就是仅仅抱住对方以限制其行动。其中，尤其以对四分卫进行的擒杀最为精彩。除扑搂外，当对方进行传球进攻时，防守方可以通过"抄截"来应对。抄截成功后，双方互换攻防。

美式橄榄球用语

- Carry 持球跑动。
- Snap 中锋将球传给后方的四分卫等队员，标志着进攻开始。
- Kill The Clock 四分卫为了让比赛停止计时而将球压向地面。
- Line of Scrimmage 在攻击开始前双方阵形之间的一条虚拟的中线。
- Cut Back 持球跑动的选手突然改变方向。
- Swing Pass 四分卫向跑卫进行的快速传球。
- Scramble 本该进行传球的四分卫放弃传球选择直接持球跑动。
- Pass Complete 传球成功。
- Ball Dead 死球，单次进攻结束。

比赛计时经常暂停

美式橄榄球比赛的一大特点在于比赛中经常暂停计时。除了在得分后、球出界、攻防互换等其他体育项目也会暂停计时的情况外，每次橄榄球在传球失败、发球结束等情况时也会暂停计时。比赛时间规定为 1 节 15 分钟，4 节比赛加上中场休息时间应合计 72 分钟。但这里说的 72 分钟为计时合计时间，实际的比赛时间要在 2～3 小时。

四分卫是焦点球员

在不太了解美式橄榄球的人也或多或少听说过的名词之中，必然有四分卫。四分卫是进攻方的司令塔，活跃在比赛的各个场景中。球队四分卫的实力，甚至会影响到比赛的最终结果。在赛场上，四分卫的职责还包括随时改变球队战术，控制赛场形势。此外，还需要具备精确的传球能力、高机动性、快速奔跑能力。

团队管理人员的职责

团队管理人员中包括拥有最终决定权的总教练员、辅助总教练的其他教练员、负责球员的体能管理的训练员等。美式橄榄球队中包括 11 名进攻球员、11 名防守球员，并且，规则对换人的次数及人数没有规定上限。因此，一支球队甚至可以拥有 50 余名球员。为了维持队伍的正常运转，每支队伍都需要配置一系列的管理人员。另外，啦啦队对每支球队来说也是不可或缺的。

年度盛会：超级碗

超级碗是美式橄榄球的巅峰赛事，于每年 2 月举办。参与的球队为该球季的美国橄榄球联合会的冠军球队，以及国家橄榄球联合会的冠军球队，是美国最大的体育盛宴。它拥有美国全年中的最高收视率，且赛事直播中的广告费也是全球最贵的。对选手来说，能够参加并在超级碗中获胜，是至高无上的荣耀。对在比赛中间进行表演的明星来说，超级碗也是一个十分重要的舞台。

常见犯规行为

越位
在发球前防守方触球或防守球员身体越过攻防线。

拉人
故意拉扯对方球员。比赛中禁止进攻方球员用手拉扯防守方球员。而防守方球员则不得以拉扯的方式妨碍对方接球手。

粗暴冲击传球者
对方球员进行传球后对其进行冲撞等行为。这是由于球员在传球后通常会难以采取防卫姿势，冲撞很有可能使其受伤。

抱人犯规
从后方对球员进行扑搂或对腰部以下部位进行扑搂。这种行为十分危险，因此相应的处罚也十分严重。

比赛过程中选手必须穿戴总重量 5～6 公斤的防具

美式橄榄球是一项需要进行冲撞的比赛，选手必须佩戴防护用具，包括头盔、护肩以及防护全身各部位的软垫。这些防具的总重量在 5～6 公斤左右，一些特殊位置的球员防具的重量甚至还要更重。球员在这样的负重下进行的灵活走位与攻防是比赛中不容错过的亮点。

■青葱翠绿中展开的心理攻防战

高尔夫球

一项通过击球入洞来完成的"绅士项目"。
选手精湛的技术及抗压能力令人赞叹。

>>>>> 比赛场地

高尔夫球场
高尔夫球场一般设置在自然环境中,包括发球台、果岭、沙坑、球道及水障碍等。

沙坑
水障碍
球道
果岭
发球台
野草区

观赛 5 要点

要点 1 **击球入洞所用杆数少者胜**

一回合 18 个球洞,2~4 人为一组进行比赛。选手比拼将球击入洞所需的击球杆数。比赛持续 4 天,共完成 4 个回合,合计 72 洞。当选手完成 72 洞后出现比分相同的情况时,奥运会高尔夫比赛规定进行 3 洞的附加赛。奥运会比赛仅限个人项目,不设团体比赛。

要点 2 **各球洞都有标准杆数**

根据距离及障碍物的设置,每个球洞的标准杆数在 3~5 杆不等。规定杆数为 4 杆的球洞标有"Par 4"的标志。18 洞的合计标准杆数通常为 72 杆。选手在比赛时尽量以低于标准的杆数将球击入洞。若连续超过标准杆数,则很难在比赛中打出好成绩。值得注意的是,空杆也算一杆。

平
指击球入洞的杆数等于标准杆数。例如,用 3 杆将球击入标准杆为 3 的球洞,则为"平(Par)"。

柏忌
指击球入洞的杆数高于标准杆 1 杆。高于标准杆 2 杆为"双柏忌(Double Bogie)"。高于 3 杆为"三柏忌(Triple Bogie)"。

小鸟球
指击球入洞的杆数低于标准杆 1 杆。低于标准杆 2 杆为"老鹰球(Eagle)"。低于 3 杆为"双鹰球(Albatross)"。

要点 3	**每个球洞的地形条件不同，难度也不同**
	高尔夫球场的地形十分多样，包括林区、丘地、海滨、山地等，各场地的特点各不相同。林区与丘地场地起伏较少，球道也较为宽阔。山地场地则设有小型山崖等障碍，起伏较大。海滨场地海风较强。所有场地都有精心设计安排的树木、沙坑、水障碍等障碍物，距离与规模各不相同。选手攻克这些球洞时的策略与发挥令人十分期待。

要点 4	**天气情况也需要重视**
	高尔夫球比赛为露天进行的体育项目，自然也会受到天气的影响。下雨后草坪的状态会发生改变，风力及风向也会大大影响球击出后的行进路线。自然天气并不能一直令人满意，而这也是高尔夫球比赛使人关注的原因之一。

要点 5	**心态对比分影响大**
	高尔夫球比赛的比赛时间很长，不仅是技术，选手的心理素质也会受到考验。在完成 18 个球洞的过程中，选手的心境会经历一系列的变化。而选手必须克服这些，保持注意力的高度集中。并且，比赛过程中教练员不得同行，没有人能够给予选手有效的建议，一切全靠选手的个人判断。击球有时需要放心大胆地进行畅快的一击，有时需要细心揣度进行精确地调整。技术固然重要，但在技术背后要有同样强大的内心。

知道这些观赛更有趣

高尔夫用具

球杆
球杆用于击打高尔夫球。根据不同的使用目的，选手在比赛中可以使用多种球杆。最多可以携带 14 根球杆入场。高水平的选手在球杆的选择上造诣极高。

木杆
木杆的球头较大、杆把（手握的部分）较长。多用于开球，可以将球击出较远距离。

铁杆
铁杆可以用在球道、野草区、沙坑。在短距离击球时多选择使用铁杆。

球道用木杆
比木杆球头略小。球道用木杆在击打地面上的球时，距离最远。

推杆
在果岭上使用，可以让球轻轻滚动，以精确调整角度，使球入洞。

高尔夫球
比赛规定高尔夫球直径不得低于 42.67 毫米，重量不得高于 45.93 克。选手使用的球由选手自行准备，但比赛途中不得更换球。不同的球也有不同的特点，有的球在击出后飞行距离远，有的球更容易在击出后旋转。球的选择也是比赛的战术之一。

选手着装
选手在比赛中需要穿带领衬衫，男性选手的衬衫下摆不得露在裤外。一些高尔夫球场规定，选手在比赛之外的时间必须穿着外套，禁止穿运动鞋、凉鞋、牛仔裤。总的来说，只要不过于邋遢，令人难以入眼，或不要让别人感到不快即可。虽然高尔夫球被称为"绅士的运动"，但也并非像听起来那样死板。

场地内的分区

发球台
选手在发球台开球，是比赛的起始地点。发球台的范围规定为后方纵深为 2 球杆长度，前面和两侧由两个发球区标志外缘边缘限定的方形范围。一般位于高度较高、草坪厚度略薄于周围区域的地方。

球道
球道指发球台与果岭之间的通道。球道上的草坪修剪得较短，利于比赛进行。高尔夫球比赛时的基本做法就是将球保持在球道内并不断击球。

野草区
野草区指球道外围草坪较厚的区域。根据草坪的不同情况，又可以分为半粗草区，指球道与野草区之间的过渡区；野草区，指普通的野草区；深野草区，指几乎没有进行处理的野草区。

沙坑
沙坑是在洼地中放入沙土后设置的障碍区。沙坑的形状和大小各不相同，它和周围区域相比要低 10 厘米左右。在球道内的沙坑被称为"球道沙坑"。

球童的重要性

在高尔夫球比赛中，球童不仅仅要负责帮选手背包、背球杆，还要在比赛时为选手提供建议，在必要时激励选手，对比赛进行全面的辅助。高尔夫球比赛中选手进行思考的时间极长，下一杆使用的球杆及路线、果岭的倾斜角度、风的方向等，都需要选手根据自身的情况来综合考虑。一名出色的球童，要对战略的选择、场地的情况及选手的心理状态有明确地把握。选手与球童之间的默契配合，很多时候能够左右比赛的成绩。

球童
比赛允许每位参赛选手由一名球童陪同。球童在比赛过程中全程跟随选手，帮选手背球杆、按照选手的需要将球杆递给选手等。高尔夫比赛规则中将球童描述为"按照规则辅助选手的人"。

果岭
果岭区的草坪比球道修整得更为细致，球洞设置在果岭区中。在果岭上通常使用推杆进行比赛。将球从远处击出并最终停在果岭区内被称为"On"。

高尔夫球用语

- Hole 球洞。
- Pin 指果岭上在球洞处设置的旗杆。用于确定球洞位置。
- OB（Out of Bound）指场外区域。
- Hazard 场地内设置的障碍区。主要包括沙坑及水障碍等。
- Approach 使用策略将球打上果岭。
- Pat 将果岭上的球击入球洞。
- One On 第一杆击球后球进入果岭。第二杆后进入果岭为"Two On"。
- Duff 指球杆打到球前方区域的失误。
- Slice 球击出后向惯用手的方向偏移。
- Hook 球击出后向非惯用手的方向偏移。

判罚处理

OB（出界） 罚1杆
当球落入规定范围之外时进行的处理。若出界的球为第1杆，则重新在发球台开球，下1杆视为第3杆。若出界的为第2杆或以上杆数，则在击球地点重新进行下一杆。

水障碍 罚1杆
击出的球掉进水池后进行的处理。在原击球位置重新击球。或者可以选择抛球：在球最后越过水障碍区界线的点与球洞的连线上抛球。

空杆 罚0杆
打空杆本身不作为判罚行为。但是，空杆也会被记入杆数之中。例如，选手在打空1次后，第2次成功将球击出，那么空杆为第1杆，击中球那杆为第2杆。

球打上果岭后未做标记就将球捡起来 罚1杆
当球落入果岭后，有时为了不妨碍其他选手比赛，需要将球捡起。捡球时需要先在球的位置做好标记，以便后续比赛中能将球放回准确的位置。若捡球前未做标记，选手罚1杆。

赛场十分安静

挥杆是一个十分精细的过程，分毫之差便会造成巨大的失误。因此，为了不分散选手的注意力，赛场内的每一个人都要保持安静。尤其是选手进行挥杆的几秒钟，其他人"不动""不说""不发出声音"是最起码的要求。当球击出、并且落在理想的位置上时，其他人可以鼓掌，除此之外的所有时间都要保持安静。

不破坏环境

高尔夫同时也是一项与大自然共存的体育项目。在比赛过程中，选手不能忘记要尊重大自然。在一些球场的规定中，哪怕是为了捡球，也不能破坏场地中的一草一木。

高尔夫项目的四大盛会

在高尔夫项目的顶级赛事中，最引人注目的便是四大满贯赛。全球的高尔夫球手之中，能够满足参赛资格，参加四大满贯的选手屈指可数。四大满贯赛无疑是高尔夫界的世界最高峰。

4月举办 大师赛（名人赛）
大师赛每年4月在美国乔治亚州的奥古斯塔球场举办，是四大满贯赛中唯一固定球场的比赛。大师赛每年邀请前一年度获得奖金金额位于前列的球员，以及在主要赛事中获胜的球员。只有极少数人能够得出席大师赛，因此它获得了人们的关注与尊敬。场地设置的难度极高，在比赛时必须谨慎选择战术。

大满贯
一年之内在四大满贯赛中均获得冠军的选手将获得大满贯的称号。这一称号自1934年被提出起，至今没有任何一位选手能成功获得。

8月举办 美国职业高尔夫球锦标赛
由男子职业高尔夫球巡回赛主办的大赛，亦被称为GPA锦标赛。能够参加GPA锦标赛的仅限满足参赛资格的职业选手。是四大满贯赛中唯一只有职业选手才能参加的比赛。每年比赛的赛场不同。从2019年开始改为5月举办。

6月举办 美国高尔夫球公开赛
美国高尔夫球公开赛是美国最具权威性的大型赛事。参赛条件基于美国高尔夫协会规定的一系列条目（大型赛事夺冠、总统杯参赛权等），满足条件者即可参赛。比赛奖金高达1200万美元，是全球奖金额度最高的比赛。在四大满贯赛之中，也属于难度较大、十分考验选手的比赛。

7月举办 英国高尔夫球公开赛
英国高尔夫球公开赛早在1860年就已经举办了首届大赛，是全球历史最悠久的高尔夫球赛事。在四大满贯赛中也是最具权威性的。它最大的特色在于对最初的高尔夫球的追求，返璞归真，场地的布置刻意不过多干预原有的生态环境，讲求在"自然的状态"下比赛。这使得它的比赛场地与其他大满贯赛的不同，在比赛时选手的经验会成为重要的影响因素。

Cricket

■发源于英国的球类运动 被称为是棒球的原型

板球

以英国为中心，板球运动在英联邦各国都有极高的人气。板球与棒球有部分相似之处，深入了解板球之后，会被它的魅力所吸引。

>>>>> 比赛场地

板球场
板球场整体为椭圆形，正中央有击球手与投球手决一胜负的球道。正式比赛使用的场地为草坪球场。

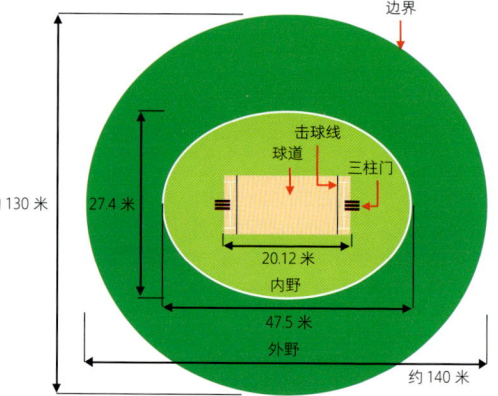

观赛 5 要点

要点 1
投球手与击球手的对决，每支队伍 11 名球员
1~2 局制，得分多者胜

参赛球员分为进攻方及防守方，投球手将球投出后，击球手击球，奔跑后得分。由于板球运动的特殊性，常见的比赛方式分为 2 种，包括参赛双方轮流交替攻防的比赛（单日比赛），以及比赛时长在 3 小时左右的 "Twenty 20"。在单日比赛中，比赛时间大约在 7 小时以上。

要点 2
累计 10 次出界或所有投球手的投球机会
全部使用后进行攻防互换

比赛过程中，累计 10 次出界便攻防互换。但由于板球的规则使得球并不是很容易出界，所以想要达到 10 次出界，需要一定的时间。因此，另有规则规定了每位投球手进行投球的次数，当投球手的所有投球次数用尽，双方互换攻防。不同比赛对投球手的投球次数有着不同的规定，同时各项赛事也为了减少比赛时间设置了其他各种规则。

要点 3
投球手为了击倒门柱投球
击球手为了保护门柱打球

从表面上看，板球运动是投球手与击球手之间的战斗。而实际上却应该是 "门柱的攻防"。投球手通过击中球门柱来达到让对方击球手出局的目的，而击球手则是要努力保证球门柱不被击倒。最终，双方以合计分数分出胜负。由此可见，球门柱是板球比赛中重要的组成部分。

| 要点 | **基本用语与器械** |

板球运动有很多专用术语。本节先对术语稍加介绍，随后对比赛中使用的器械进行说明。

Bowler	Batman	Wicket Keeper	Wicket
投球手	击球手。击球手2人一组，比赛时同时站在球道上。	站在球门柱后方的捕手。	门柱，投球手为了完成使击球手出局的目的，需要让球击中门柱。

4

球	球板	门柱
		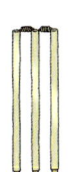
直径约7厘米，重约160克。材质十分坚硬，颜色大多为红色，偶尔也用白色。	全长约1米，宽幅约10厘米，重量为1公斤左右。外观看起来与船桨相似，材质为木头。	由三根木制柱体组成，高度约70厘米，3根门柱整体的宽幅约23厘米。柱体的下端为尖头，便于将门柱立在球道上。

| 要点 | **常见的得分与出局方式** |

5

得分方式

- 当击球手将球击出后，在球滚动的过程中，击球手2人1组分别跑向另一端的门柱。如果两名击球手均成功到达门柱，得1分。
- 如果球在击出后，不落地直接出界，击球方得6分。

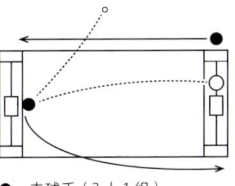

● 击球手（2人1组）
○ 投球手
□ 门柱
・ 球

出局方式

- 接杀 击球手用球板或手套打中球，球在未落地前被防守方球员接住，击球手出局。
- 跑杀 两位击球手击球后跑分的过程中，防守方球员若将球投中门柱，击球手出局。
- 投杀 当击球手发生打空等失误，使投球手投出的球直接击中门柱，击球手出局。
- 捕杀 击球手在击球线外击球，且发生打空等失误时，防守方球员用球击倒门柱，击球手出局。

击球手、投球手的换人规则

投球手每投6次球为一个回合，一回合的投球结束后换上其他投球选手。击球手则在被判定为出局时换人。虽然2名击球手为1组，但换人时只有被判出局的那一位球手换下场。

知道这些观赛更有趣

进攻规则

场上的 2 名击球手中，其中 1 名负责将投球手投来的球击回。当该击球手成功击中球后，两名击球手分别向各自站位相反方向的门柱奔跑，成功抵达门柱得 1 分，成功完成往返跑得 2 分。比赛对击球手的击球不设有方向上的限制，将球击向任何方向都可以。若防守方将球带入球道的用时较长，则在球未重返球道的时间内可进行多次往返跑，当防守方用球击倒门柱，则被击倒的门柱一侧的击球手出局。

防守规则

投球手与捕手同时在球道上比赛，防守方的其他 9 名球员则为外野手。由于击球手的球可以朝向任何方向，因此每名防守队员的防守范围较大。只有捕手可以在接球时戴专用的手套，其余所有球员必须徒手接球。

投球手规则

投球手投球时，手要过头且手臂伸直，必须让球从投球端的门柱正侧面投出。若投出的球距离过近没能到达击球手的位置，或者超出了击球手的球板能够击中的高度，则为宽球（Wide Ball），击球手得 1 分。

击球手规则

每当一名击球手被判出局，将换上另一名击球手，场上的击球手的组合便会改变，直到所有击球手全部出局为止。在被判为出局之前，击球手必须持续进行比赛，在将球击出后跑动的过程中必须手持球板。此外，2 名击球手为一组，同时在球道上进行比赛。其中 1 名击球手负责击球，另 1 名站在球道另一侧。球击出后，2 名击球手都要进行跑动。

击球手不需要全力冲刺?!

击球手将球击出后，并非必须立刻开始跑动。例如当击球手击回的球可以轻易被防守方带回球道，击球手可以选择放弃跑动。也就是说，当击球手认为这一球即使跑动也会被判为出局时，可以原地等待投球手的下一个球。

"帽子戏法"出自板球运动

大多数人在提起"帽子戏法"时，都会想到足球。足球比赛中同一名选手在单场比赛中连续获得 3 分时被称为帽子戏法。事实上，帽子戏法是来自于板球的一种说法。板球比赛中，若想让击球手出局，是一件难度很大的事情，更不要说连续让 3 名击球手出局了。如果防守方的选手真的做到了这样的壮举，在过去的板球比赛中，该运动员将会收到一定昂贵的帽子作为奖励。还有另一种说法认为当球员让连续 3 名击球手出局后，观众将会从观众席上将帽子抛进场地，所以才会被称为"帽子"戏法。

有的击球手可以斩获 100 分

击球手在比赛中需要一直持续进行比赛，直到被判出局为止才可停止。如果击球手是将球直接击出界外的高技术选手的话，甚至可以一个人斩获 100 分，被称为"Century（百分）"。如果仅仅是一名投球手就可以囊获一百分，那么整个击球局的总得分便会达到几百分之高。

击球手与投球手几乎都是全员参赛

参赛的两支球队的所有运动员都肩负着击球手的职责。虽不需要所有球员都上场，但球队的半数以上的球员都要做好相应的准备。对方的攻势持续的时间越长，需要的投球手数量越多，因此更应充分准备。而击球手则是以双人组合的形式上场比赛，当其中一人出局后，另一人将会与新上场的投球手组成新的组合，重新开始比赛。选手之间的默契十分重要。为了能够在球击出后立刻冲出原位，并且尽量减少出局的风险，两名投球手必须多交流沟通。

传统板球比赛长达 5 天

传统板球比赛被称为"Test Match",比赛持续 4~5 天,共进行两次击球局。在这 4~5 天中,选手并非整日都在进行激烈的比赛。首先,队员会通过抛硬币决定比赛顺序,接着在 30 分钟后正式开始比赛。比赛进行到中午则有午餐时间,且大约每隔 2 小时有一次茶歇。这看起来几乎算不上是比赛,而是一种社交场合。板球运动十分重视其本身的"板球精神",因此也被称为"绅士的运动项目"。但是现在则不一样,短时间快节奏的"限制回合制"比赛才是众人喜爱的比赛形式。

限制回合制

板球比赛中每一回合投 6 个球,各项赛事的规则对回合数有限制。在"国际单日板球赛"中,每局比赛 50 回合(合计投 300 个球)。在"二十 20(Twenty 20)"赛制中,每局比赛 20 回合(合计投 120 个球)。除上述两种规则外,还有很多其他不同的规则,包括 6 人制板球等。

队服

选手在比赛时需要穿戴防具,包括头盔、手套、护腿等。现在的板球比赛中各队伍可自行设计队服,队服的花纹及颜色各不相同。但在以前,原则上要求参赛选手必须身穿全白服装,并通过毛衣的线条来对比赛双方进行区分。

球速甚至高达每小时 140 千米

投球手投出的球必须在到达击球手前经过一次触地弹起。职业投球手投出的球,即使经过一次触地,球速仍然可以超过每小时 140 千米,甚至有球速高达每小时 160 千米。这使击球手成功击中球的难度大大增加。

日本与板球

板球最初进入日本的时间大致在 19 世纪 60 年代,第一场板球赛是在横滨举行的,比赛的对手是英国海军组成的球队。19 世纪 70 年代日本建造了第一个板球场,那也是日本第一个使用了草坪的运动场。150 多年过去了,现在日本全国的板球运动员大约有 3600 人。值得注意的是,就在不久前的 2002 年,这个数字还仅仅只有 660,而短短几年时间,板球在日本的热度一路飙升。板球与棒球有许多共通之处,因此对于热爱棒球的日本人来说,喜欢上板球也并不是一件不可能的事情。

板球用语

● Run
得分。得 1 分为"1 Run"。

● Striker
场上 2 名投球手中,负责击球的一方。

● Duck 1
分未得就出局的选手。

● End
指设有门柱的一侧。由于门球有两处,因此又分为"击球侧"与"投球侧"。

● Extra
通过击球以外的方式获得的分数,例如因对方球员的犯规获得的分数。

拥有全球第 2 的比赛人口及规模

板球发源于英国,因此在印度、澳大利亚、巴基斯坦、斯里兰卡、南非等英联邦国家是一项极为火爆的体育项目。板球世界杯每 4 年举办一次,前去观看比赛的球迷人数众多,10 万人规模的体育场座无虚席。其中,印度尤其热爱板球,还因此设有板球的职业联盟。印度最顶级的职业板球选手,年收入甚至能高达数 10 亿日元。

※ 数据来源于国际板球理事会

板球

Baseball

■聚焦于投手与击球手的实力对战与战术博弈

棒球

一项双方球队轮流互换攻防的球类运动。进攻方的击球手用球棒击打防守方投手投掷的球并获得分数。奥运会仅开设男子棒球比赛。

>>>>> 比赛场地

棒球场

专用的棒球场本垒至左右外场两端的距离应在97.534米以上,到中外场的距离应不小于121.918米。1~3垒与本垒所在的正方形区域为"内场",内场外侧、界外线内侧的区域为"外场"。

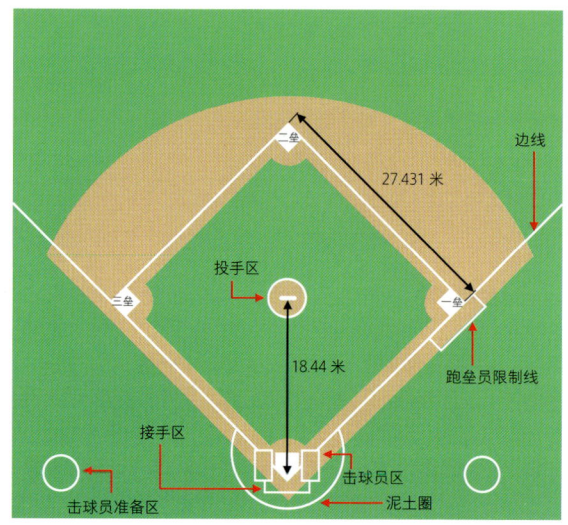

观赛7要点

要点 1　每支队伍9名选手,得分多者胜

每场比赛中两支队伍参赛,在轮流进攻的过程中获得分数,比赛结束时分数多的一方获胜。各队在比赛开始时应有9名球员上场,在比赛开始前应事先决定好选手在进攻时的顺序及防守时的位置。每支球队有替补球员,比赛允许在进行过程中替换选手。每支队伍最多有25人参加比赛,换人的次数没有限制。

要点 2　3次出局则互换攻防,最多进行9次互换

进攻方的选手按照顺序依次进入击球员区击球。当累计3名击球员出局时,比赛双方互换攻防。攻防的交换最多进行9次,9次结束后,比赛结束。若出现平局则进入加时赛。不同赛事采用的加时赛规则不同。

"表"与"里"

两支队伍中,先进行进攻的一方为先攻方,后进攻的为后攻方。先攻队进攻时以"1(~9)回表"来表示,而后攻队进攻时则为"1(~9)回里"。

棒球

要点 3 **投球手与击球手的 1 对 1 比拼**

比赛时，属于防守方的投球手向捕手投球，力求让击球手出局。击球手作为进攻方，则将球击出后上垒。击球手会对投球手即将投出的球进行预判，而投球手则会尽量反其道而行之，互不相让。这样针锋对麦芒的比拼，会在每一个球投出时出现，是比赛的一大看点。此外，裁判员会站在捕手身后，根据捕手接球的位置来判断该球是"好球"还是"坏球"。

投球计数

当投球手将球投至好球区内，而击球手未进行击球，或挥棒打空时，该球为好球。若球投出后没能进入好球区，且击球手根据预判未进行击球，则该球为坏球。投球手投出的好球及坏球的数量被称为投球计数，累计 3 个好球时，击球手出局。

要点 4 **得分形式有安打、得分、全垒打**

击球手将球击出后立刻向 1 垒冲刺（此时该球员变为跑者）。只要选手提前到达 1 垒，即使防守方球员将球捡起后投向 1 垒也仍然为"安打"。若跑者继续向 2、3 垒奔跑并最终返回本垒，得 1 分。此外，若球击出后直接飞入观众席，该球为全垒打，得 1 分。

四坏球

指投球手投出的球连续 4 次被判定为坏球。由于规则规定坏球最多累计 3 次，第 4 次坏球就会成为"四坏球"，投手可直接上 1 垒。如果四坏球时投手已经在 1 垒处，则投手可直接上 2 垒。

要点 5 **出局形式有三振、地滚球、飞球**

投手向击球手投出的球累计 3 次被判为"好球"，则击球手为"三振"出局。当击球手击出的球在地面上滚动，防守方将球捡起后掷向 1 垒，1 垒手在接到球后提前到达 1 垒，击球手出局。此外，如果击球手击出的球高度很高，且未经触地便被接住，击球手出局。防守方球员在接球时，需要在非惯用手上戴手套。

要点 6 **投球张弛有度**

有时，投球手为了达到让击球手出局的目的，会专门在击球时改变投球方式。若投手认为击球手正在等待一个快速球，则会故意投出慢球，这样一来，便会使击球手错失良机，面临出局的可能。

要点 7 **击球手使出浑身解数 只为让更多队友回到本垒**

击球手会对对方投球手的投球方式进行缜密的分析，尽可能提高击球的准确度。有时为了给跑垒员争取时间，击球手会故意击出触击球，也就是用球棒的中下部将球拦下，并让球缓慢滚入场内。

触击球牺牲打

击球手为了让跑垒员上垒得分而故意击出的触击球被称为"触击球牺牲打"。这是因为打出触击球后，击球手自身很有可能出局。

131

知道这些观赛更有趣

防守方球员位置与分工

左外野
左外野一般负责在游击手身后的外场进行防守。大多对进攻方从右侧打出的强球进行一系列的判断及处理。

中外野
中外野球员一般在二垒后方的外场进行防守。在必要时支援左、右外野球员，因此对跑动速度有一定的要求。

右外野
右外野手一般负责二垒手身后外场区域的防守。当进攻方将球向右侧击出后，右外野手需要迅速进行防守。

游击手
游击手一般在二、三垒之间或后方进行防守，与二垒手相同，游击手也经常需要与其他球员合作完成防守任务。

二垒手
二垒手一般在一、二垒之间或后方进行防守，必要时要迅速前往其他队员处进行支援，对运动员的体能是一大考验。

三垒手
三垒手主要负责三垒周边区域的防守。击球手经常会向三垒附近打出强有力的地滚球，被称为"Hot Corner"。

一垒手
一垒手负责一垒周边区域的防守，经常要从其他内场防守球员处接球，因此需佩戴专用的手套。

投手
投手将球掷向击球手的一瞬间代表比赛正式开始。一般来说，在面对擅长向右（或左）投球的投手时，对同样擅长右（或左）侧击球的击球手来说较占优势。

捕手
捕手负责用专用的手套接住投手的投球。在接球时，捕手保持膝盖弯曲的马步姿势，并在投球开始前向投手发出投球种类的手势。

投手投球的种类

投手投出的球大致分为两种，一种是直线球，即手臂下落过程中球飞出并沿直线运动的球。另一种是变化球，也就是球的飞行轨迹会突然改变的球。变化球又可以按照不同的变化方式分为很多种。

直线球
球身上带有的缝线被称为"Seam"，选手在投球时一般将手指压在缝线上投掷。通过投球时改变手指与缝线的相对位置，可以达到让球在接近击球手时改变状态的目的。直线球的最高球速可以达到每小时 160 千米以上。

变化球
变化球分很多种，例如，有向左偏转的曲球、滑球；向右偏转的自然曲线球；起初看似像是直线球却突然下落的叉球；等等。每一名投手都有自己独有的握球方式。投手掌握的变化球的投法数量越多，在与击球手的较量中就越能得心应手。

好球区

好球区的上边界为击球手的肩部上沿与裤腰上沿之间的水平线，下边界为膝盖上沿，位于本垒上方，是一块立体区域。

击球选手的排序

先发阵容
一般指1~5号击手。击球率较高的选手会被安排在先发阵容之中。且应尽量保证有擅长不同侧击球的选手。

扫垒安打
一般指3~5号击手,他们是在先发阵容之中实力突出的选手,不是击球率极高、就是善于打出全垒打。

后发阵容
通常指6~9号击手。后发阵容的选手大多都是不擅长击球,而是在防守上实力强劲的选手。

棒球

各击球手的职责

1号 最好直接可以上垒。大多是奔跑速度快、击球率很高(但不一定擅长长球)的选手。

2号 在1号击手上垒后,2号选手最好击出能够为进一步上垒制造机会的球。最近,一些球队将强击球手安排在这一位置上。

3号 作为扫垒安打的头号选手,不仅需要击中球,更需要击出长距离球。

4号 为了让跑者回到本垒而肩负着最大期望的击球手,大多是能够接连打出全垒打的选手。

5号 扫垒安打的最后一名球员,与前两位选手肩负着同样的使命。

6号 虽没有先发阵容选手在击球上的实力,但仍需要尽量将球击出。根据情况,有时还需要打出触击球。

7号 有时需要和1号及2号击手一样,或是上垒或是为其他手跑垒创造条件。

8号 与7号选手的职责大致相同。

9号 最后上场的击球手大多是不大擅长击球的球员。但也有一些球队认为9号反倒是一个重要的位置,值得格外重视。

击球技术

击球手在击球时有诸多细节需要注意。例如,通过对姿势的细微调整或将双手握球棒的位置向上移动一些,便可以更好地应对一些球速快的球。此外,也有一些击球手在对投手的动作及投球模式进行全面分析后,在比赛中只对自己擅长的来球进行回击,其余来球直接放弃。观众在观看比赛时,可以在每一个球投出后都猜测一下击球手的心理活动,也不失为一种乐趣。

指定打击者(DH)

在击球顺序的1~9号之中,有时会有一名选手只进行击球,不进行防守。这名击球手被称为"指定打击者(Designated Hitter)",能够代替击球手上场。

代打

指当轮到某一选手上场击球时,由替补球员代替该选手击球。这名替补球员被称为"代打"。大多是在进攻方处于关键形势而极为需要击球手的发挥,而刚好轮到不擅长击球的后发阵容选手击球的情况下,才会让擅长击球的替补球员替换上场。

得分形式

本垒打

指球被击出后落入观众席（犯规除外），击球手在跑经一至三垒后回到本垒。若垒上没有其他跑者，则合计得1分。若场上有跑者，则根据垒包上合计跑者人数获得相应的额外分数（满垒时击球手击出全垒打则得4分）。若球未落进观众席，但击球手成功回到本垒，仍视作完成全垒打。

顶进本垒

当一至三垒均有跑者，击球手打出四坏球时，所有跑者可以前进一垒，原本在三垒的跑者这时可以回到本垒，进攻方得1分。这被称为顶进本垒。此外，相同情况下若投球手投出的球击中击球手，即死球，所有跑垒选手也可前进一垒。

适时安打

当场上有跑垒球员时，击球者将球击出，跑者成功回到本垒，进攻方得分。这一类获得分数的击球被称为适时安打。当跑者在一垒时，如果击球距离不够远，则很难成为适时安打。此外，适时安打成功与否，还取决于跑者的速度。

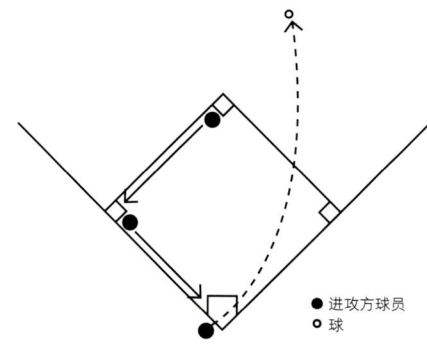

● 进攻方球员
○ 球

高飞牺牲打

在出局人数较少的前提下，若场上有跑垒球员，击球手可以选择向外场击出一个高飞球。如果防守方球员在球未落地之前直接将球接住，那么击球手出局，但跑者进垒仍有效。若跑垒球员原本在三垒，高飞球击出后回到了本垒，跑垒球员得1分。这样的高飞球被称为高飞牺牲打。此时，跑垒员在高飞球被接住后，必须再一次返回原占垒位一次（再踏垒）。

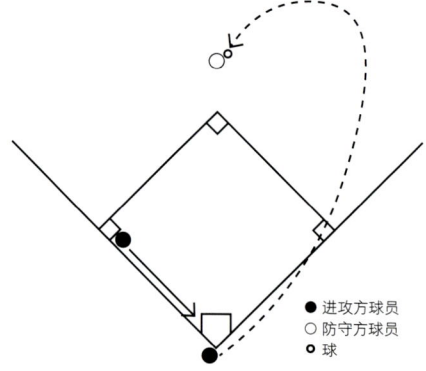

● 进攻方球员
○ 防守方球员
○ 球

强迫取分

当三垒有跑垒员时，击球手使用触击球使三垒跑垒员抢进本垒，这被称为"强迫取分"。跑垒员在球投出的同时必须立刻开始冲刺，击球员则必须让球棒与球轻轻接触后落在地上。这种做法若成功，则能够获得1分。若失败，则会面临击球手出局的后果。因此大多只在无人出局或只有1人出局的情况下才进行。

暴投

当跑垒员在三垒，投手投出的球距离过远，致使捕手无法接住时，在捕手去捡球的过程中跑垒员回到本垒，则进攻方得1分。此外，若接球手接球失误，使球掉落，且跑垒员成功从三垒回到本垒，同样可获得1分。

界外球

当球击出后落入界外区域时为界外球。击球手击出界外球后,会被视作一次好球。若在累计两次好球之后打出界外球,击球手可以继续击球不会被判为出局。若在界外球未落地前被防守方选手接住,击球手出局。若球落在界外线上,则不视为出界。

跑垒员也可被判出局

当场上有跑垒员时,球击出后防守方球员持球率先到达下一垒,该跑垒员出局(或持球防守队员触碰到未进入下一垒的跑垒员身体时,该跑垒员出局)。此外,在飞球过程中没有再踏垒,妨碍外场球员进行防守,跑垒员也会出局。当击球手击球后开始跑垒时,不沿着三米安全线(跑垒限制线)跑动,妨碍防守人员防守等行为也会被判为出局。

双杀

场上有跑垒员时,击球手的击球一次性使防守方两名球员出局,被称为双杀。例如,跑垒员在一垒击出的地滚球被三垒防守球员接住后传给二垒手,二垒手成功上垒,则原在一垒的跑垒员出局。随后二垒手成功向一垒手传球,则击球员同样出局。这对防守方无疑是绝佳的机会,因此更加需要重视传接球的能力。

因防守方失误上垒

有时,击球手即便不击中球,也能成功上垒。例如,投球手投出的球击中击球手身体,也就是投出了"死球"时;或是在遇到一些本应能够防守但由于防守球员的失误而没能及时应对的情况时。

盗垒与牵制

若跑垒员在球被投出的一刻立即开始跑动,捕手应该在跑垒员上垒前将球投给相应防守球员。这时,若跑垒员抢先抵达,则称为安全上垒(盗垒)。投球手则可以选择向跑垒员原本的垒区投球,以达到在投球间隔内触杀的目的(牵制)。因此,跑垒员需要仔细观察投球手的投球方式,找准开始跑垒的时机,并且,最重要的还是要跑得快。相对地,捕手则要在跑垒员冲出的第一时间判断出其意图,并向二垒或三垒的防守队员精准传球。

聚焦于防守技术与高速投球

职业棒球选手的防守技术可谓出神入化。例如,接住即将落入观众席的球,有时还会以跳水一般的姿势猛冲向球落下的位置。有些选手投球的球速极快,从而能够在千钧一发之际让跑垒员成功出局。

捕手的引导也很重要

捕手在全面分析击球员的打法与战术之后,每一球投出之前,都会向投手用手势发出信号。捕手与投手需要互相配合以达到让击球手出局的目的,因此捕手在这一过程中进行的指挥是观赛过程中应当关注的焦点。当然,有时也会由投手或是教练员担任发出指令的角色。

> **棒球用语**
>
> - Battery 由一名投手与一名捕手组成的小组。
> - In Course、Out Course 从击球手的视角来看,好球区的内侧为内角、好球区的外侧为外角。
> - Balk 场上有跑垒员时投手犯规。若有犯规,场上所有跑垒选手可以前进一垒。
> - Complete Game 完投,自比赛开始至比赛结束,始终由同一名投手进行投球。

SOFTBALL

■迅猛刺激的比赛氛围令人惊叹

垒球

参赛双方轮流交换攻防，争夺比分。比赛节奏极快，拥有一些棒球所没有的特色规则。奥运会中只进行女子垒球比赛。

>>>>> 比赛场地

垒球场

奥运会比赛使用的垒球场地，从本垒至外场两端的距离应在 67.06 米以上。与棒球相比，垒球场的垒间、投手板与本垒之间的距离更短。

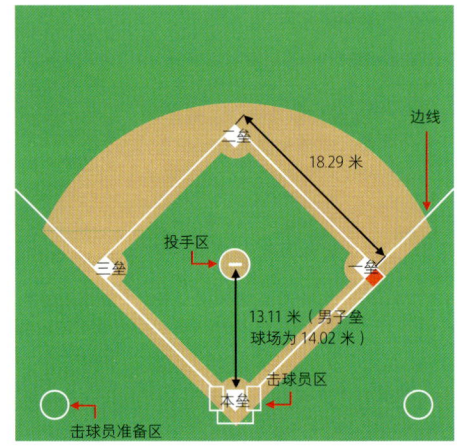

观赛 4 要点

要点 1　每支队伍 9 名球员，得分多者胜

参赛双方相互争夺得分，比赛结束时得分多的一方获胜。每支队伍的场上球员由 9 人组成，在决定好选手进攻时的击球顺序及防守时的位置后开始比赛。

要点 2　累计 3 次出局则攻防互换，最多互换 7 次

进攻方的选手为击球手，负责用球棒击出防守方投手投掷的球。若进攻方累计有 3 名球员出局，则双方进行攻守互换。攻守互换最多进行 7 次，若双方比分仍然持平，追加一轮延长局。

要点 3　聚焦于垒球独特的投球姿势

比赛时，防守队的投手负责向捕手掷球。投球时，手的高度不能超过腰部，且在投掷过程中，手腕距身体的距离不得超过手肘与身体之间的距离。女子垒球的顶尖选手投出的球，球速可以达到每小时 100 千米。如果投出的球是变速球，那么对于击球员来说是十分棘手的。

> **上升球**
>
> 上升球是一种看似好像在击球手的手部附近突然上升的球，被认为是只有垒球所独有的球，十分有名。由于垒球球道起伏较大，经常有击球手击空。

要点 4	**亮点在于快速的比赛节奏**

垒球的基本规则与棒球十分相似，而它与棒球最大的不同在于场地的大小。垒球场比棒球场小很多，因此投手投出的球，即使从下方抛出，也让人觉得速度很快。同样，由于垒间的距离较近，防守球员若不及时地滚球等做出应对，便无法让进攻球员出局。因此，垒球比赛整体上节奏十分快，非常值得观看。

知道这些观赛更有趣

球与球棒

垒球比赛使用的球，圆周长为30.48厘米（±0.32厘米）。皮质球的重量为187.82克（±10.63克），与棒球（圆周长22.9~23.5厘米，重141.7~148.8克）相比要更大也更重。相反，垒球球棒的长度要求在86.36厘米以内，与棒球球棒（不得超过106.7厘米）相比不仅长度较短，直径也要更小一些。

常见的投球方法

风车式投球

选手像风车转动一样摆动手臂，借助由此产生的离心力将球投出。现在风车式投球是垒球比赛中最常用的投球方法之一。

后摆投球

将手臂像重锤一样由下向上挥摆，并借助反作用力将球向前投出。这种投球方式在过去十分常见，但近年来使用这种投法的选手越来越少了。

与棒球规则的不同点

除了场地大小及投球方法以外，垒球与棒球在具体规则上也有不同。垒球有许多棒球没有的独特规则，对这些规则了解一二，在观赛时的体验会更佳。

离垒出局

垒球场地的垒间距离较短，因此比赛规定跑垒员必须在球离开投手的手之后才能开始跑垒。

双色垒包

由于垒间距离窄，击球员及跑垒员在跑至一垒时很容易与防守方球员撞上。因此，一垒使用双色垒包，即2个颜色不同的垒包。一垒手站在场内的白色垒包上，击球员与跑垒员则从界外的橙色垒包通过，这样一来就可以避免冲撞。值得一提的是，当击球手击出长球后，击球手与跑垒员想要通过1垒继续上垒时，大多使用白色垒包，必要时也可以用橙色垒包。

再次上场

比赛开始时的开场队员在被换下场后，还允许重新返回赛场，整场比赛只有1次再上场的机会。不过，选手再次入场时，必须回到原本的打击棒次上去。出于对这条规则的考虑，垒球比赛经常在比赛开局不久便开始代打、代跑了。

指定选手

仅作为投球选手上场，不进行防卫的球员被称为"指定选手"。与棒球的"指定打击者"不同，指定打击者仅能够代替投手进行投球，而指定选手可以替换防守队伍的任意球员位置。另外，仅进行防守而不投球的选手被称为"自由人"。

延长局

当双方进行7次攻防互换后比分仍然相同时，进行延长局比赛。第8次交换后，在上一场结束时最后一个投球的选手为二垒跑垒员。进攻方则继续按照之前的击球顺序进行比赛，直到双方分出胜负，延长局结束。

Sport climbing

■ 徒手攀爬垂直耸立的岩壁所带来的非同一般的感受

攀岩

攀岩是一项需要选手灵活分配手脚的位置，用肌肉力量及平衡感不断向上攀爬的体育项目，是东京 2020 年奥运会的追加项目，迅速受到全世界的关注。

>>>>> 比赛场地

岩壁
在比赛中使用的人工岩壁上，设置有许多被称为"岩点"的突起物，岩点的形状各不相同，主要用来支撑受力（图中为抱石攀岩比赛中的岩壁）。

抱石攀岩
抱石攀岩项目使用约 5 米高的岩壁，比赛设有多条线路，每条线路最多有 12 个岩点。每条线路上岩壁的前倾程度不同，种类十分丰富。

先锋攀岩
先锋攀岩项目使用 12 米高的岩壁，最多设置 60 个岩点。选手在比赛时将绳索系在安全带上，在攀岩过程中将绳索穿过岩壁上设置的保护装置以保证安全。

速度攀岩
速度攀岩使用 15 米高、前倾 95 度的岩壁，所有速度攀岩比赛统一使用相同的路线。比赛时 2 名参赛选手同时进行比赛，因此场地中将会并排设置两面形状、路线均相同的岩壁。

观赛 3 要点

要点 1

每名选手单人完成 3 个项目以合计得分进行排名

奥运会的攀岩比赛将会以复合项目的形式进行。也就是说，每名选手都要分别完成抱石攀岩、先锋攀岩及速度攀岩，最终以总成绩进行排名。

先锋攀岩
参赛选手在一定时限内沿规定路线攀岩，规定时间内攀爬的高度最高者胜。比赛时，选手需要一边攀登一边将绳索系在设置好的保护装置上，当选手在最后一个保护装置上系上绳索时，视为整条路线攀登完毕。当时间用尽或发生运动员摔落、犯规等情况时，以当时选手的攀爬高度作为最终成绩。选手需要在最短的时间内分析出路线并制定攀爬策略。

抱石攀岩
抱石攀岩设有若干线路，每条线路都有不同的时间限制。比赛以各选手在规定时间能成功爬完的路线条数排名。在时限内选手可以反复进行尝试，但选手尝试的次数也会反映在成绩中。由于每一步的难度都较高，选手除了需要具备良好的身体素质外，还需要具备精确制定攀爬策略的能力。抱石攀岩被称为"用身体进行的象棋"。

速度攀岩
与其他项目不同，速度攀岩的所有赛事都使用相同线路，选手完成该线路所需要的时间越短，成绩越高。比赛以 1 对 1 的形式进行。选手在比赛时需系上安全带，但在线路中间不设有用来穿绳索的保护装置，全程都通过线路终点附近的螺栓固定绳索。速度攀岩的男子世界纪录在 5 秒以上 6 秒以下，女子世界纪录在 7 秒以上 8 秒以下。

要点 2	**各项目强调的能力不同 考验选手的综合能力**
	速度攀岩强调瞬间爆发力,抱石攀岩要求有正确制定策略的能力,先锋攀岩则考验选手的持久力。也就是说,攀岩比赛的各个项目所要求的能力各不相同。而奥运会攀岩比赛又将 3 个项目综合在一起,因此选手的综合能力是取胜的关键。如果选手能在 2 项比赛中取得首位,在剩下的一场比赛中保持一定的发挥,那么整体的比赛成绩应较有优势。

要点 3	**综合项目难以预测最终结果**
	攀岩项目的赛事大多是按照不同项目分别进行的,全部完成 3 个项目并取合计得分的比赛形式对攀岩选手来说较为少见。因此,在奥运会比赛中,哪怕是前 2 个项目已经结束,都很难预测出比赛的最终走向。对于观众来说,这无疑是一场充满悬念的比赛。

知道这些观赛更有趣

路线观察十分重要

路线观察,也就是"Observation"。在抱石攀岩及先锋攀岩中安排了一段时间,用于让选手在赛前对路线进行观察,并制定攀爬路线。选手能否通过想象攀爬时的场景并制定出适合自己的攀爬策略,是胜负的关键。此外,由于速度攀岩使用的统一路线为公开路线,因此不设有路线观察时间。

Onsight 与 Flash

Onsight 是指事先不知道某路线的任何信息,且在第一次爬该路线就成功完攀。Flash 指的是曾经了解过其他选手攀爬此条线路的情况下成功完攀。先锋攀岩比赛的路线上岩点最多,最需要正确安排手脚的每一个动作,因此也是最强调 Onsight 能力的项目。

动态动作

抱石攀岩项目给人的印象大多是选手通过手脚的协调动作,爬过一个个的岩点。但在一些路线中,选手必须要跳起后抓住另一处岩点才能成功完攀,难度较高。

定线员

负责在岩壁上设定具体路线的人被称为定线员。想要成为大型赛事的主定线员,需要通过相关的资格认证。根据定线员的经验和特点,将会有各种各样的线路被设计出来。

攀岩鞋

选手在攀岩比赛中穿的鞋,也可以用在自由攀登中。不同种类的攀岩鞋外形有着一定差别,在选择攀岩鞋时,最好比平时穿的鞋小一码。

攀岩用语

- Route 抱石攀岩中的路线。
- Main Point 路线上难度最大的一处。
- Countback 回溯计算,在平手时将前一场的成绩纳入考虑范围。
- Isolation 让参赛选手无法看到线路或是其他选手的攀爬动态。进行隔离的地方被称为隔离区。
- Move 攀爬时的动作。
- Dyno 需要跳起后抓住岩点的技术。
- Pumped 由于攀岩时负荷过重导致肌肉肿胀。
- Overhang 前倾角度
  超过 90 度的人工岩壁。倾斜角度小于 110 度的为"微倾斜",超过 110 度的为"极倾斜"。
- Rest 为了避免肌肉肿胀,在攀岩过程中适当休息。

Skateboarding

■接二连三的精彩动作让人目不暇接

 滑板

滑板运动起源于18世纪40年代的美国加利福尼亚，与街头文化密不可分。比赛充满了惊险刺激的高难度动作画面。

观赛 4 要点

要点 1　使用滑板完成动作　根据动作的难度与速度评分

在滑板运动中，参赛选手站在滑板上完成一系列动作，根据动作的难度与速度进行评分，最终得分高者胜。行进的路线及动作都可以由选手自行设计。对各选手的表现进行的评估以评分的形式体现出来，并根据得分来排列名次。滑板运动源于街头文化，因此很多比赛项目都是在轻松愉快的背景音乐中展开，使观众有一种置身于节日赛场般的感觉。

> **动作（Trick）**
> 动作指的是滑板比赛中的技术。难度从基础动作到高难动作，数量极多。至今仍不断出现新的原创动作。

要点 2　分为公园滑板与街式滑板

东京奥运会中举行的滑板比赛分为两个项目，分别是公园滑板与街式滑板。这两项比赛最大的区别在于场地。公园滑板的场地地形多变，形状复杂，看起来像是几个深碗或是大盘子摆在了一起，以洼地曲面多为最明显的特点；街式滑板的场地则像是真正的街区一样，在赛道两侧设置有台阶、扶手、道牙、长椅、墙壁、坡路等障碍物，与公园滑板相比，街式滑板直线赛道较多一些。

要点 3　动作的难度对得分影响大

在滑板比赛中，选手成功完成高难度的动作，将会得到场上观众的喝彩。同样，在进行评估时，高难度动作也是高评分的关键。在动作难度的基础上，再结合动作的完成度、速度、独创性、整体的流畅性以及稳定程度，进行综合评分。

要点 4　公园滑板以速度为重　街式滑板以空翻等难度动作为亮点

公园滑板与街式滑板有着各自不同的特点，也就决定了二者的看点有所差异。公园滑板中选手借助场地的坡度，以极快的速度腾空而起，并完成转身等动作。街式滑板比赛中，选手需要腾空飞越栏杆或台阶，并且在空中完成一系列高难度转身动作。这种要求精确、维持自身平衡的过程是比赛中的看点所在。

知道这些观赛更有趣

常见动作

跳跃系列
Ollie 指的是选手带板腾空的动作。选手用后置脚用力下压板尾,板头翘起时前脚控板,身体顺势跳起。Ollie 是滑板运动的基础动作,与之同系列的还有"Fakie Ollie"及"Nollie"等。

滑行系列
Slide 指的是选手在道牙处或轨道上控制滑板,使滑板在障碍物上滑行的动作,多见于街式滑板比赛。这个系列的动作要求选手找准滑板跃上障碍物以及落回地面的时机。同系列的动作还包括"Frontside board slide""Frontside lip slide"等。

轮架系列
Grind 指的是将滑板下部的金属部分与障碍物接触并进行滑行的动作。当前后两处金属部位都与障碍物接触时,动作被称为"Front(back)side 50-50 grind"。当只有其中一处与障碍物接触时,为"Front(back)side 50-0 grind"。

横转板系列
Shove-it 指的是让滑板水平旋转的动作。选手向正上方跳起后,在腾空时用后置脚翻板,让板进行旋转,是一种比较适合初学者的基础动作。同系列的动作还有接在跳跃系列动作后,腾空时进行的"Pop Shove-it"、将身体旋转180度的"Big Spin"等。

纵翻板系列
Flip 指的是让滑板垂直旋转的动作。选手首先完成 Ollie 跳起,在跳起的瞬间斜向翻板。这是一种难度较大的动作,根据具体旋转的方向又可以分为"Kickflip"及"Heelflip",进而还有"360 kickflip"及"360 heelflip"。

180 系列
这一系列指选手在 Ollie 的过程中带板转身 180 度。最常见的是"Front(back)side 180",也可以与 Flip 或 Shove-it 进行组合。比 180 更难的还有转体一周的 360 系列。

障碍物
街式滑板比赛的场地中设有很多障碍物,也就是"Session"。有时"Session"也用来表达放置了障碍物的地点。

Bank
小型的坡面。

Handrail
在台阶两侧设置的扶手栏杆。栏杆有一定的倾斜角度,因此难度较大。

Curb
例如花坛的边缘等低矮的障碍物,多用于 Grind 系列及 Slide 系列的动作中。

Rail
看起来像是小型平衡木一样的四角棒状障碍物。

Stair
指台阶或飞跃台阶的动作。

Ramp
滑行面弯曲的碗状场地,地势平坦。

还有垂直滑板、自由花式滑板等
虽然奥运会滑板比赛只开设公园滑板及街式滑板 2 个项目,但滑板运动其实还有很多其他种类。例如,场地的倾斜角度比街式滑板还要大的垂直滑板,以及在平地上进行的自由花式滑板,等等。

> **滑板用语**
> - Wheel 滑板轮,由聚氨脂制成。
> - Fakie 向后滑行。
> - Stance 朝向行进方向站立。左脚在前时称"Regular"。
> - Goofy Stance 右脚在前并朝向行进方向的站立。

滑板

Surfing

■乘风破浪中进行的华丽对决

冲浪

冲浪运动一直被视为一种娱乐项目，或是一种生活方式。实际上，当冲浪运动成为一项竞技体育项目，其看点也可谓不胜枚举。选手们乘风破浪的华美动作使每一位观众都感到震撼。

观赛 4 要点

要点 1　比拼冲浪动作的得分

在冲浪比赛中，选手要在规定时间内完成 8～10 个动作，并由 4～5 名裁判结合选手选择的浪的具体情况进行评分，评分内容包括速度、力量等。最终成绩以所有动作中得分最高的两个动作的合计分为准，使用淘汰制进行比赛。比赛规定使用短板进行比赛。

乘浪

乘浪指选手乘在浪上的状态，在比赛中也包含选手完成的一系列动作。乘浪的基础是与浪同为一体的协调感。选手需要分析自己抓住的浪，配合浪的走势完成动作。想要自由控制冲浪板，需要从眼睛到胸部、腰部、双膝等部位的协调配合，调解施加在冲浪板上的重心，使冲浪板改变方向。

要点 2　每组 2～4 名选手同时比赛，在规定时间内完成动作

在冲浪比赛中，2～4 名选手为一组，在 15～30 分钟的规定时间内完成相应动作。如果参赛选手为 4 人，则有 2 名选手晋级下一轮比赛；若参赛人数为 2 人，则仅有 1 人晋级。运动员在冲浪板上站直后动作正式开始。

要点 3　高难度动作是制胜的关键

想要在比赛中取得好成绩，仅仅抓浪抓得好还不够，更需要成功在冲浪时完成高难度且风险较大的动作，并且拥有一定的独创性。冲浪比赛比拼的并不是完成动作的多寡，而是动作质量的优劣。冲浪运动的各个动作并没有规定好的分数，因此选手需要综合动作、速度、力量、整体的流畅度来向裁判员呈现出最佳状态。

要点 4　在规定时间内抓到最好的一道浪

在总计 15～30 分钟的比赛中，选手要选择合适的浪进行比赛。想要获得高分，选中一道合适的浪十分重要。这也是一种与自然的较量，好的运气与实力都十分重要。

知道这些观赛更有趣

一道浪只能有 1 名选手

海浪开始溃崩前的最高点被称为"浪顶"，距离浪顶最近的选手拥有在这一道浪冲浪的权利，即优先权。比赛中把握住优质浪的优先权很重要。

关注水花的大小

所谓水花，指的是冲浪板在转弯时溅起的水花。只有在达到一定速度之后才能在大浪中击出明显的水花，因此从比赛中水花的大小可以看出动作的完成度。

短板与长板 短板长度约 183 厘米（最长不超过 274 厘米），长板长度不得低于 274 厘米。使用长板可以轻易乘上较小的浪，但不利于进行细致的转向。使用短板更容易加快速度或转向，因此更适合完成一些高难度的技巧。

常见技能

浪底转向
浪底转向是冲浪的基本动作，在浪的最下部进行转身。此外，在浪的最上端转身被称为"Top turn"、在涌面转身为"Face turn"。

回旋切浪
当选手经过目标地点未能及时停下，可以使用回旋切浪，将冲浪板调转 180 度。比赛过程中应将视线锁定在想要返回的位置。改变方向时滑水板的速度会突然大幅下降，因此有时会激起巨大的扇形水花。

下浪峰
选手在完成浪底转向后登上浪的最高处，并在浪顶即将溃崩的位置让冲浪板迅速反转方向。这是一个在危险条件下的高难度动作。

空中技巧
选手从浪的底部经由涌面向上冲浪，借此产生的惯性高高跃起。只进行了跳跃而没有其他要素的动作被称为"Straight aerial"，加入旋转动作则名为"Air reverse"。

波管冲浪
由于浪的力量变化，有时会形成一个管状空间，选手可以从中穿过。这被称为难度最大的冲浪动作，十分惊心动魄。在熟练的动作技术的基础上，还要找准时机才能成功。

冲浪用语

- Off Shore 从岸上向海面吹的风。
- On Shore 从海向岸上吹的风。
- Face 浪的涌面。
- Lip 即将溃崩的浪。
- Goofy 从岸上看向海，海浪从左向右逐渐开始溃崩。
- Paddle 为了使冲浪板前进，选手用双手划水。
- Take off 从划水的状态改为在冲浪板上直立。
- Interfere 妨碍有海浪冲浪权的选手正常进行比赛的行为。

Triathlon

■连续完成 3 种项目的复合型比赛

铁人三项

铁人三项比赛中连续进行 3 种项目，包括水中项目及田径项目，最终以选手抵达终点的顺序排列名次。这一项目对运动员最基本的要求是良好的体能与心理承受力，同样还要善于与对手博弈。

观赛 4 要点

要点 1

选手单人完成游泳、自行车及长跑 3 个项目，以到达终点的次序排名

铁人三项比赛中，参赛选手要单人完成游泳、自行车及长跑 3 个项目，并依据抵达终点的顺序排列名次。各项赛事中，铁人三项的总距离各不相同，奥运会比赛中，男子、女子铁人三项的总距离均为游泳 1.5 千米、自行车 40 千米、长跑 10 千米（标准距离）。顶尖选手的完赛时间大概为男子 1 小时 45 分钟，女子 2 小时左右。铁人三项的英语名称"Triathlon"是由拉丁语中表示 3 的"Tri"与表示竞赛"Athlon"两部分组成。2020 年东京奥运会中还设有男女混合团体项目，选手以接力的形式，按照女子→男子→女子→男子的顺序完成比赛，比赛距离大约为上述标准距离的 1/5。

要点 2

换项过程十分重要

在从游泳改为自行车，或是由自行车改为长跑时，选手需要根据相应的比赛内容，更换鞋子及其他物品。换项过程也计入比赛时间内，因此需要尽可能地缩短换项时使用的时间。有时，换项还会直接导致名次的变化，是观赛时不容错过的看点。

换项

换项指的是转换比赛项目，运动员必须在换项区域内更换相应的设备和用品。最快的选手可以在 8~10 秒内完成这一任务。

要点 3

关注选手的尾随技术

在自行车项目中，若在队伍的最前方或是脱离队伍一个人骑行，就必须承受较大的空气阻力。因此参赛选手有时会选择轮流领骑，从而达到合理运用尾随（跟随在其余选手的车后来减轻空气阻力）效应的目的。这样一来，选手便可以在保存体力的同时保持较快的骑行速度，并与后方的参赛选手拉开距离。

尾随

尾随是一种为了减轻体力消耗而进行的特殊骑行方式。只有在奥运会等顶级赛事中才允许参赛选手相互尾随，而很多普通比赛将尾随列入禁止事项内。

要点 4

环境及气象条件大大影响比赛的形式

铁人三项比赛在露天场地中进行，且需要同时进行水陆 2 种项目。不同赛事中，赛场的气象、环境等条件各不相同。选手在不同环境下做出具体对策并逐渐完成比赛的风姿，牵动着每一名观众的视线。在比赛过程中，要怎样合理安排体力、在什么时候开始最后冲刺，都是双方参赛选手之间的博弈，令人玩味。此外，观众还可以关注参赛选手是怎样合理利用自己的优势项目来拉开与其余选手之间距离的。而且，在铁人三项比赛中，观众可以在离运动员很近的地方观看比赛，体会其他比赛所没有的新鲜感。

知道这些观赛更有趣

各项目规则

游泳
铁人三项的游泳项目使用的场地各不相同。奥运会比赛中男女运动员分别站成一路横队，从出发台（从台上入水）或是沙滩（跑步入水）上统一出发。比赛的线路通过浮标进行标志，选手按照路线游完相应圈数。比赛对游泳姿势没有限制，大多数选手使用速度较快的自由泳。

自行车
选手在比赛时，不得在换项区域内骑车，而是要在规定好的上下车指示线之外骑。在允许尾随的赛事中，选手使用的公路自行车与禁止尾随的比赛中规定的车型略有不同。此外，选手不得进行任何妨碍、阻拦他人的行为。

长跑
若选手在自行车项目、换项区内及跑步项目中发生了违规行为，必须暂时中断比赛，在跑步项目的赛道上设置的处罚区按照相应规定停留一定时间。若选手在犯规后直接跑完全程，则失去比赛资格。

比赛使用计时芯片
铁人三项比赛中使用计时芯片记录时间。比赛时，选手应将芯片佩戴在脚腕处，若选手在游泳项目中穿潜水服，则必须在穿潜水服之前将芯片戴好。这是因为，如果把芯片戴在潜水服外面，在换项时会花费额外的时间。

所有问题都由选手个人解决
在比赛过程中，出现任何问题都应由选手个人解决。例如，换项时一系列用具的摆放、更换衣物、修理自行车的故障等，所有事项都应由选手一个人来解决。违反规定的选手将会被口头提醒、罚时、失去比赛资格或被除名。

日本的铁人三项史
日本首次举办铁人三项比赛是在1981年，比赛场地设置在鸟取县米子市。铁人三项比赛在2000年的悉尼奥运会上成了正式项目，2020年东京奥运会是第6次奥运会铁人三项比赛。值得一提的是，在前5次奥运会铁人三项比赛中，都仅开设个人项目。而在2020年东京奥运会中，将首次进行铁人三项的男女团体接力项目。此外，2006年的里约残奥会上，首次将铁人三项比赛纳入残奥项目之中，2020年东京奥运会也将会在同一赛场举办残奥会铁人三项比赛。

铁人三项比赛的距离

铁人三项比赛按照距离的长短，可以大致分为超级冲刺赛、冲刺赛、标准距离赛、中等距离赛、长距离赛。超级冲刺赛中，游泳约0.375千米、自行车约10千米、长跑约2.5千米；冲刺赛中，游泳约0.75千米、自行车约20千米、长跑约5千米；标准距离赛的三项合计距离为51.5千米左右。中等距离赛的距离由各赛事自行决定，各不相同，大多为游泳2.4千米、自行车80千米、长跑20千米。长距离赛中，游泳4千米、自行车约150千米、长跑约30千米，合计约200千米。长距离赛的比赛时间长达10个小时，说它是在挑战人类体力与耐力的极限也不为过。在长距离铁人三项比赛中最受瞩目的要数"Ironman"赛，该赛事中，游泳3.8千米、自行车180千米、长跑42千米，合计225.8千米，可谓是名副其实的"铁人"比赛。奥运会的铁人三项比赛使用标准距离。因此，铁人三项是一种不论是新手还是世界顶级选手都能够体验并且乐在其中的项目。

Modern pentathlon

■ 5 个项目要求的能力大相径庭 由一人独立完成

五项全能

这是一项在奥运会史上有着百年传统的综合项目，由一名选手在一天之内进行 5 项不同运动的比赛并角逐冠军。

观赛 4 要点

要点 1　一天内由同一名选手完成 5 项比赛

五项全能比赛中的 5 项运动分别是击剑、游泳、马术、射击及长跑，5 项运动之间差别极大，参赛选手要在一天之内独立完成这 5 项比赛，难度很大。过去曾经将 5 项比赛分为几天进行，自 1996 年起改为在同一天进行。

激光跑

五项全能比赛中，射击与长跑项目合并在一起，称为"激光跑"。出发时以各选手在前 3 项比赛中的合计成绩为准，排名靠前者率先出发，交替进行长跑、射击各 4 次，从而得出比赛最终成绩。

要点 2　抵达跑步项目终点的次序为最终排名

五项全能比赛中，所有项目的成绩都会量化为分数进行排名。击剑、游泳、马术 3 项比赛结束后，得分将会按照 1 分 =1 秒的比例转化为时间，并以此决定最后的激光跑项目的出发顺序。排名靠前的选手先出发，出发时间间隔以前 3 项比赛成绩换算出的时间之差进行。在选手完成 4 次"射击—800 米跑"的组合后，率先冲过终点的运动员获得整场比赛的胜利。

要点 3　聚焦于激光跑

五项全能比赛最大的亮点非激光跑莫属。激光跑项目不仅包括考验选手冷静思考能力的射击比赛，还有中长距离的 800 米跑。在经过 4 次静与动交替的比赛后，选手的体力及心态都将面临巨大的考验。在射击时，必须尽可能在最短时间内调整好 800 米跑后的呼吸频率。如果在项目转换上出现失误，将会大大影响比赛的结果，因此，不到比赛的最后一刻，很难预测比赛的最终结果。

要点 4　体力与心态将承受巨大考验

要在一天之内完成毫不相关的 5 种比赛项目，无疑要具备非常常人的体力和心理承受能力。很少有参赛选手能在 5 个项目中都出类拔萃，例如，有些选手可能在前 3 项比赛中表现平平，但在激光跑中强势反超。每个项目结束后，比赛的排名都会有一次变化，观赛过程充满了悬念。为了能够赢得比赛，选手自然需要进行 5 种不同项目的训练，只有熟谙所有项目才能在正式比赛中发挥出实力。无论是否夺冠，能够坚持完赛都是一件十分不易的事情，因此所有选手都会受到来自观众的掌声与鼓励。

知道这些观赛更有趣

各项目规则

击剑

五项全能比赛的击剑项目采用重剑比赛的形式，选手全身的任何部位都是有效部位。在比赛前1~2天时首先进行排名赛，参赛选手在1分钟的时间内决一胜负，并按照最终胜率得出分数。当比赛获胜率为70%时获得250分，并以此比例为基准进行换算。比赛当天，在游泳比赛结束后，会进行击剑的附加赛，参赛选手以排名赛的名次进行比赛，每获胜一次将获得相应分数。这是五项全能比赛中唯一一个选手直接交锋的项目，考验着选手的专注力与爆发力。

马术

选手骑马越过障碍并获得分数。比赛全程在400~450米之间，需要越过12个障碍物进行15次跳跃（包含双跳、三跳）。障碍物最高为120厘米，比赛得分以减分制计分，满分300分。此外，与一般马术比赛不同，五项全能中的马术项目由抽签来决定马匹，选手是否能够与完全陌生的马匹在短时间内完成默契的配合是成败的关键。可以说除了沉稳的心态，马术项目还需要几分运气才能获得好成绩。

欧洲的五项全能选手人数多

据调查，日本的五项全能选手仅仅只有30人左右。而在五项全能项目的发祥地欧洲，这个项目则受众人瞩目。击剑、马术、射击都是欧洲自古以来受王室推崇的传统项目，在欧洲的上流社会有着坚实的基础。如今也不例外，欧洲国家在五项全能比赛中的实力，是其他国家望尘莫及的，尤其是匈牙利、俄罗斯等国的运动员多次获得金牌。直到最近几年，才逐渐有亚洲、澳大利亚、南美国家的选手崭露头角，今后的形势着实令人拭目以待。

游泳

游泳项目为200米自由泳，比赛成绩以1/100秒为单位进行统计，并转换为分数。转换规则为2分30秒获得250分，每增加或减少0.5秒则加减1分。游泳项目不仅考验游泳技术，更考验选手的力量与耐力。

激光跑

激光跑是五项全能比赛的最后一个项目，该项目将射击与跑步结合在一起，由于射击项目中使用的是激光枪，故被称为激光跑。首先，算出选手在前三项比赛中的成绩，排名按照1分=1秒的比例进行换算，以排名从前到后的顺序依次出发，出发时间间隔为成绩的差值。射击项目要求运动员使用激光枪向10米外的枪靶射击，限时50秒，命中5次可开始800米跑。800米跑完后，再一次开始射击项目，这一过程重复4次。其中，对比赛成绩影响较大的是射击成绩，有些选手只用10~20秒就能命中5次，有些选手要花费50秒。30秒的差距可以让比赛形势完全逆转，经常出现反超的情况。

各项目的着装要求

击剑、游泳、马术、射击、赛跑5个项目中，运动员必须按照各项目的要求进行着装。这也是现代五项全能的特色之一，参赛选手需要准备整整5套比赛服。

三项全能

除五项全能外，还有三项全能比赛，仅进行游泳与激光跑项目。没有击剑和马术比赛，也就省去了许多器械、马匹的准备工作，对赛方来说可以减轻一些负担。三项全能比赛的大多数比赛规则与五项全能相同，但也有一些赛事进行了特殊的规定。

由现代奥林匹克之父顾拜旦提议而来

在现在的奥运会中，五项全能项目虽然在一定程度上属于冷门项目，但这一项目却是由现代奥林匹克之父顾拜旦男爵提出并设立的。顾拜旦男爵在创立现代奥林匹克运动的同时，效仿古代雅典奥林匹克的5种比赛（摔跤、铁饼、标枪、跳远、短跑），提出要设立现代奥林匹克的5个项目。在1912年的斯德哥尔摩奥运会上，五项全能正式成了比赛项目。在那之后的很长一段时间里，仅设有男子五项全能项目，直到2000年的悉尼奥运会才增设了女子五项全能比赛。

Weightlifting

■瞬间爆发出的力量震撼人心

举重

举重项目起源于古希腊，在奥运会中本不设有女子项目，也没有分组比赛的规则。直到2000年的悉尼奥运会，才增设了女子举重项目。

>>>>> 比赛场地

举重台
比赛使用的举重台为边长4米的正方形平台，厚度为10厘米。选手在举重台上完成举重，比赛过程中除双脚外，其余身体部位不得接触举重台。

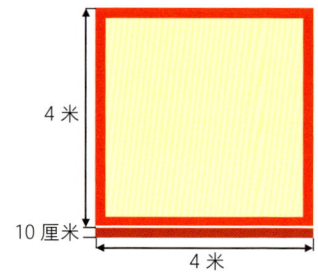

观赛4要点

要点 1　抓举与挺举

在举重比赛中，选手要将相应重量的杠铃举过头顶，并以成功完成的最高重量为排名依据。举重方式分为抓举与挺举两种，抓举用双手将杠铃提起，挺举包含上肩及托举2个步骤。

抓举
抓举项目中，选手将放置在举重台上的杠铃一次性举过头顶并站立静止。比赛时限为60秒，60秒内没能成功完成举重则视为失败。

挺举
运动员首先将放置在举重台上的杠铃提至双肩并站起，随后借助反作用力将杠铃举过头顶，并保持站立姿势静止。挺举对选手的技术水平要求更高，一般认为挺举比赛更为精彩。

要点 2　分别进行抓举、挺举后取合计得分

举重比赛中，选手分别进行抓举与挺举各3次试举，取最佳成绩合计后进行排名。试举成功与否由裁判员判定。举重项目设有若干规定，除没能将杠铃举过头顶外，违反相关规则也将被判为试举失败。在抓举比赛中若连续3次试举失败，选手将失去进行挺举试举的资格。

要点 3　抓准时机很重要

在比赛时，选手在被叫到名字之后一般只有60秒时间完成试举。连续2次试举，也仅有120秒的时间。在这样短暂的时间内，选手必须调整好自身心态与身体状态，哪怕是一丁点儿的不妥，都很可能对试举造成严重影响。所以即便是仅剩下几秒的时间，选手也要冷静把握自己的状态，在对自己来说最佳的时间点将杠铃举起。

要点 4	**抓握杠铃的方法也不能忽视**
	很多人可能认为举重只要有足够的力气就能举出好成绩,实际上并非如此。比如抓握杠铃的方法就很重要。举重选手抓握杠铃的方式被称为"Hookgrip",是一种用大拇指受力的方法,难度很大。除此之外,选手在比赛时的一系列动作都经过了缜密的计算,综合了身体的平衡能力,柔韧性等各个方面。

知道这些观赛更有趣

举重级别分组

举重比赛与拳击、柔道等项目一样,按照体重进行分组。

男子	女子
61 公斤级	49 公斤级
67 公斤级	55 公斤级
73 公斤级	59 公斤级
81 公斤级	64 公斤级
96 公斤级	76 公斤级
109 公斤级	87 公斤级
109 公斤以上级	87 公斤以上级

裁判团由 3 名裁判员构成

在官方比赛中,按照规定,裁判团必须有 3 名裁判员组成。在试举时,裁判员主要关注选手在举起杠铃后,杠铃的高度及选手身体的舒展程度。3 名裁判员中有 2 名亮起白色标志灯则试举成功。因此,这一项规定是为了更加公平、公正地进行评判而设立的。

试举失败

杠铃从身后落地

即便选手成功将杠铃举过头顶,但也有可能因为后续动作造成试举失败。其中典型的例子就是让杠铃从身后落地,被视为试举失败。

杠铃落地位置不正确

选手放铃时,若杠铃最先接触的地面位于举重台以外,试举失败。并且,在试举过程中若选手的双脚踩到举重台外也视为失败。

试举过程中臀部不得接触举重台

选手在试举过程中,臀部接触举重台为试举失败。此外,抓举时横杠触及头部、挺举时肘部或上臂触及膝盖或大腿同样视为试举失败。

裁判员示意前放铃

将杠铃举过头顶后,没有得到裁判员的示意,选手不得提前放铃。此外,在裁判员示意后,选手也不得在肩部以上的高度直接放铃。

杠铃

杠铃的杠铃片重量按照颜色划分,具体为:红色 25 千克、蓝色 20 千克、黄色 15 千克、绿色 10 千克、白色 5 千克。

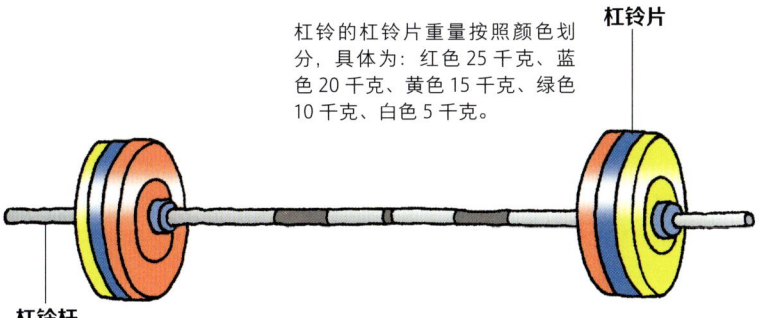

杠铃杆供选手抓握。男子组比赛杠铃杆重量为 20 千克,全长 2200 毫米,直径 28 毫米;女子组比赛杠铃杆重量为 15 千克,全长 2010 毫米,直径 25 毫米。

Equestrian

■人与马的完美配合

马术

马术比赛比拼的是马的动作之优美度、准确度及力度。奥运会马术比赛分为马场马术（又称"盛装舞步赛"）、障碍马术及综合马术 3 项，分别进行个人赛与团体赛。

观赛 3 要点

要点 1　分为马场马术、障碍马术及综合马术

奥运会比赛中，奖牌设置上虽设有个人项目与团体项目，但实际仅进行个人比赛，个人比赛的成绩进行合计后为团体项目成绩。马场马术主要以 3 种基本步度为主，比拼步度的精确度及优美程度。障碍马术则要求选手在规定时间内让马越过相应障碍物。综合马术比赛中进行马场马术、越野赛、障碍赛 3 项。

要点 2　规则与看点各不相同

马术比赛的 3 个项目中，选手均可以与平时朝夕相处的爱马一同完成。马场马术与障碍马术在比赛场内进行，综合马术比赛在此基础上增加越野项目。

马场马术
选手在 20 米 × 60 米的场地中尽可能精确且优美地与马匹完成一系列动作。动作以马的慢步、快步、跑步 3 种基本步度构成，运动员驾驭马匹以各种步度形式沿着相应路线完成比赛。比赛评分包括各动作项目的单项分及比赛整体的得分。比赛形式分为指定动作及自由演绎两个部分，指定动作项目中选手按照规定完成固定动作，自由演绎中则可以自由组合动作及音乐。自由演绎项目中将会进行艺术性评分。

障碍马术
选手在场地中驾驭马匹按照规定顺序飞越不同颜色、形状的障碍物。选手应尽量在规定时间内完成所有动作，若在比赛过程中出现落杆或马匹不服从指令的情况则会被减分。超出规定时间时也会被减掉相应分数。障碍物最高 1.6 米，前后距离最大 2 米，人与马的默契配合是最大的亮点。

综合马术
综合马术分为马场马术、障碍马术及越野赛 3 项，比赛分 3 天进行。第 1 天为马场马术、第 2 天为越野赛、第 3 天为障碍马术。在越野赛中，场地与野外环境极为相似，设有徽标、堤岸、沟渠、石墙和水障等障碍物，选手需要驭马在规定时间内按规定路线完成数千米的赛程。3 个项目合计减分越少的选手排名越高。

要点 3　选手与马的无间配合是焦点

马术比赛被称为"人马一体"的比赛。只有选手与马之间互相信任、无间配合，才能够赢得最终的胜利。马术项目中，马匹的体重有些在 600 公斤以上，而选手的体重大多在 60 公斤左右，因此，若想用臂力强行控制马匹是不可能的。只有通过不断与马加深信任，以细微的指令动作让马匹理解选手的意图，才能真正完成华丽的动作。

知道这些观赛更有趣

各项目的评分标准

马场马术
每一动作将会获得 0~10 分的得分，加之以比赛整体的印象分，合计后为最终得分。主要的动作如下。

斜横步	一对斜对脚与另一对交替着抬起和放下
高级快步	每一步都将脚提起较高高度
原地高级快步	与原地踏步相似的动作
空中换步	跑步时变换领先步，即马匹在一次步度后的四肢悬空的瞬间变换引导腿。

障碍马术
主要目标是在尽可能短的时间内无失误飞越场地内设置的各种障碍物。主要的减分项如下。

横杆掉落	减 4 分或比赛时间加 4 秒
不听指令	第 1 次减 4 分，第 2 次失去比赛资格
超时	每 4 秒减 1 分
落马、摔倒	失去比赛资格

※ 失去比赛资格时选手必须立刻停止比赛。

综合马术
综合马术中最主要的项目要数越野赛了，有时选手需要以 30 千米的时速飞越固定障碍物。在无失误的基础上更需要流畅且精准地沿着指定路线比赛。

不顺从、逃避、转圈	减 20 分
对同一障碍物 2 次不顺从、逃避、转圈	减 40 分
合计 3 次不顺从、逃避、转圈	失去比赛资格
落马、摔倒	失去比赛资格

※ 马匹在比赛过程中转圈不前行，视为不顺从。

唯一与动物一同完成的项目 无男女子组区分

马术项目是唯一一项与动物一同进行的比赛，比赛对马匹的性别及选手的性别都不做区分，这也是马术比赛的特点之一。为了让马能够做出更好的动作，选手要尽量引导出马匹的最大潜力，而不是用力气硬碰硬。

比赛服与马具

马场马术是一项比拼优美程度的比赛，相应的，选手在比赛时也要穿戴燕尾服、礼帽、马靴。而马具则是马术比赛不可或缺的用具，包括马鞍、缰绳、马镫等。

马匹能力与健康管理

马术运动中最重要的，就是日复一日的训练，让马匹不断提高能力，才能在正式比赛中有好的发挥。马匹参赛的最佳年龄被认为是在 9~15 岁之间。此外，选手还要时刻关注马匹的状态，让马匹能够以最佳的状态进行比赛。在综合马术比赛中，赛程较长，一般在越野赛的次日需要由兽医对马的健康状况进行检查，只有合格的马匹才能参加接下来的障碍马术比赛。

马匹也需要护照

在国际竞赛中参赛的马匹，需要办理由国际马术联合会发行的马匹护照。护照上记有马匹的名字、主人、特征（颜色、四肢的白斑、旋毛的位置）、血统、疫苗接种情况等。护照用于个体识别及防疫检验。

观赛利益

马匹对声音十分敏感，因此观众在观赛时必须保持安静，以免让马匹受到惊吓，也不要在马的视野范围内突然做出大幅度的动作。

主要的禁止行为
- 触碰比赛场地四周的围栏
- 让塑料袋等物品发出声音
- 照相时使用闪光灯

其他马术项目

除奥运会比赛中进行的 3 种项目，马术运动还有很多其他类型的项目。例如，骑马完成 100 千米赛程的耐力赛、雷宁赛等。此外，在一些国家还会举办马车比赛。

Alpine skiing

■考验技术与勇气的动感竞速比赛

高山滑雪

高山滑雪发源于阿尔卑斯山地区，选手从陡坡滑下，比拼完赛时长。不仅是速度，选手还需要正确通过赛道上设置的旗门。

观赛 3 要点

要点 1

顺着雪山赛道滑下，比拼完赛时间

高山滑雪项目中，运动员顺着倾斜角度 0～40 度的雪山赛道滑下，比拼完赛时间。这是一项由越野滑雪分化而来、专门比拼滑降的项目。比赛路线的标志物是旗门，如果不能正确通过旗门则比赛失败。因此除了速度之外，准确计算路线：精确穿过旗门的能力也是不可或缺的。

旗门

指用来标志滑降线路的旗子或是竿。选手必须沿着旗门内侧滑降。

要点 2

全能项目及团体项目共有 6 个

高山滑雪按路线长度、高度差及旗门间距分为滑降、回转、大回转、超级大回转 4 种，另有全能项目及团体项目，合计 6 个。其中，强调技术的是回转与大回转项目，超级大回转及滑降项目则更加专注于速度。

回转

回转在高山滑雪中属于坡度最缓、路线长度最短的项目，但它的旗门数量是最多的，男子组比赛设有 55～75 组旗门，女子组设有 45～60 组旗门。选手需要在短距离内连续进行精细的弯道滑降，是强调技术的一项比赛。不仅考验过弯道的技术，更考验选手的专注力。

大回转

大回转与回转一样，是强调技术的项目。大回转与回转相同，要求选手有高超的过弯道技巧，在此基础上，还有对速度的要求。大回转被称为浓缩了高山滑雪精华的项目，甚至有人说在大回转项目中游刃有余的选手，在其他几个项目中都可以获得很好的成绩。

超级大回转

超级大回转是兼备大回转与滑降两项之精华的项目，与滑降项目一同被定位为高速类项目，最高时速可以达到 100 千米。另一方面，超级大回转项目需要过弯道，因此有着独有的难点。在高速滑降中的弯道处理及足以匹敌滑降项目的跳跃是超级大回转的亮点。

滑降

滑降是专注于速度的项目，最高时速可达 130 千米。在高山滑雪运动中，滑降项目的滑行距离最长，速度最快。不仅要从陡坡上直直地滑降而下，还需要进行 20～30 米以上的大幅跳跃，十分精彩。

全能赛

全能赛进行滑降及回旋两项，以合计完赛时间为准排列名次。全能赛在比赛内容上并没有什么独特之处，但选手需要完成两项完全不同的项目，难度较大，因此被设置为单独的项目。在全能赛中脱颖而出的选手，大多是速度与技术兼备的全能型选手。

| 要点 2 | 男女混合团体赛 | 混合团体赛是 2018 年平昌冬季奥运会新设立的项目。混合团体赛由世界杯排名前 16 的队伍参加,比赛以淘汰赛的形式进行。每支队伍男女选手各 2 人,合计 4 人。每回合进行 1 对 1 的比赛,获胜的一方获得 1 分。4 名选手合计分数多的队伍获胜。 |

要点 3	**聚焦于高速滑降中的弯道比拼**
	高山滑雪被称为"雪上 F1",在滑雪运动中最为强调速度,比赛过程惊险刺激。男子滑降的最高时速可达 130 千米,选手在这样的速度下还要保证精确沿赛道滑行。很多时候,比赛的胜负仅有 1/100 秒的差距,在滑行中仅仅一瞬间的失误都会与奖牌失之交臂。

知道这些观赛更有趣

各项目的海拔差与旗门间距

高山滑雪比赛的不同项目,都规定有相应的旗门间距,以及起点与终点之间的海拔差,这样的规定也决定了各项目的特色。男女比赛的海拔差不同,但旗门间距相同。

	海拔差	旗门间距
回转	男子:180 ~ 220 米 女子:140 ~ 220 米	4 ~ 6 米
大回转	男子:300 ~ 450 米 女子:300 ~ 400 米	4 ~ 8 米
超级大回转	男子:400 ~ 650 米 女子:400 ~ 600 米	开口门:6 ~ 8 米 闭口门:8 ~ 12 米
滑降	男子:800 ~ 1100 米 女子:450 ~ 800 米	8 米

各项目的看点

回转

回转项目中选手要进行精确度极高的弯道动作,观众可以看到选手在距离旗门极近的位置滑过,并用外侧手将旗门压倒的动作。这一动作被称为"逆手回转",稍有差错便会偏离赛道而出界,因此观众在观赛时无从预料比赛接下来的进展,可谓是惊心动魄。选手共进行两次滑行,比赛成绩取两次的合计时间。两次滑行采用不同的路线设置。

路线特点

● 只有在回转比赛中,旗门的旗杆为弹簧杆。如此一来,选手可以将身体大幅度向旗门倾斜,并用外侧的手压倒旗门杆。这种"逆手回转"动作逐渐在选手中普及开来。

● 回转比赛赛道长度较短,却设有很多旗门。路线以短小的弯道为主,加之以直线与急弯等,使比赛拥有不同的节奏。

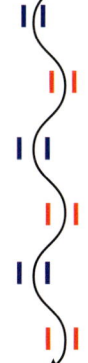

大回转

在大回转比赛中,不仅要有速度,还要有足够出色的弯道处理能力以及洞察力,从而才能在保持高速滑行的基础上找出最短路线。大回转项目的平均时速大约在 40 ~ 60 千米,最大的亮点莫过于选手在这样的速度之下穿越旗门的瞬间。与回转比赛相同,大回转比赛也要进行两次路线不同的滑行,取合计完赛时间进行排名。

路线特点

● 大回转比赛路线的平均倾斜角度在 15 ~ 20 度之间,属于中等偏陡的角度。旗门数在 50 ~ 60 之间,数量仅次于回转比赛。选手在比赛时必须交替通过红蓝两种颜色的旗门。

● 路线整体以连续的大弯道为基础,其中又包括用旗门设置出的大中小型弯道,要求选手必须精确处理并通过旗门。

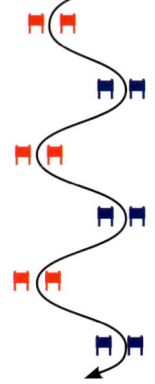

超级大回转

超级大回转项目不仅要求选手在滑行时达到较快的速度,还要求选手在高速中完成转弯动作,被认为是难度最大的项目。选手在最高时速100千米的状态下进行的转弯动作,豪迈且奔放,兼备了力量与技巧,是最吸引人的画面。超级大回转比赛不进行赛前试滑,所有选手都是在比赛当天初次接触赛道并一决胜负。

路线特点

●超级大回转虽然是以速度为重的项目,但赛道上的旗门数量却并不少。在比赛过程中选手受到的离心力(克)是所有高山滑雪项目中最大的。

●个别旗门的设置并非是速度型路线的特征,而是完全能够与技术型路线相匹敌的精细路线。

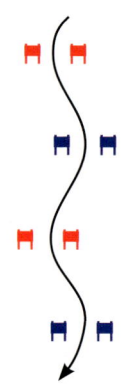

滑降

由于滑降项目危险系数较大,甚至有可能使运动员受重伤,因此比赛规定所有参赛选手必须在赛前进行"滑行训练"。这个比赛的最大看点莫过于时速130千米的极限跳跃,看上去实令人震撼。不仅是技术,滑降项目同样考验着选手的胆量。正式比赛中仅进行一次试滑。

路线特点

●滑降项目的垂直高度差是高山滑雪比赛中最大的,且路线长度也是最长的。相对地,旗门的数量较少,也就是说,整条线路以高度倾斜的赛道为主。

●一般来说,在一段直线滑降赛道之后,紧接着会进入跳跃区域。选手跃起后的腾空距离有时可以长达30米。

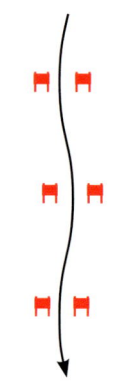

全能赛

全能赛中选手分别完成滑降与回转项目,取合计完赛时间作为最终成绩。擅长滑降的选手与擅长回转的选手分别拥有不同的特质,只有在全能赛中才能看到这样的特性凸显出来,这是全能赛独有的亮点。全能赛分为两种形式,一种是两项比赛在同一天进行的SC(Super Combined),另一种是分两天进行的CB(Combined),奥运会比赛中采取SC形式。

混合团体赛

两支参赛队伍的选手依次进行1对1的滑行,获胜次数多的队伍获胜。大多数高山滑雪项目都是单人进行比赛后比拼完赛时间,混合团体赛采用2人同时出发的形式并关注哪一方率先抵达终点,可以说是高山滑雪比赛中极为少见的。比赛中使用大回转项目的旗门与旗帜。如何安排队员的比赛顺序,其中的战略与计策也是比赛的焦点。

各项目使用的滑雪板

自从20世纪90年代卡宾滑雪板问世以来,滑雪运动的滑行速度不断提高,造成负伤人数随之飙升。因此,为了限制滑行速度,高山滑雪项目的各项比赛都对滑雪板的长度进行了明确规定(FIS竞赛规则)。

规格限制

回转	男子:165厘米以上 女子:155厘米以上
大回转	男子:195厘米以上 女子:188厘米以上
超级大回转	男子:210厘米以上 女子:205厘米以上
滑降	男子:218厘米以上 女子:210厘米以上

刻滑旋转半径(R)

刻滑旋转半径指的是滑雪板侧面圆弧的回转半径,数值越小越适合进行小型回转,数值越大则更适用于大回转(一般常用的全能板的R值在15米左右)。

板腰宽度

板腰指的是滑雪板中央最细的部位。板腰宽度越宽,越适合在新雪或粉雪雪质下滑行(常见滑雪板的板腰宽度在70~90毫米)。

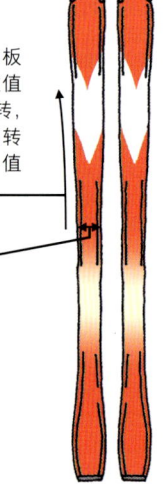

必须正确通过所有旗门

选手在比赛时两雪板的前端及其双脚都通过旗门则被视为正确通过旗门。如果在通过前旗门杆时倒下，运动员只要双脚通过正规旗门线即为正确通过。此外，如果运动员单支雪板脱落，而另一支雪板和双脚都通过旗门线的话，同样视为正确通过旗门。

脱离路线则失去比赛资格

若选手没能正确通过旗门，则会被视为脱离规定路线，当即失去比赛资格。但是，如果运动员回到本应通过的旗门上方重新进行滑行并正确通过，则可以继续比赛。

回转技术

卡宾回转

不论回转弧是深是浅都不减速直接进行回转。选手用雪板横向切雪，通过刻意倾斜雪板来达到自然转弯的效果。

外侧滑转弯

选手交错滑雪板，在制动的同时回转。外侧滑转弯与卡宾回转相比，更加强调制动的一面，因此回转时的速度并不及卡宾回转，但它更加安全也更容易控制精度。

合理计划路线的重要性

高山滑雪比赛不仅需要技术与体力，还需要选手正确分析路线、制定滑行策略的能力。选手要尽可能地将路线上的诸多部分串联起来，组成一段流畅且震撼人心的滑行。一般我们可能会认为，沿着两个旗门之间的直线滑最为快速，实则不然。如果滑行时离旗门过近，有时反而会更慢。只有准确抓住旗门设置的特点和规律，找到一条能够在不减速的前提下顺利通过的路线，才是取得胜利的关键。

滑降赛道备有安全设施

大多数人认为，滑降比赛中选手滑行速度快，危险系数较大。事实上也是如此，甚至曾经在滑降比赛中发生过选手伤势过重而失去生命的例子。因此，现在的比赛越来越重视选手的安全，在赛道两侧安装安全网、护栏及缓冲垫等。

高山滑雪用语

● **Inspection 检查赛道**
在比赛前检验赛道。具体是指在赛前预先滑行通过各个旗门，检验并确认各旗门设置的位置、间隔、弯道弧度、地形等，为正式比赛策划线路。

● **Crouching 蹲伏**
选手在滑行时为了减轻空气阻力的影响，上体向前压低仿佛双手环抱雪杖一样的姿势。大回转比赛中使用的相似动作就是在此基础上演变出来的。

● **Switch Back 重滑**
当选手没能正确通过旗门时，可以选择暂时退回旗门线处。有些比赛不允许这样做。

● **Open Gate 开口门**
指的是旗门的内侧或外侧、或是旗门杆与斜面相交的状况。由于这种组合很容易被看清，因此又被称为开放门。

● **Closed Gate 闭口门**
指旗门的内外侧或旗杆向斜下方延伸。从起点处看这样的设置方式，仿佛旗门之间没有空隙一般。因此又被称为闭口门。

● **Turn Maximum 转身时机**
指选手在回转时将板朝向正下方（即直滑降）的时机。滑雪板朝向正下方后，选手受到的离心力是最强的，且很难保持身体平衡。因此，在转身时做出正确姿势十分重要。

高山滑雪

Cross country skiing

■ 在严酷寒冬中驰骋雪原

越野滑雪

越野滑雪是北欧滑雪运动之一，是欧洲国家自古以来受到众人推崇的冬季体育项目。选手穿戴滑雪板沿着规定路线滑行，比拼完赛名次。

观赛 3 要点

要点 1

穿戴滑雪板沿起伏不定的路线滑行

在越野滑雪比赛中，选手需穿戴专用滑雪板及雪杖，沿着设置在丘陵或森林中的比赛路线滑行。路线中设有上下坡及水平赛道，起伏不定，这对选手的速度与耐力都是一大考验。越野滑雪项目又可细分为多个种类，各有不同的比赛距离、赛道宽度及滑行方法。

要点 2

6 项比赛均有不同的滑行方法

越野滑雪比赛共 6 个项目，每个项目都设有男女子组比赛，男女比赛赛程距离不同。此外，滑行方式有双板平行滑行的"传统式滑法"以及没有特殊要求的"自由式滑法"，不同的赛事对滑法的规定均有不同。

个人赛　选手的出发间隔为 30 秒，以完赛时间为基准进行排名。男子组比赛赛程长 15 千米，女子组 10 千米。由于上坡时体力消耗较大，因此在下坡路段需要注意保存体力，合理分配比赛节奏。

集体出发赛　所有选手同时出发，最先到达终点者获胜。男子组比赛赛程 50 千米，女子组 30 千米。出发后选手较为密集，能否尽快冲出人群一马当先是比赛的关键。

双追逐赛　与集体出发赛一样，双追逐赛也以所有选手同时出发的形式进行。不同之处在于，双追逐赛的前半段赛程中，选手必须要使用传统式技巧进行比赛。在进入后半段时，选手更换滑雪板，用自由式滑法完成比赛。男子组比赛赛程长 30 千米，女子组 15 千米。选手要尽可能缩短更换滑雪板的时间，才能在比赛中获得好的成绩。

接力赛　每支参赛队伍由 4 名运动员组成，出发时，每支队伍的第一棒选手同时出发，以最后一棒选手到达终点的顺序排名。男子组比赛为 4×10 千米，女子组为 4×5 千米。第一棒与第二棒选手要使用传统式技巧，第三棒与第四棒选手则要使用自由式技巧。选手在交接棒时，后一棒选手在接棒区内等候，前一棒选手用手碰到前一棒选手则视为交接成功。

个人冲刺赛　4~6 名参赛选手在设有高低起伏的环形赛道上进行比赛。比赛设有预选赛，预选赛中排名前 30 的选手晋级准半决赛，准半决赛的前 12 名选手进入准决赛。准决赛中 6 名选手为一组分别进行比赛，各组的前 3 名选手获得决赛资格。男子组赛道长 1~1.8 千米，女子组 0.8~1.6 千米，从预选赛到决赛都在同一天进行。

要点 2　**团体冲刺赛**

每支队伍 2 名运动员，每支队伍的第一棒选手同时出发，绕环形赛道进行比赛。每次经过换人区都要换上另一名选手，最终以抵达终点的顺序为排名依据。预选赛中将会选拔出 10 支队伍晋级决赛。男子组每一圈的距离为 1～1.8 千米，女子组 0.8～1.6 千米。比赛虽然是 2 名选手合作进行，但由于每圈的长度较短，选手交换的频率很快，对速度及耐力都有较高的要求。

要点 3　**比赛强度大，对运动员的力量、耐力、滑雪技术要求高**

越野滑雪比赛对运动员的肌肉力量及耐力的要求是不言而喻的，在此基础上，选手还要熟练掌握两种不同的滑行方法，在起伏不定的赛道上灵活行进，无一不是对选手滑雪技术的考验。当然，选手之间为了在比赛中占据有利位置而进行的较量以及选手间的通力合作也不容小觑。总之，这是一项集各方面要素为一体的比赛项目，观众在观看比赛时，会情不自禁地要为选手加油鼓劲。

知道这些观赛更有趣

传统式技巧与自由式技巧

在使用传统式技巧时，不得有任何蹬冰式动作。选手运用传统式技巧笔直滑行的画面美感十足。但实际上，由于自由式技巧对蹬地动作不做具体要求，相较于传统式技巧，速度更快。不同选手擅长的滑行技巧不同，比赛中滑行方式的转变也是看点之一。

传统式技巧

传统式技巧大致分为 2 种，选手可以在赛道内保持两支滑雪板平行并向前滑行，或用雪杖在身体两侧撑地，以类似划船的动作向前滑行。在上坡或锐角急转弯处允许滑雪板呈一定角度。使用传统式技巧时，选手的姿势基本保持不变，并且会沿着直线笔直前进。滑行时，滑雪板接触地面的面积越大越有利于传统式技巧，因此使用的是较长的滑雪板。

自由式技巧

除下坡滑降外，自由式技巧大多与滑冰动作相似，即选手两脚左右以适当角度分开，同时像跑步一样蹬地滑行。自由式技巧对滑行没有过多限制，适合体力优势强的选手。为了提高速度，自由式技巧使用的滑雪板相对较短。

越野滑雪专用滑雪板

越野滑雪项目使用的滑雪板要比普通的滑雪板窄。常见的滑雪板大多在脚跟处固定雪靴，而越野滑雪的滑雪板则在脚尖处固定，这样一来，选手在滑行时可以踮起脚来加快速度。自由式技巧与传统式技巧使用的滑雪板也不相同，但雪靴是通用的，因为在双追逐赛中必须在短时间内更换滑雪板。为了便于滑行，选手会在滑雪板内侧涂蜡。此外，为了提高雪杖的推进能力，越野滑雪一般使用长度较长的滑雪杖。

比赛路线

越野滑雪的比赛路线上设有上坡、下坡及平地，3 种地形的比例必须相同。上坡的斜率大多在 9%～18% 之间，垂直高度差不得小于 10 米，每条路线上还设置了若干斜率大于 18% 的短小陡坡。平地部分允许有一些不平整的微小起伏。短距离冲刺赛及团体冲刺赛在循环赛道上举行，赛道受天气影响较大，需要选手正确应对各种天气条件。

Ski jumping

■ 飞越距离与姿势美感的比拼

跳台滑雪

跳台滑雪是北欧滑雪运动之一，选手脚着滑雪板后沿着跳台滑下，借助弹跳力飞跃而起，比拼跳跃的距离及落地时姿势的优美程度。

>>>>> 比赛场地

跳台

跳台滑雪使用的跳台规格种类很多，奥运会比赛中使用的是普通台和大台。助滑道的最大斜面角度为 35 度。

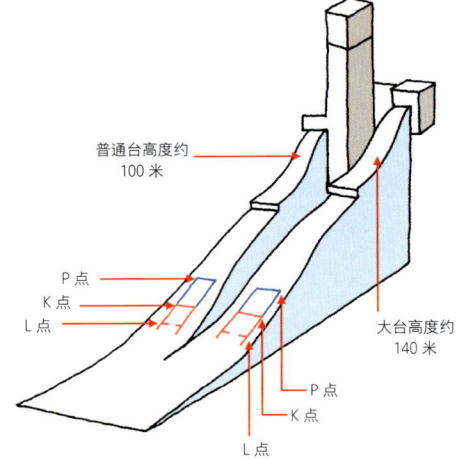

观赛 4 要点

要点 1 | **对跳跃距离、腾空及落地姿势进行评分后得出比赛成绩**

比赛时，选手脚着滑雪板从跳台的出发门滑出，在台端跳起，根据从台端到着陆坡的飞行距离进行评分，称为距离得分。此外还要对跳跃时的姿态、准确性及着陆姿势进行评价，即姿态得分。在这两项得分的基础上再将风的影响算入后得出单次试跳的最终得分。比赛共进行 2 次试跳，取合计得分进行排名。

要点 2 | **普通台、大台**

普通台的跳台高度约 100 米，助滑坡约 90 米。大台的跳台高度约 140 米，助滑坡长度约 100 米。在奥运会比赛中，男子个人项目设有普通台及大台两项比赛，男子团体项目（每支队伍 4 名选手）进行大台比赛；女子个人项目仅进行普通台比赛，不设置女子团体项目。

要点 3 | **K 点、P 点、L 点（HS）**

跳台设有 K 点、P 点、L 点（HS）。K 点是距离得分评分时使用的参照点，标准台与大台均使用红色标志线表示。P 点为着陆坡的起始点，位于 K 点之前，用蓝色线表示。L 点（HS）为落地的最终位置，不同比赛对具体的位置规定各不相同。

要点	**在空中的 V 字及屈膝旋转是制胜法宝**
4	选手跃起后的姿势是比赛姿态分的重要组成部分，例如左右对称、双腿完全伸展开的姿势或者是滑雪板呈 V 字形都会被认为是出色的姿态。不过，选手必须以特里马屈膝的姿势落地，否则将会遭到减分。在落地后向前滑行的 10 ~ 15 米距离内，都要保持屈膝。

特里马屈膝

滑雪板保持平行，以双脚前后错开、膝盖微曲、双手侧举的姿势落地。

知道这些观赛更有趣

出发规则

选手在比赛时从跳台的出发门滑入助滑道，在出发门前方设置有红黄绿三色信号灯及数字计时器。红色指示灯为准备口令，选手静候；黄色指示灯表示选手应开始进入预备状态；绿色指示灯亮起后选手必须在 10 秒内开始比赛。

变更出发位置

在比赛过程中，有时会将出发门的位置进行前后调整。一般是在赛场刮大风、使得选手的飞行距离有可能过远时才会进行调整。是否调整出发门位置由比赛方在每回合开始前进行判断。

滑雪板的长度

跳台滑雪中使用的滑雪板，其长度是以国际滑雪联合会指定的"雪板长度与体重对照表"为标准选择的。将 BMI 值作为基准值，雪板长度应为身高的 145%。

- 计算得出 BMI（体重指数）的值
  BMI= 体重 / 身高 × 身高

- 用 BMI 算出雪板长度

BMI	21.0	20.0	19.0
	↓	↓	↓
滑雪板的比率	145%	141%	137%

※ 体重包含雪鞋及滑雪服的重量。

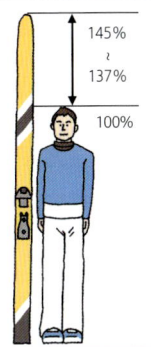

145% ~ 137%

100%

得分计算方法

飞行距离分以 K 点为基准，落地地点在 K 点时视为 60 分，落在其他位置时根据该位置与 K 点的距离进行相应的加减计算。姿态得分关注的主要是运动员完成动作的准确性、完美性及落地姿势，由 5 名裁判员进行评分。在此基础上加入风力影响后的分值为最终得分。

飞行距离分 + 姿态分 + 风力影响
=
合计得分

飞行距离分

在计算距离分时加减的单位分值为：若 K 点为 120 米则单位分值为 1.8 分，若 K 点为 90 米，则单位分值为 2.0 分。例如，若 K 点为 120 米，选手飞行了 125 米，则距离分为 60+5×1.8=69 分。飞行距离以两只滑雪板着地的位置进行测算。

姿态分

姿态分以减分制进行评分，每名裁判员从满分 20 分中以 0.5 分为单位进行减分，5 名裁判员的评分中去掉最高分及最低分，剩余 3 人的评分进行合计后为最终得分。飞行（包括起跳）、落地、落地后的失误或失态都是减分对象。

风力影响

在选手腾空后，若风向为逆风（逆风中有上升气流效果），则风力影响分为减分；若风向为顺风，则进行加分。此外，出发门的位置变更也会进行相应的加减分。

Nordic combined

■获胜选手被誉为"滑雪之王"

北欧两项

分别进行跳台滑雪及越野滑雪计时赛,以独特的方式进行排名。
这是一项要求综合能力的顶级北欧滑雪运动项目。

观赛 4 要点

要点 1　分别进行跳台滑雪及越野滑雪比赛,比拼抵达终点的名次

个人项目中,由同一名选手连续完成跳台滑雪及越野滑雪两个项目,并比拼完赛顺序(团体项目每支队伍 4 名选手)。在跳台滑雪结束后进行越野滑雪比赛,率先冲过终点的选手获胜。这两项比赛要求的是完全不同的能力,因此北欧两项的冠军选手被誉为"滑雪之王"。此外,各项目都在一天之内进行。

要点 2　包括普通台、大台、大台团体项目

在奥运会北欧两项比赛中,男子组项目包括个人普通台、个人大台及大台团体 3 项比赛,不进行女子北欧两项比赛。一般先进行跳台滑雪,随后是越野滑雪(个人项目为10 千米计时赛,团体项目为 4×5 千米接力)。此外,在别的跳台滑雪比赛中选手可以进行 2 次试滑,而在北欧两项的跳台滑雪项目中仅有 1 次试滑机会。

要点 3　越野滑雪的起始时间由跳台滑雪的得分换算得出

在个人项目中,选手进行普通台或大台的跳台滑雪比赛后按得分进行排名,排名第 1的选手率先开始进行越野滑雪比赛。从第 2 名选手开始,出发的时间由跳台滑雪的分数换算为时间间隔,依次出发。团体项目中,4 名选手分别进行跳台滑雪比赛,得分排名第 2 及以下的选手同样按照得分换算出的时间间隔出发进行接力比赛,率先冲过终点的第 4 棒选手所属的队伍获胜(个人项目与团体项目中,得分与时间的换算方式不同)。

要点 4　需要选手具备跳台滑雪中的瞬时爆发力及越野滑雪中的持久力

北欧两项比赛同时包含了要求选手具有强劲瞬时爆发力的跳台滑雪,以及要求选手具备持久耐力的越野滑雪,这相当于是田径比赛中的长跑与短跑项目并重。只有两种能力兼备的选手才能够在北欧两项比赛中脱颖而出。

知道这些观赛更有趣

比赛采用"甘德森法"进行

"甘德森法"指的是将跳台滑雪的得分换算为时间,并作为越野滑雪比赛的出发间隔的比赛方式。个人项目中 1 分 =4 秒,团体项目中 1 分 =1.33 秒。排名第 2 及以下的选手(团体赛则是参赛队伍)按照得分换算出的间隔时间依次开始越野滑雪比赛。在这之前,北欧两项比赛也曾经采用过其他比赛方式。例如,先进行越野比赛后根据完赛时间的差值算出相应分数,并与随后的跳台滑雪得分相加后得出总成绩。此外,还有先进行跳台滑雪后,所有运动员同时出发进行越野滑雪比赛,但跳台滑雪得分低的选手或队伍会根据具体成绩附加相应的距离。不过目前，这两种比赛方式都已经不再使用了。

跳台滑雪与越野滑雪的规则

跳台滑雪
选手脚着滑雪板从跳台起跳，完成跳跃。根据飞行距离及飞行姿态进行评分，并与风力影响分进行合计后得出最终成绩。飞行距离分以跳台上的"K点"为基准点，选手落地位置与K点之间的距离则以米为单位进行加分或减分。飞行姿态分包括选手跳跃时的姿态及直至落地为止的优美度等，由裁判员以减分制的形式进行评分。每位选手有1次试跳机会。除个人项目外，还会进行团体赛，团体赛以每支队伍4名选手的形式进行。

越野滑雪
越野滑雪的比赛赛道设置在丘陵或森林等地区，起伏较大。选手使用滑雪板在雪面上滑行，比拼完赛名次。越野滑雪使用专用的滑雪板，滑行技巧分为两支滑雪板保持平行的"传统式技巧"，及对滑行动作不设限制的"自由式技巧"。比赛场地受天气情况影响较大，选手需要合理应对不同的天气状况。奥运会越野滑雪比赛中分为6个不同的比赛项目，而在北欧两项的个人比赛则只进行10千米计时赛。

只有跳台和越野成绩双优秀才有可能脱颖而出
过去，北欧两项比赛中跳台滑雪的比重要比现在大，名次靠前的选手甚至可以通过在跳台滑雪中的优势一举领先。而这一情况在经过规则的改订之后发生了改变，在现在的越野滑雪项目中，由跳台滑雪得分换算出的时间差已经没有原本那么大的优势了。因此，在现在的北欧两项比赛中，若非两项成绩双优秀似乎很难跻身前列。

团体项目需要队员发挥各自所长
在团体项目中，大多数队伍是分别由擅长跳台滑雪及擅长越野滑雪的选手组成的。在比赛中，各选手发挥自身优势，提高队伍整体的综合实力，从而取得好成绩。因此，团体赛中排名前列的队伍并不一定都是在个人赛中成绩优异的选手，这也使得团体赛拥有了独一无二的魅力。

跳台与越野滑雪赛道
普通台高度约100米，大台约140米，且二者的K点位置不同。越野赛的赛道一般设置在丘陵或森林地区，大多为循环赛道，选手在比赛时绕赛道滑行相应圈数。赛道由上坡、下坡及平地组成，每种地形比例各占1/3。接力赛中还设有选手交接棒专用的交接区。

领先选手可能被用来挡风
在北欧两项比赛中，越野赛是产生最终排名的重要环节。在越野赛的过程中，在最前方滑行的选手往往被迎面吹来的风直吹，没有任何遮挡。因此，有时候选手会故意在比赛中保持第2名的位次，最终冲刺时再一举反超。相对地，有些比赛中观众可以看到先头部队的几名运动员轮流领滑的情况。

> **女子项目指日可待**
>
> 直至目前为止，包括世界杯在内的北欧两项比赛都不设有女子项目，但想要参加比赛的女性运动员却不在少数。2014年的索契冬季奥运会首次举办了女子跳台滑雪比赛。既然越野赛、跳台滑雪作为单独比赛都已经设立了女子项目，相信距离女子北欧两项比赛加入奥运会的日子也不会很远了。

Biathlon

■冬季奥运会的现代两项比赛

冬季两项

冬季两项比赛的原型是脚着滑雪板在雪原上进行的狩猎活动。男子冬季两项比赛在 1960 年的斯阔谷冬季奥运会上成了正式项目，女子比赛在 1992 年进入奥运会。

>>>>> 比赛场地

射击场
冬季两项的射击场设置在越野滑雪场内。射击位置与枪靶之间的距离为 50 米，卧射靶环直径为 45 毫米，立射靶环直径为 115 毫米。

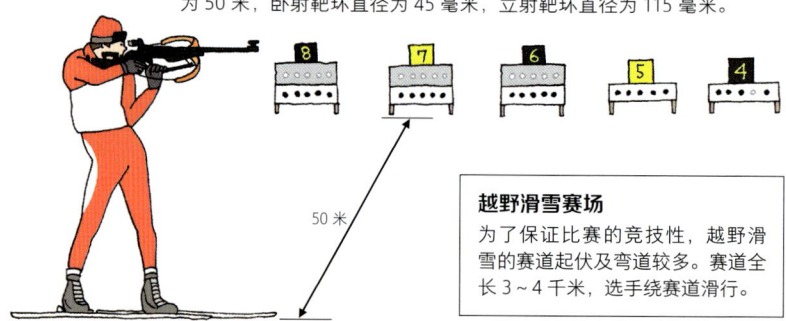

越野滑雪赛场
为了保证比赛的竞技性，越野滑雪的赛道起伏及弯道较多。赛道全长 3～4 千米，选手绕赛道滑行。

观赛 3 要点

要点 1　选手完成越野滑雪及步枪射击后，比拼完赛时间或名次

冬季两项是一种将越野滑雪与步枪射击融于一身的比赛项目，参赛选手在冲出起点后穿戴滑雪板，绕越野滑雪场的赛道滑行，并在赛道内的射击场完成射击，最终比拼完赛时间或抵达终点的次序。具体规则根据不同项目有所差异。

要点 2　按照成绩的判定方式及射击姿势分类，共分为 6 个项目

冬季两项比赛共包含 6 个小项，其中男女分组比赛 5 项、混合团体赛 1 项。各项目具体规则如下。

个人赛
参赛选手以 30～60 秒的间隔出发，赛程 20 千米（女子组比赛为 15 千米）。滑行中共进行 4 轮射击，射击顺序为卧射→立射→卧射→立射，每次射击 5 发子弹，每次脱靶都会在最终滑行时间上加罚 1 分钟。比赛以滑行时间与加罚时间之和为准进行排名。

冲刺赛
参赛选手以 30～60 秒的间隔出发，赛程 10 千米（女子组比赛为 7.5 千米）。滑行中共进行 2 轮射击，射击顺序为卧射→立射，每次射击 5 发子弹，每次脱靶都会加罚 150 米的滑行距离，加罚部分在射击场一侧的惩罚赛道进行。

要点		
2	接力赛	每支队伍 4 名运动员，各队伍同时出发，每名运动员完成 7.5 千米的滑行（女子比赛为 6 千米），每隔 2.5 千米（女子比赛为 2 千米）进行 2 轮射击，射击顺序为卧射→立射，每次射击 5 发子弹，共计 10 发子弹。若未射中枪靶，每轮射击均有 3 次使用备用子弹的机会，备用子弹用尽仍未射中的话，按未射中的枪靶个数加罚 150 米滑行。比赛排名以抵达终点的顺序为准。
	追逐赛	赛程 12.5 千米（女子比赛 10 千米），在此期间共进行 4 轮（5 发子弹 × 4 轮 = 20 发子弹）射击，每绕赛道一周后按照卧射→立射→卧射→立射的顺序进行。每个未射中的枪靶都会转换为 150 米的加罚距离。追逐赛安排在个人赛之后进行，追逐赛中的出发时间和顺序以冲刺赛成绩为基础。例如，某选手以 10 秒之差位列冲刺赛第 2 名，则该选手在追逐赛中将在第 1 名选手出发 10 秒后出发。比赛排名以抵达终点的顺序为准。
	集体出发	所有选手同时出发，完成 15 千米（女子比赛 12.5 千米）滑行。其间共进行 4 轮射击（5 发子弹 × 4 轮 =20 发子弹），每绕赛道一周后按照卧射→立射→卧射→立射的顺序进行。每个未射中的枪靶都会转换为 150 米的加罚距离，最终名次以抵达终点的顺序为准。由于出发时选手人数较多，约 30 名选手同时出发，集体出发赛中经常出现选手之间相撞、摔倒的情况。
	混合接力	每支队伍男性运动员 2 名、女性运动员 2 名，合计 4 名运动员参加比赛。所有队伍同时开始比赛，每名运动员完成 7.5 千米（女性选手 6 千米）的滑行。运动员每滑行 2.5 千米，都要以卧射→立射的顺序完成 2 轮（5 发子弹 × 2 轮 =10 发子弹）射击，其余比赛规则与判罚方式与接力比赛相同。

要点	
3	**关键在于选手结束滑行后精准射击的能力**
	冬季两项运动最大的特点在于，选手在完成高强度的越野滑雪比赛后，立刻要进行射击。选手要尽量在最短时间内调整呼吸，并精准射中远处的枪靶。因此需要具备高超的射击能力及充沛的体力。

知道这些观赛更有趣

脱靶会受到相应加罚

运动员在结束越野滑雪滑行后进行射击，若未能射中枪靶，将会有相应的加罚处理。这是冬季两项比赛独有的规则，同时也是为这项比赛添彩的重要内容。在筋疲力尽的状态下发挥失常，被送去惩罚赛道的选手不在少数。比赛的形势也经常因此出现惊天逆转。

滑行技巧为自由式技巧

北欧滑雪项目的两种滑行技巧分别是传统式技巧（两支滑雪板保持平行）及自由式技巧（两支滑雪板呈"八"字，单脚蹬地滑行）。冬季两项比赛虽没有对滑行技巧进行硬性规定，但大多数选手都选择使用自由式技巧进行比赛。

步枪规格

比赛使用专用的小口径步枪，22 口径子弹。这一规则是 1976 年修订后开始实施的，在那之前，比赛使用 30 口径步枪。不过，规格再小巧，枪也大致有 5 千克重，在比赛过程中是不小的负重，对选手的体力及心态都是一种考验。

Freestyle skiing

■脚着滑雪板进行的华丽演绎

自由式滑雪

选手穿戴滑雪板，在设置有障碍物的赛道上滑行，比拼越过障碍时的动作之艺术性等要素。比赛的动作难度逐年增高。

观赛 3 要点

要点 1

赛道设置在雪山地区，比拼速度及动作的艺术性

选手双脚穿戴滑雪板，沿着各项目分别设置的赛道滑下。在设有跳台的项目中，选手比拼腾空时进行的动作，以得分进行排名。而竞速类的比赛比拼的是冲过终点的顺序。

要点 2

共设有 5 个小项，赛道及规则各不相同

自由式滑雪又可分为雪上技巧、空中技巧、障碍追逐、U 形场地技巧、坡面障碍技巧 5 个小项。每一项的特色及评分方式均不相同，有些重视动作的完成度，有些强调速度及整体的流畅度。

雪上技巧
赛道全长 250 米，设有连续的人造雪包及两处跳台。比赛对滑行速度、弯道技巧、两次跳跃的情况进行评分。

空中技巧
唯一一项运动员不持雪杖进行的比赛。选手从大型跳台上起跳，进行一系列腾空动作。共设有 3 种类型的跳台，不同跳台的起跳角度及规格不同，选手从中选择 1 个进行比赛。

障碍追逐
4 名选手同时出发，在起伏不断的赛道上保持快速滑行。奥运会障碍追逐赛规定赛道全长 1000 米左右，垂直高度差在 140～250 米之间，并设有跳台、弯道等。决赛时选手抵达终点的顺序将直接成为比赛排名，规则简明易懂。

U 型场地技巧
U 形场地技巧赛使用的场地恰好像是将一根管子切成一半后的弧度，选手在 U 形场地的雪面上滑行，借助左右两端的墙面跳起，完成一系列动作。比赛根据动作的难度及完成情况进行打分。赛道全程长 150 米左右，宽 20 米左右。

坡面障碍技巧
赛道全长 600～700 米，设有各种形状的障碍物及跳台，选手从顶端滑下。选手可以在不同种类的障碍物中选择一条路线进行比赛。选手滑经跳台时的跃起动作十分精彩。

要点 3	**聚焦于华丽的空中动作**

除障碍追逐项目外，其余项目中选手在跃起后完成的动作被称为"Air"或"Trick"，是评分时极为重要的一项内容。选手自如操控滑雪板，在不断攻克赛道上的难关时进行的一系列动作都令人赞叹。裁判员在评分时，不仅仅只关注动作的难度，还要看动作前后的衔接和完成情况。因此，观众在观看比赛时应当关注起跳至落地之间的全过程。

Air Trick

双板滑雪及单板滑雪运动中的腾空动作一般被称为"Air Trick"。其中，雪上技巧及空中技巧项目中的动作为"Air"，U形场地技巧赛及坡面障碍技巧赛中的腾空动作通常被称为"Trick"。

知道这些观赛更有趣

各项目的规则与看点

雪上技巧赛
比赛得分满分100分，其中回转分占60%、腾空动作占20%、速度分占20%。比赛中由5名裁判员进行评分，比重最大的是转体分，选手需要以最佳路线通过弯道。此外，腾空动作的姿势及落地的流畅度也是评分的对象。

空中技巧
跳台分为3种，分别适用于空翻1周、2周、3周的动作。选手从中选择一个跳台，并在赛前将要进行的动作一并上报给赛方。评分内容包括腾空动作20%、动作姿势50%、落地30%，并将合计分数与难易度相乘，得出最终比分。

障碍追逐
预选赛中选手分别在场地中进行计时赛，根据比赛成绩来选拔出晋级决赛的选手。在决赛中，选手要在时速60千米下完成滑行，赛道上布满了起伏与弯道，因此经常出现选手相撞的情况，十分激烈。

U形场地技巧
比赛由5名裁判员同时对跳跃的高度、空翻周数、技巧、难易度等进行全面评价，满分100分。5名裁判给出的分数的平均值为最后成绩。比赛通常有2次试滑机会，取最好成绩进行排名。这个项目最大的看点自然是令人眼花缭乱的技术动作，动作的稳定度、跳跃的高度及姿势的优美程度都会反映在评分之中。

坡面障碍技巧
比赛由5名裁判员同时对跳跃的高度、空翻周数、技巧、难易度等进行全面评价，满分100分。比赛通常由2次试滑机会，取最好成绩进行排名。选手比赛时滑行的路线是由选手本人选定的，因此比赛同样注重原创性。而且，选手要兼顾动作及跳跃两个重点环节。

各项目使用的滑雪板

各项目要求的能力各不相同，因此使用的滑雪板的长度、硬度、板尾的形状等也有着相应的区别。

雪上技巧
为了便于进行腾空技巧及弯道滑行，滑雪板使用的材质普遍较轻，弧度较浅。

空中技巧
空中技巧赛使用的滑雪板长度短、重量轻。男子比赛中使用的长度也仅仅只有160厘米左右。为了在跃起时更好地利用反作用力，滑雪板用偏硬的材质制成。

障碍追逐
通常使用稳定性较强的高山滑雪板。

U形场地技巧
为了能够完成倒退滑行动作，滑雪板的前后形状相同。硬度则视选手的个人条件而不同。

坡面障碍技巧
与U形场地技巧赛相同，使用前后形状相同的滑雪板。

雪上技巧

采分点

回转

回转动作的评分占总分的 60%，也就是说，选手滑过雪丘时的动作及技术是十分重要的。评分标准包括滑降路线（是否沿着起点终点间的最短路线滑降）、刻雪动作（用板刃控制回转动作，滑雪板保持笔直）、缓冲动作（随着雪丘形状调整动作），上身姿势（选手滑行时是否上身保持笔直，等等。很多选手为了彰显自己身体姿态的笔直程度，选择在比赛时穿膝盖处有黑色线条的滑雪服。

空中技能

空中技能所占的比重虽然只有 20%，却是让观众赞叹不已的亮点。比赛规定选手在单次试滑中必须包括 2 个空中技能。对空中技能的评分不仅基于难度，其完成度也是重要的组成部分。空中技能包括没有旋身动作的"Upright"、进行空翻的"Invert Flip"、侧转身"Loop"、歪轴转体"Off-Axis"、保持垂直姿势的水平转身"Straight Rotation"，共 5 种。

常见动作

Spread
选手双手双脚尽量舒展开的动作。在高高跃起后将四肢伸展开。

Cossack
选手双腿水平展开，身体前屈。需要具备较强的身体柔韧性。

Daffy
双手双脚前后伸出，做出像在空中行走一样的动作。连续 2 次则被称为"Double daffy"。

Backflip Iron Cross
同时进行后空翻"Back flip"及向后左右交叉屈膝"Iron cross" 2 个动作。

Helicopter
身体保持垂直，并水平旋转 360 度。在旋转结束后必须平稳落地。

Corkscrew
被称为 3D 系列的空中技巧，同时包含转身及空翻。水平转身 2 周则为"720 Corkscrew"。

自由式滑雪

空中技巧

采分点

姿势
选手从跳台上起跳后进行一系列空翻转体动作。动作的难易度可以由选手自行选择并进行申报，但在评分时其实更重视选手腾空后的姿势。最理想的姿势是挺胸抬头的直立姿势，若双脚未并拢或弯曲则会减分。选手在试跳时必须在高速空翻/旋身的同时保持优美的姿势。

落地
落地区为约40度倾斜的坡面，为了尽可能提高缓冲效果，雪面都较为蓬松。但从15米高的高度一边空翻一边跃下时的惊险程度仍然是不容小觑的。选手在完成动作的同时，要迅速找到适合自己的落地位置，正确并精准地落地。夏天时，选手们会在泳池进行模拟练习，被称为"water jump"。

常见动作

Tuck
团身翻腾1周。

Lay
直体翻腾1周。

Full
直体翻腾1周转体1周。

Double Full
直体翻腾1周转体2周。

Full-Full-Full
翻腾3周转体3周，每翻腾1周接1次转体。

Lay-Full-Full
直体翻腾3周转体2周，在第2、3次翻腾时加入转体。

Lay-Triple Full-Full
直体翻腾3周转体4周，在第2次翻腾时进行3次转体、第3次翻腾时1次转体。

Full-Double Full-Full
直体翻腾3周转体4周，在第1次翻腾时1次转体、第2次翻腾时2次转体、第3次翻腾时1次转体。

障碍追逐

路线设计及走位很重要
在障碍追逐赛中，选手需要攻克接二连三出现在前进路线上的障碍物，与此同时还要保持高速滑行。因此，路线的设计及一个优于对手的走位十分重要。在抢占有利位置的时候，经常会发生选手撞在一起的情况，这时就需要一定的运气来让自己不至于摔倒在地了。此外，在落地时选手需要熟练掌握减速制动的技巧。

障碍物
赛道上设有人工挖出的沟壑、弯道等障碍，其间隔及种类在各种比赛中均有所不同。

Bank
外侧高于内侧，有一定倾斜角度的雪道。

Jump
又被称为"Kicker"，即跳台。

Wave
雪面起伏像波浪一样的赛道。

U 形场地技巧

动作要点

跃起高度

在 U 形场地技巧赛中动作难度十分重要，其中，跃起的高度值得每位观众关注。选手需要在保持高速滑行的同时高高跃起，保持身体平衡并完成相应动作。此外，只要在腾空时的动作姿势足够优美，有时即便动作难度不大，也有可能得到一个不错的整体分。

落地时的稳定性

若选手在落地时出现双手触地等失误则会被减分。选手必须尽量在起跳后保持两支滑雪板相互平行并稳定落在雪面上。尤其是能够在保持上一动作的基础上流畅衔接下一动作的落地，往往能够得到理想的分数。

常见动作

Mute Grab

双腿交叉，前手抓前刃（右手抓左侧脚或左手抓右侧脚）外侧。

Alley Oop

向着身体所朝方向的相反方向转体，又称"Alley"。

Double Flare

Flare 指的是垂直翻腾一周的动作。连续进行两次翻腾为"Double Flare"。

Double Cork 1260

Cork 是将翻腾与转体结合在一起的 3D 系列动作，选手在腾空时向下两次翻腾后落地，落地时身体朝向后方。

Switch Double Rodeo 900

这是一种基于"Switch"即向后滑行的高难度动作。选手进行两次翻腾后面朝前落地。

坡面障碍技巧

各赛事中场地均有不同

坡面障碍技巧的各大赛事中，场地的设置相差较大，例如街道障碍区的数量及形状、跳台的大小等等皆不相同。因此选手应具备一定的临机应变的能力，在面对初次见到的复杂场地时，能够快速地反应出正确合理的动作、路线设计。比赛时，选手可自行选择比赛的路线，并自由安排动作。

跳起后的空中动作与 U 形场地技巧赛相同

坡面障碍技巧赛最大的亮点，同样在于选手在空中完成的华丽动作。与 U 形场地障碍赛一样，选手通常会在是否要挑战难度系数最高、风险最大的 3D 系列动作而进行全面的考量。

街道障碍区

场地内设置的多种障碍物又被称为"Item"，选手可以自行选择比赛中的路线，但若在比赛时没有通过或避开了路线上遇到的障碍，则会被减分。

Rail

看起来像扶手栏杆一样的障碍物。有笔直的，也有弯曲的。

Box

箱式障碍物，包括狭长的、顶部有坡度的等。

Kicker

即跳台，按照规定场地内必须设置至少 3 个跳台。有些跳台甚至可以超过 15 米。

Snowboard

■动感十足的滑行与空中技能令人神往

单板滑雪

单板滑雪

20 世纪 60 年代发祥于美国的单板滑雪运动在 1998 年的长野冬季奥运会中成为正式比赛项目，自 2018 年的平昌冬季奥运会起，共进行 5 个小项的比赛。

观赛 3 要点

要点 1 选手使用单板滑雪板完成滑行，比拼动作的姿势或速度

比赛时，选手双脚固定在滑雪板上，在雪面上的相应赛道完成滑行。其中包括单纯沿着赛道滑行、比拼速度的项目，也有需要高高跃起后完成各种动作、比拼动作难度及完成度的项目。与双板滑雪一样，华丽的滑行动作令人惊叹不已。

要点 2 共包含 5 种项目，场地及规则各不相同

单板滑雪比赛分为平行大回转、障碍追逐、U 形场地技巧、坡面障碍技巧、大跳台 5 个项目。其中，平行大回转与障碍追逐属于竞速类项目，U 形场地技巧、坡面障碍及大跳台 3 项则是以各动作的得分进行排名。每个项目中，场地的特征、滑行方式、评分方式都不同，观众可以体验到 5 种不同的精彩比赛。此外，各大赛事中的场地要求及评分标准、比赛方式由赛方进行规定，没有统一标准。

平行大回转 场地为全长 400～700 米，垂直高度差 120～200 米的坡面，坡面上用旗门（旗帜为三角形，左右旗门杆高度不同）标出 2 条赛道。预选赛中比拼完赛时间，决赛则是两名选手同时出发比拼到达终点的顺序。决赛为淘汰制，选手间进行 1 对 1 的对决，十分精彩。

障碍追逐 比赛赛道全长约 1 千米，比赛时 4～6 名选手同时出发，进行竞速比赛。比赛的排名直接由选手抵达终点的顺序决定，因此观众可以十分直观地欣赏比赛。场地的垂直高度差为 100～260 米，赛道宽度较窄，且多弯道，设有跳跃区域，经常出现选手相撞的情况，惊险刺激。

U 形场地技巧 U 形场地技巧赛使用的场地恰好像是将一根管子切成一半后的弧度，选手在场地的雪面上滑行，借助左右两端的墙面跳起，完成一系列动作。比赛根据动作的难度及完成情况进行打分，满分 100 分。场地的倾斜度在 18 度左右，全长 150～170 米，半圆直径 19～22 米。

坡面障碍技巧 场地中设有各种形状的障碍物及跳台，可以在不同种类的障碍物中选择一条路线进行比赛。比赛评分满分 100 分，主要关注动作的整体性、高度、难度等。场地中设置的障碍物应至少包含 6 组（其中至少包含 3 个跳台），平均的倾斜角度要高于 12 度，越到赛程后半段，障碍物的倾斜角度就越大，选手自跳台起跳后的动作十分精彩。

169

| 要点 2 | 大跳台 | 2018年平昌冬季奥运会设置的新项目。选手首先通过长30米以上、倾斜角度在20~40度之间的助滑道，并借由一个大型跳台起跳，完成一系列复杂的动作，比拼动作的得分。落地区的倾斜角度高达40度，跳跃的飞行距离也是评分对象。|

要点 3	**属于时下流行的体育项目，观赛时犹如在观看盛大演出**
	单板滑雪项目发祥于美国，富有街头文化的气息。选手的着装及动作的姿势也五花八门，选手在比赛中的各个方面都会反映在得分中。当选手成功完成一个难度巨大的动作后，台下观众的欢呼声仿佛是在观看一场盛大的演出活动。

知道这些观赛更有趣

各项目的规则及看点

平行大回转
坡道场地上用红蓝2种颜色的旗帜标志出2条赛道。预选赛中，每位选手沿2条赛道各进行一次试滑，并以合计时间为依据进行排名。决赛中，2名选手同时出发，先抵达终点的一方获胜。至于决赛中2条赛道的分配，则是由预选赛中排名靠前的一方选手先行选择。

障碍追逐
4~6名选手沿相同赛道同时出发，率先到达终点的选手获胜。选手的身体或雪板的一部分越过终点线，即视为完赛。赛道宽幅较窄，选手很可能撞在一起，造成名次上的改变。选手在高速滑行中使用各种技巧攻克障碍的姿态令人赞叹。

U形场地技巧
比赛由6名裁判员进行裁判，对跳跃的高度、回转圈数、动作难度、动作整体性进行评分，每项分数满分100分。去掉最高分及最低分后，剩余4名裁判的评分相加取平均值后为最终成绩。预选赛中进行2次试滑、决赛中进行3次，取最佳成绩进行排名。每次试滑观众都可以观看到5~6次跳跃动作，赛场气氛十分热烈。

坡面障碍技巧
比赛由3~6名裁判员进行裁判，从跳跃的高度、动作难度、动作的多样性及整体印象等方面进行总分100分的评价。当裁判人数为6人时，最终成绩为去掉最高及最低分后的平均分。大多数情况下，预赛、决赛中的选手都拥有若干试滑机会，取其中的最好成绩进行排名。动作的完成度很重要，试滑的流畅性对评分也有着较大影响。

大跳台
比赛由3~6名裁判员进行裁判，从动作的难度、完成度、腾空时的姿势、落地情况进行满分100分的评价。比起跳跃高度，大跳台项目更加重视起跳后的飞行距离。去掉最高分及最低分后，剩余的评分相加取平均值后为最终成绩。评分的依据来自于仅仅一次的跳跃动作，因此对观众来说，也能较为直观地感受到选手的发挥是否理想。

滑雪板与滑雪服
在5种项目中，平行大回转与障碍追逐被称为高山系列，而剩下的U形场地技巧、坡面障碍技巧及大跳台项目则被归为自由式系列，二者在着装及滑雪板的选用上有一些区别。高山系列使用的滑雪板较细且硬度较高，自由式系列使用的滑雪板则较宽、材质较软。前者更加注重稳定性，后者便于起跳及落地。至于滑雪服，高山系列的滑雪服相对更加紧身，自由式系列的滑雪服则为了便于选手做动作，较为宽松。

平行大回转

赛道

奥运会平行大回转比赛中，两条赛道的旗门数分别为 18～25 个，旗门间距在 20～27 米之间。赛道全长 400～700 米，选手从平均倾斜角度约 16 度的斜面上滑下。2014 年的索契冬季奥运会上采用了旗门距离更短的"平行回转"。

赛道的选择

两条赛道在旗门的设置及雪面状况上有着细微区别，有时，选手在不同赛道上试滑的成绩会相差很大。此外，随着比赛的进行，雪板对赛道雪面的损伤也需要纳入考量，需要选手细致入微地观察并进行选择。决赛中，赛道的选择权属于预赛成绩更好的选手，因此在预赛中也绝对不能放松，必须尽量争取更高的名次。

关键在于极限速度下的急回转

在通过旗门时进行的回转动作，要求选手必须具有极高的技术。在回转时，选手的行进速度一般都较高，稍有差错便会摔倒。在高速滑行的同时，选手向一边大幅倾斜身体，并利用雪板刃进行回转，这需要相应的技术、专注力和勇气。

必须从旗门内侧滑行

平行大回转项目中的旗门由两根长短不同的旗门杆支撑，选手在比赛时必须从长度较短的旗门杆内侧通过，否则失去比赛资格。如果转弯时距离旗门杆过远则会浪费时间，因此选手在比赛时都紧贴着旗门杆滑行。

障碍追逐

选手跌倒或相撞会使比赛形势瞬间逆转

障碍追逐赛中 4～6 名选手同时从宽度较窄的赛道出发，因此经常发生选手之间相撞、摔倒的情况。有时，选手本身没有摔倒，但由于前方的选手出现状况而被连带着摔成一团。所以选手需要洞悉全场的状况，在出发后的瞬息之间找到突出重围的方法。有时比赛进入后半段，领先的选手即便与后方选手拉开了一定距离，但在失误摔倒后，排名便瞬间改变，很难预料比赛的走向。

关注选手的阻挡技巧

在障碍追逐赛中，选手为了保持自己的有利滑行位置，有时会挡在后续选手前面，防止被超越，这被称为阻挡（Blocking）技巧。虽然这是一种十分有效的方式，但却很容易让选手失去平衡甚至摔倒，有着一定风险。后方选手则要不断突破前方选手的阻挡，并伺机加速，超越对手。

障碍物 在场地中设有多种人工障碍物，选手在比赛时必须攻克路线上的障碍物以完成比赛。

Bank
外侧高于内侧，有一定倾斜角度的赛道。同时也是容易发生摔倒或相撞情况的区域。

Wave
起伏的形状像波浪一样的赛道，波浪的大小各不相同。

Jump
又被称为"Kicker"，即跳台。如果在过跳台时跳跃高度过高会浪费比赛时间。

单板滑雪

U 形场地技巧

高分要点

动作的高度
即便动作的难度极高,若选手在完成动作时没有达到合适的高度,得分也不会很理想。有些选手甚至可以跳至 6 米高的位置完成动作。而为了跳得高,就必须达到一定的速度,因此在前一跳落地时,选手就要为下一跳创造机会,调整落地状态。

空中姿势
在空中保持稳定的姿势也是评分的重要一环。例如,在腾空时抓板的"Grab"动作是否标准、转体是否紧凑、双手是否贴紧身体等等都会被反映在得分中。用完美的姿势完成高难度的动作才是高分的重要因素。

落地的稳定性
落地时的状况可以说是最重要的因素了。选手若在落地时让滑雪板平稳接触雪面,在进行下一跳时也能够更加流畅。即使成功完成一个高难度动作,但在落地时出现失误,同样会被减分。

动作名

U 形场地技巧比赛中选手进行的动作被称为"Trick",这些动作的名字每年都会变,而且变得越来越复杂。最基本的命名方式是将翻腾的方向与周数及动作名连在一起,例如"Double cork 1080"指的就是翻腾 2 周、转体 3 周(1080)的 Cork 动作。我们可以简单地认为,"Double"及"1080"这两个部分的数值越高,动作的难度越大。

〈例〉

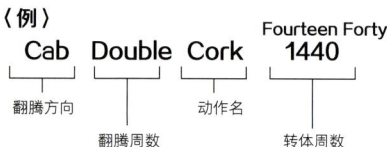

Cab(翻腾方向) Double(翻腾周数) Cork(动作名) Fourteen Forty 1440(转体周数)

U形场地技巧赛用语

● **Frontside Spin**
转体动作。当左脚在前时,为逆时针方向转体。

● **Backside Spin**
转体动作。当左脚在前时,为顺时针方向转体。

● **Cab**
将原本的后置脚转为前置脚(Switch)并进行 Frontside Spin。

● **Cork**
Corkscrew 的略称,是 3D 系列动作中最具代表性的一种。选手重心斜倾,进行腾身 1 周转体 1 周半的动作。

● **Rodeo**
3D 动作之一。转体 1 周半后向后仰,向后腾身。

常见动作

Backside 1080(Ten Eighty)
向后空翻 3 周。需要选手向后方发力,难度较高。

Double McTwist 1260(Twelve Sixty)
翻腾 2 周的同时转体 3 周半。美国选手消恩·怀特(Shaun White)首次成功完成这一动作。

Frontside double cork 1440(Fourteen Forty)
腾身 2 周,转体 4 周。被称为世界巅峰难度的动作。

坡面技巧

场地
在不同赛事中，坡面技巧赛的场地差别较大。场地中设有栏杆、箱式障碍等障碍物，选手可以自行选择若干障碍物并完成滑行。此外，场地内设有大型跳台，选手经跳台跃起后完成的动作是比赛得分的重要一项。

关注路线设计及跳跃动作
在坡面技巧项目中，选手可以自行选择比赛时通过的障碍物。比赛中每个选手选择的动作组合也是各有千秋，其独创性是评分时裁判关注的重点。虽然比赛规定选手可以进行多次试滑，但如果每次试滑都重复同样的路线、同样的动作，裁判的评分便不会有太大变化，因此选手需要掌握多种动作来争取更理想的成绩。

障碍区
场地内设置的形状各异的障碍物被称为"Jib section"，复杂的障碍区难度系数非常高。

Rail
外形与扶手栏杆相似的障碍物。有笔直的、也有弯曲的。

Box
箱式障碍物，包括狭长的、顶部有坡度的等等。

Kicker
即跳台，按照规定场地内必须设置至少 3 个跳台。有些跳台甚至可以超过 15 米。

大跳台

高分关键在于动作的完成度及落地情况
大跳台项目中选手每次仅进行一次试跳，与 U 形场地及坡面技巧相比，大跳台项目允许选手跳得更高，也就意味着能够进行更加复杂的动作，而相对地，落地时受到的冲击就更大。而且，裁判对腾空时的动作要求会更加严格。像这样孤注一掷的比赛，风险很高，选手在比赛中挑战自我极限的身姿值得每一位观众为之喝彩。

跳台高度
跳台的起点处高 30～40 米，倾斜角度不小于 20 度。与跳台滑雪项目类似，选手从陡坡上出发，借由 2 米以上高的跳台起跳，在飞跃 25 米以上距离的过程中，完成相应的动作。

常见动作

Cab Triple Cork 1440（Fourteen Forty）
Switch（改变双脚前后放置位置）接向前翻腾 3 周、转体 4 周。

Backside Quad Cork 1620（Sixteen Twenty）
向后翻腾 4 周、转体 4 周半。世界级顶尖选手在此基础上甚至可以再增加一次转体，也就是"Backside Quad Cork 1980（Nineteen Eighty）"。

单板滑雪用语

● Regular Stance
滑行时左脚在前。

● Goofy Stance
滑行时右脚在前。

● Switch Stance
改变滑行时左右脚的前后放置顺序。

● Edge
滑雪板两端的金属板刃。

● Ollie
借助滑雪板的反作用力跳起的动作。

> 单板滑雪

Speed skating

■聚焦于比赛紧凑且刺激的节奏

速度滑冰

选手在双赛道场地中滑行,比拼抵达终点的顺序。比赛中的加速冲刺、弯道技巧等内容十分精彩。

>>>>> 比赛场地

双赛道
速滑竞赛跑道一周为400米,为了便于2名选手同时进行比赛,分为内道与外道。比赛时选手沿逆时针方向滑行。

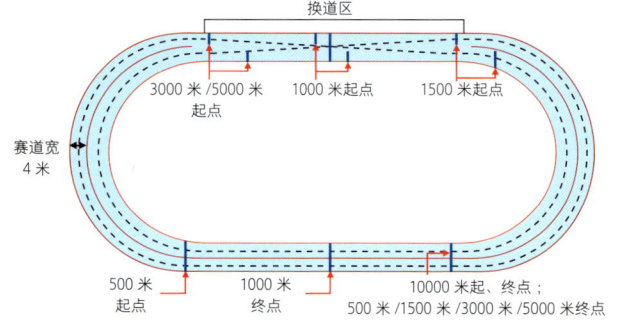

观赛5要点

要点1 绕赛道滑行,比拼完赛时间或抵达终点的距离

大多数情况下,比赛时由2名或2名以上选手脚着冰鞋同时出发,绕环形冰面赛道滑行。赛道周长400米,比赛大多以选手抵达终点的顺序进行排名。

要点2 分为距离比赛、团体追逐赛、集体出发赛3大项目

速度滑冰比赛中,有2名选手同时出发比拼速度的距离比赛、团体参加的追逐赛,以及由多名选手同时出发的集体出发赛。

距离比赛 在奥运会比赛中共有5项距离比赛。比赛由2名运动员参加,在途经换道区时可以改变滑行的道次,直至完成规定的滑行距离。选手冰鞋的冰刀前端压上终点线即可视为完赛。

团体追逐赛 团体追逐赛中每支队伍3名运动员,两支队伍同时出发,但出发地点并不相同。两支队伍分别从场地的两侧出发,向着同一方向滑行。每支队伍的3名选手纵向排开滑行,在弯道处更换顺序轮流领滑。

集体出发赛 多名选手同时出发,出发形式类似于马拉松比赛。比赛中,选手绕400米赛道滑行16周,比拼合计得分。每完成4周滑行进行一次计分,再加上冲过终点的顺序得到的相应分数,合计后为最终成绩。

要点	**亮点在于高速滑行及高速状态下的弯道处理**
3	在速度滑冰项目中，选手滑行的速度高达每小时 50 千米，选手之间的比拼便是在这样的高速状态下展开的。选手的加速冲刺、高速状态下的弯道处理等，都令观众赞叹不已。当然，团体追逐赛中多名选手同时出发后集体滑行的画面也十分壮观。

服装与冰鞋

速度滑冰比赛中专用的运动服使用弹性较大的材质制成，以便尽可能地减少空气阻力。冰刀比冰鞋要长，选手可以在冰刀接触冰面的同时抬起脚后跟。

要点	**唯一的团体项目，需要全队选手的技术与默契**
4	团体追逐赛是速度滑雪项目中唯一的团体比赛，参赛队伍由 3 名选手组成，比赛时 3 名选手纵向排列滑行。值得注意的是，如果选手之间的间距过大，则会导致空气阻力的影响变大，所以选手要尽量在比赛时贴近距离。此外，排在最前面的选手受到的空气阻力最大，选手承担的负荷较重，因此需要 3 名队员轮流领滑以维持体力。

要点	**同国籍选手在集体出发项目中相互合作完成比赛**
5	集体出发项目需要 12~18 名选手同时出发，有时会有相同国籍的多名选手参加比赛。这种情况下，一般由其中一名选手在最前方领滑，并牵制其他国家选手，而其他几位则在比赛后半段开始加速，一鼓作气，突出重围。

知道这些观赛更有趣

比赛项目

男子组与女子组比赛的种类相同，但在具体距离设置上有着一定区别。此外，团体追逐赛的总距离为男子组 8 圈、女子组 6 圈。

男 子	女 子
500 米	
1000 米	
1500 米	
5000 米	3000 米
10000 米	5000 米
团体追逐赛（8 圈）	团体追逐赛（6 圈）
集体出发	

各项目规则

距离比赛

2 名参赛运动员分别从内道、外道出发。每滑行一圈并经由换道区时，内道起跑的运动员，须换到外道滑跑，外道运动员则须换到内道。换道时，为了避免运动员冲撞，外道选手拥有换道优先权。

团体追逐

两支参赛队伍进行比赛，每支队伍由 3 名选手组成，双方从赛道的两侧同时出发，滑行 8 圈（女子比赛 6 圈）后，以第 3 名运动员通过终点的时间决出胜负。滑行时，3 名选手纵向排成一列以达到减小空气阻力的目的。

集体出发

所有选手同时出发，绕赛道滑行 16 圈，比拼获得的分数。每完成 4 圈滑行进行一次计分，率先滑完第 4、8、12 圈的前 3 名选手分别获得 5 分、3 分、1 分。此外，率先通过终点线的前 3 名选手分别还有 60 分、40 分、20 分，每名选手得到的合计分数为最终比赛成绩。

速度滑冰

起点与终点

不同项目的起点设置在赛道的不同位置。在出发前，选手必须保持完全静止，直到出发信号发出。如果选手做出任何动作，第 1 次会重新进行出发流程，连续两次则会失去比赛资格（不论两次出发犯规是否为同一选手，第 2 次打断出发流程的选手都会失去比赛资格）。有时选手在出发时有犯规动作并未被当场指出，在比赛结束后同样会因出发犯规使成绩作废。完赛时间以冰刀前端过终点线的时间为准。此外，大多数情况下内道出发的选手佩戴白色腕带，外道出发的选手佩戴红色腕带。

场地海拔影响比赛成绩

一般来说，海拔越高，空气越稀薄，空气阻力越小。因此，速度滑冰比赛中，场地的海拔越高，选手的比赛成绩大多更为理想。追溯过去的一些高分记录，其中有很大一部分都是在高海拔地区举行的比赛中产生的。

距离比赛中内道出发与外道出发的区别

过去，500 米距离赛中选手分别进行内道出发及外道出发两次比赛，取两次比赛的合计时间进行排名。自 2018 年平昌冬季奥运会起，这一规则改为单次比赛制，选手通过抽签的方式分配赛道。

1000 米项目中，由于比赛开始后外道的第一个直道长度要略长，内道的弯道更有利于加速等种种原因，内道出发的选手被认为是占优势的一方。但是，内道出发由于一开始就可以领先，心理上容易焦躁，而随后的外道出发选手则可以按照自己的节奏进行加速。此外，随着滑冰技术的不断发展，越来越多的选手熟练掌握了高速滑行下的弯道技术，各项纪录都在不断被刷新。可以说，不论是从哪一条赛道出发，弯道的处理才是比赛的重中之重。

一项与世界纪录展开的战斗

包括速度滑冰在内的所有竞速类比赛都可以说是一场与世界纪录展开的比拼，选手在与同场比赛中的对手决一胜负的同时，更是在与自己的最佳成绩、赛事的历史纪录乃至世界纪录一决胜负。在高海拔地区举行的比赛大多有利于缩短完赛时间，尤其是参赛选手中有速度很快的运动员时，其余选手也会被带动起来，刷新个人纪录。此外，500 米、1000 米、1500 米项目的世界纪录有很多都产生于同一位选手。

转弯时越过赛道边线则失去比赛资格

在 2 名选手同时滑行时，过弯道的过程中不得超过各自赛道的界限。不过，若内道选手意外越过赛道边线进入外道，且没有故意妨碍外道选手比赛的意图时，允许内道选手继续进行比赛，不会失去比赛资格。

理想姿势

运动员在滑行时降低重心，在减小空气阻力的同时微向前倾，这样的姿势被认为是速度滑冰中最理想的。不同选手在比赛中采用的姿势有着细微的区别，要根据选手自身情况进行调整。

速度滑冰用语

● Home Straight
终点线一侧的直线赛道。又可称为 Main Straight。

● Back Straight
与 Home Straight 相对一侧的直线赛道。

● Crossing Zone
设置在 Back Straight 上的交叉区域，选手在滑经这一区域时需要交换赛道，内道选手换置外道，外道选手进入内道。

● Corner Work
在过弯道时左右脚前后交错滑行的技术。

速度滑冰

团体追逐项目中的技术

整齐的队形
在团体追逐项目中，同一队伍的 3 名选手呈一纵列滑行，动作尽量同步，前后间距尽量缩小。这是为了尽量减轻空气阻力对后方选手的影响，维持后方选手的体力。一旦队形被打乱，空气阻力的影响将会变得很大，因此保持队形十分重要。3 名队员整齐划一的滑行动作是团体追逐项目独有的靓丽风景。

节奏分配
在过弯道时，每支队伍在改变领滑选手时需要尽可能保持原有节奏与速度，自然且顺畅地完成交接。这样一来，就有利于拉开与对手的差距。此外，尽量让体力与速度兼备的选手多担任领滑任务，保持比赛节奏等比赛策略也十分重要。

集体出发的最终分比中间分更重要

在集体出发项目中，最终抵达终点线时进行的计分分值要远远大于比赛过程中的几次计分，因此比起赛中得分，过线时的最终分更为重要。有时，即使在比赛过程中选手获得的分数很高，但由于最终到达终点的名次不理想，而与奖牌失之交臂。因此，比赛节奏的分配、选手间的合作都是集体出发项目的看点。此外，出于安全考虑，比赛禁止选手在第 1 圈滑行时加速。并且，当选手进行推搡、拉扯其他选手等危险行为或掉队整整一圈时将会失去比赛资格。由于比赛过程中很有可能发生选手相撞或摔倒的情况，选手在比赛时必须戴头盔、手套、护膝等装备。

综合比赛项目

速度滑冰除了按滑行距离进行分类的比赛外，还有一种综合比赛形式，选手从短、中、长距离项目中合计完成 4 项比赛并比拼综合得分。在综合比赛中，选手完成 4 种不同距离的比赛，并将每项比赛成绩换算为 500 米的滑行时间后进行排名。综合比赛按照距离设置又可以分为全能比赛及冲刺比赛。全能比赛中男子项目包括 500 米、5000 米、1500 米、10000 米，女子项目包括 500 米、3000 米、1500 米、5000 米。冲刺比赛中男女项目同样都需要完成 500 米与 1000 米各 2 次。无一不是强度大难度高的比赛。

速度滑冰强国——荷兰

荷兰是速度滑冰的发源地，同样也是如今各大赛事中包揽各大奖项的强国。荷兰的地形平坦，山岳较少，没有进行滑雪的优势条件。但荷兰境内水源丰富，运河、湖泊都不在少数，因此有着悠久的冬季滑冰传统。无论男女老少，都喜爱滑冰，也由此奠定了荷兰速度滑冰强国的坚实基础。荷兰有着数不胜数的天然滑冰场地，还有 10 余所设有 400 米环形赛道的室内滑冰场，数量远远高于其他国家。除职业滑冰队以外，荷兰还在滑冰选手的培养训练机制、滑冰用具的研究上一路领先，举国上下都为滑冰事业而努力。当然，观众观赛的热情也极为高涨，甚至有人会自备秒表前往赛场。荷兰籍的滑冰教练更是活跃在各国的滑冰队伍中，日本选手近年来在这一项目中崭露头角的背后也有着荷兰籍教练的辛勤指导。

※ 上述相关规则为 2018 年 5 月施行的版本。

177

■紧张万分的冰上竞速赛

短道速滑

多位选手同时在环形赛道上滑行,比拼完赛顺序。快速的弯道技巧及激烈的竞争是比赛的亮点。

>>>>> 比赛场地

赛道

赛道周长 111.12 米,设置在 30 米 × 60 米的室内场地上。比赛时选手沿逆时针方向滑行,多名选手同时沿同一赛道进行比赛。

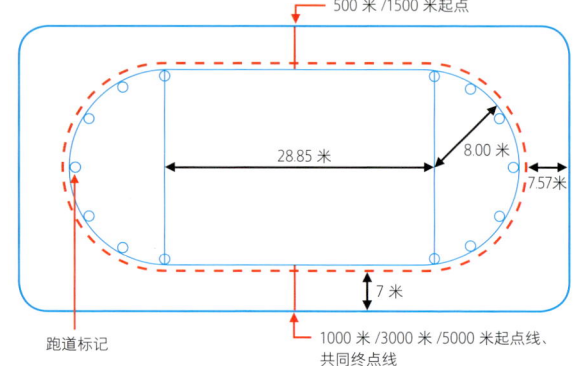

观赛 3 要点

要点 1

4 名或 6 名选手同时出发绕赛道滑行后比拼完赛名次

比赛分小组进行,每组 4 名(500 米、1000 米)或 6 名(1500 米)选手,所有选手同时出发,绕赛道滑行相应圈数,以冲过终点线的顺序为比赛最终名次。各小组的前 2 名(或按特殊情况增减)选手按照预选、准半决赛、半决赛、决赛的顺序层层晋级。比赛以冰刀前端到达终点线为基准判定选手的完赛顺序。

要点 2

选手你追我赶,容易撞在一起

在比赛时,多名选手绕着一个规格较小的赛道滑行数周,相互追逐,这样很难避免选手间相撞的情况。甚至有很多选手因为在比赛中摔倒而不得不放弃比赛。在赛道周围的护栏上一般都设有软垫,尽量保证选手的安全。

防具

在比赛中,选手除了要佩戴头盔,还必须按照规定穿戴手套、护肘、护膝、护颈等防护用具。

要点 3

推搡、拉扯运动员则失去比赛资格

在比赛过程中,若选手出现推搡、拉扯其他选手,或是妨碍其他选手进行比赛的其他行为,都属于犯规。犯规的选手当即失去比赛资格,无法进入下一回合的比赛。此外,由于其他选手的犯规行为而没能取得晋级下一级比赛机会的选手,规则规定不论该选手的比赛成绩是多少,都允许该选手直接参加下一级比赛(决赛除外)。此外,没有按照规定穿戴防护用具的选手也会失去比赛资格。

知道这些观赛更有趣

比赛项目

奥运会短道速滑项目共进行 8 项比赛。男女子组进行的项目数量相同，但接力赛的距离不同。接力赛每支参赛队伍由 4 名运动员组成。具体如表所示。

男子	女子
500 米	
1000 米	
1500 米	
5000 米接力	3000 米接力

接力赛中每名运动员的滑行距离没有硬性规定

在接力比赛中，每场比赛 4 支参赛队，规则要求每名运动员必须参与一次交接，但对每人具体的滑行距离没有硬性规定。此外，比赛不设置固定的交接区，选手可以在任意位置进行交接棒，交接棒次数没有限制。大多数情况下，每名选手负责 1~2 圈的滑行。交接时以选手间身体的接触为准，常用的方式是前一棒选手将后一棒选手向前推出，完成交接。只有最后两圈必须由同一选手完成滑行，因此在比赛进入倒数第 3 圈时，场上会发出信号，选手将会在这一圈中进行最后的交接棒。不过，若在最后两圈中选手摔倒，可以由其他选手代替滑行。

冰面易受损 每场比赛使用不同赛道

短道速滑比赛中，多名选手同时在一条赛道上进行激烈角逐，这对赛道冰面会造成不小的损伤。为此，在每局比赛结束后，场上的赛道标志向左右移动 1 米，以这样的形式轮流使用 5 条赛道。在赛道位置改变后，起点线的位置也会有相应的变化，但终点线位置保持不变。此外，场上除了起点线与终点线之外，没有其他标志线可以参照，唯一的参照物就是场上的赛道标志。

用热水修复受损冰面

为了消除冰刀滑行造成的划痕，使冰面恢复平整，一方面会有浇冰车对冰面进行修复，另一方面，还会有被称为"赛道管理员"的工作人员手持水桶向冰面上浇热水。浇完热水后，为了让冰面保持平整，还要用工具抹平。此外，除了浇冰，这些工作人员还负责把那些被选手在比赛中撞开的赛道标记放回原处。

※ 上述相关规则为 2018 年 5 月施行的版本。

冰鞋与速度滑冰不同

与速度滑冰相比，短道速滑更加强调弯道细节，因此冰鞋上的冰刀较短。冰刀可以安装在冰鞋的任何一侧，大多数选手选择安装在左端（朝向赛道内侧）。此外，为了让冰鞋在选手倾斜身体过弯道时不接触冰面，短道速滑用的冰鞋与冰刀有一定间隙。

灵活的弯道技巧

比赛时，选手在直道的滑行速度可达到每小时 40 千米以上，紧接着便会进入弯道。选手灵活的转弯技巧也是比赛的一大亮点。在弯道难度较大时，选手将重心移到单侧脚并将左手支撑在冰面上滑行，这一技术被称为"扶冰"，是短道速滑的代表性看点之一。为了防止手指受伤，选手的左手手指上一般都带有树脂等材质的防护套。

以 1/1000 秒为单位展开的激烈攻防战

短道速滑比赛的胜负无从预测，只有当选手抵达终点后才会揭晓。当选手几乎同时冲过终点线时，时间上的差距有时甚至要以 1/1000 秒为单位来计算。因此，开始最后冲刺的时机十分重要，很多选手都是在最后一个弯道一举反超取得头筹的。在弯道处占据有利位置、在直道处抢占先机，这一系列的攻防都会让观众不禁屏息以待。丝毫的懈怠都很有可能造成失误甚至摔倒，而一名选手摔倒，跟在后面的选手也很容易被卷进去，比赛赛况瞬间就会改变。在发生选手摔倒的情况时，很难用肉眼判断是否是由于其他选手的犯规行为造成的，因此自 2006 年的都灵冬季奥运会起，比赛导入录像裁判机制。

Figure skating

■绝美的冰上舞步让众人倾倒

花样滑冰

知名度极高的冬季体育项目之一，选手通过跳跃、滑行等动作向观众展现出一场暗含着世界观的表演。这是一项能让观众享受艺术的体育项目。

观赛 4 要点

要点 1

随着音乐在冰面上滑行，比拼技术分及内容分

在花样滑冰项目中，比赛规定的每一个跳跃、旋转等动作都设有各自的基础分。基础分中包含一部分附加分，例如在体力负荷较大的比赛后半段，若选手完成了跳跃等动作，则会获得1.1分的附加分。此外选手在完成动作时的状况同样会反映在得分中。上述两项得分合计后得出一套动作的技术分。内容分则针对滑行技术、衔接等5项进行打分。技术分与内容分相加，再与减分项汇总后得出的分数即最终得分。裁判在单人滑、双人滑等所有项目中评分时使用的评分标准是相同的，但在得出各项分值后，单人滑项目中的分数汇总方式，在男女子比赛中并不相同。花样滑冰的场地纵向不小于26米、横向不小于56米，或者纵向不大于30米、横向不大于60米。

要点 2

分为单人滑、双人滑、冰上舞蹈、团体比赛 4 个项目

单人滑分为男子单人、女子单人。双人滑、冰上舞蹈由男女选手各1名组队参加。团体赛中分别进行男女子单人滑、双人滑及冰上舞蹈3项。

单人滑 单人滑是关注度最高的一项比赛。分别进行男子组、女子组比赛。比赛中选手必须完成短节目和自由滑2项内容，以合计得分作为排名依据。

双人滑 双人滑中观众可以看到许多精彩的托举动作。比赛中选手必须完成短节目和自由滑2项内容。

冰上舞蹈 冰上舞蹈项目中的舞蹈要素更强，被称为"冰上的社交舞"。分为短节目及自由舞2项内容。

团体比赛 合计10支队伍按国别参赛。团体比赛需要在各个项目上都有较强实力，团体比赛中各个队伍的表现可谓是势均力敌。

要点 3

跳跃动作是亮点

花样滑冰比赛中的看点之一无疑是选手们华丽的跳跃动作。跳跃动作中的转体周数一度成为关注的焦点，在比赛中挑战高难度跳跃动作的选手也在逐年增加。跳跃动作的种类很多，分类精细，有一些只看一遍根本无法完全分辨动作。除此之外，选手用冰刀的不同部位滑出的各异步伐、在原地转体数周的旋转动作都精彩万分，选手的一举一动都值得细细品味。

要点	音乐、服装及世界观
4	以前除了冰上舞蹈外,其余项目中不允许使用有歌词的音乐。现在经过修订,所有项目均可以使用有歌词的音乐。音乐需选手自行选择,大多数人使用的是古典音乐或电影插曲。只有冰上舞蹈的自由舞部分要求音乐有相应的节奏。比赛中选手穿着的服装也是配合音乐进行精心设计的,受到很多人的关注。每一位选手都基于动作的主题进行艺术性的演绎,彰显自身世界观。

知道这些观赛更有趣

各项目的看点

单人滑
男女子比赛均需要进行短节目及自由滑2个环节。短节目的比赛时间为2分40秒,自由滑为4分钟左右。短节目必须包括跳跃在内的7个动作,自由滑则允许选手自由编排动作。比赛中选手会进行多次跳跃,实力顶尖的选手,男子可转体4周、女子可转体3周,并且连续数次进行。另外,精细的步伐动作及旋转动作也备受欢迎。

双人滑
与单人滑项目一样,分为短节目及自由滑2个环节。短节目的比赛时间为2分40秒,自由滑的比赛时间为4分30秒。亮点之一在于只有双人才能进行的一系列组合动作,以及两位选手之间整齐划一的同步动作等。双人滑项目中,各个技术的得分分差较小,因此仅仅在高难度的动作上表现出色是不够的,需要在每一个动作上都尽可能保持最佳状态,不断积累分数。

冰上舞蹈
冰上舞蹈项目分为短节目及自由舞两个环节。短节目的比赛时间为2分50秒,自由舞比赛时间约4分钟。冰上舞蹈与双人滑项目的不同之处在于,冰上舞蹈对托举及跳跃动作有一定限制,因此步伐动作便成为冰上舞蹈项目的重头戏。此外,冰上舞蹈项目中有很多双人一同旋转的动作,甚至可以说是它的代表性要素之一。冰上舞蹈比赛不允许两位参赛选手在比赛过程中分开5秒以上,这是这个项目独有的规则之一。

团体比赛
在预选赛中分别进行男子单人、女子单人、双人滑及冰上舞蹈的短节目比赛,排名前5的队伍晋级决赛。决赛中则进行所有项目的自由滑部分并比拼得分。奥运会比赛中团体赛要在个人项目之前进行,因此在决定参赛人选时无法参考个人比赛的成绩。有些选手在团体赛中状态良好,连带着在个人项目中也获得了理想的成绩;也有些选手由于在团体赛中发挥失常,导致个人赛也受其影响铩羽而归。总之,团体比赛可以说代表着一个国家的实力,与其他项目相比有着不同的精彩。

主要技术动作

跳跃
跳跃动作在所有动作之中属于受关注程度较高的一类,动作难度随跳跃方式及转体周数而定。转体周数最低1周,最高如今已经达到了4周。跳跃方式包括阿克塞尔跳、勾手跳等6种。

阿克塞尔跳
难度 6

6种跳跃中难度最大的一种,以向前起跳为最大的特征。阿克塞尔跳向前起跳,落冰时要面朝后,因此不论在空中转体几周,转体周数都要加上1/2周。相应地便要求跳跃要达到一定高度。阿克塞尔跳是唯一向前起跳的花样滑冰跳跃动作。

勾手跳
难度 5

选手进行较长距离的助滑,随后将重心移向左脚外刃并逆时针起跳。跳跃轨迹与助滑轨迹是相反的,因此必须巧妙利用助滑的作用。若选手在起跳时使用内刃起跳则会被减分。

后内点冰跳

后内点冰跳与勾手跳十分相似，区别在于后内点冰跳使用左脚内刃起跳，并且跳跃轨迹与助滑轨迹方向相同。转体方向与勾手跳相同，为逆时针。

后外结环跳

选手以右刃助滑随后以右外刃起跳。在起跳前压低重心再起跳。

后内结环跳

与后外结环跳相反，选手以左刃助滑后左内刃起跳。起跳前双脚呈内八字姿势是该动作的特点。

后外点冰跳

左足刀齿点冰，右后外刃起跳。沿着助滑方向跳跃。难度较低，因此除转体 4 周动作及连续动作以外还有很多其他活用方式。

旋转

旋转动作指选手在原地旋转数周的动作。旋转周数越多、姿势越准确、旋转动作越优美得分就越高。

蹲踞式旋转

选手单腿下蹲的同时旋转。大多数情况下另一条腿笔直向前伸直，身体前倾。下蹲姿势时臀部高度不得低于膝盖高度。

贝尔曼旋转

选手以单足旋转，另一只脚从背后弯起超过头顶。动作要求选手具备极好的柔韧性，因此大多由女性选手完成。当后抬的腿与支撑腿几乎呈一条线时的动作被称为"烛式旋转"。

燕式旋转

选手将旋转腿抬起，上身下弯，旋转腿与上身保持与冰面平行，整体呈T字形。这一技术受到的空气阻力较大，很难做出快速旋转。

燕式步

燕式步是指选手使用一侧刀刃在冰上滑行，另一条腿抬高过髋。动作过程中抬高的腿要保持笔直伸展，挺胸抬头。

阿拉贝斯克环绕

浮腿向后抬起，两手伸开，上体前倾，如芭蕾中的 Arabesque 动作一样完成的燕式步，两条腿几乎呈180度。

仰燕式

以支撑腿的外刃滑行，浮腿上抬，是燕式步中比较基础的一种。动作过程中需要向后仰，因此需要尽量保持平衡。

步伐

选手灵活利用冰刀，配合重心转移等方法，展现如舞蹈般的滑行。这类动作被称为步伐。将各种步伐组合在一起的动作叫接续步，是短节目必须包含的一项内容。难度等级分为1～4级。

双人动作

双人比赛项目有着许多独有的动作，选手在进行跳跃时是借助了2个人的力量，因此比单人时跳得更高、高远。

捻转托举

男性选手将女性选手抛向空中，女性选手在腾空过程中转体，下落时由男性选手接住。转体周数以及抛出接住女性选手时动作的流畅程度是评分的关键。

死亡回旋

以男性选手作为圆心，两名选手单手相握，女性选手身体接近冰面，几乎与冰面平行，用单足绕男性选手滑行的动作。

托举

男性选手单手将女性选手托举过头顶。除此之外，还有一系列衍生动作，如两人保持托举姿势一同旋转等。

转体4周的时代

目前，花样滑冰的跳跃动作在不断加速。男子组比赛中，越来越多的选手开始成功完成转体4周的跳跃动作，这在过去是想都不敢想的。单人滑项目中跳跃动作的最大转体周数不仅达到4周，动作的难度更是从简单的后外点冰跳到难度极高的勾手跳。不论是从转体周数还是动作类型来看，转体4周阿克塞尔跳动作都是目前难度最高的，相信花样滑冰的健将们攻克这一难关的日子也不会太远了。

除演技外的减分项

选手在比赛时的着装能够让表演添彩不少，参赛选手无一不是在服装上做了精心准备。但在服装规定中，有若干减分事项。首先，服装不得过分裸露皮肤。女性选手的服装虽然看起来像是袒胸露背，但事实上是由肉色的布料包裹着的。冰上舞蹈项目中女性选手的裙摆开衩不能多于三处。男性选手不得穿着紧身衣进行比赛，也不能将腋毛、胸毛露在外面。

花样滑冰用语

● **Under Rotation**
跳跃时转体周数不够。当转体周数少于规定的1/4以上时将会被减分。

● **Down Grade**
跳跃时转体周数不够。当转体周数少于规定的1/2以上时，动作将被视为低一级的相应动作。

● **Free Leg**
当选手一条腿为轴立在冰上时，另一条未与冰面接触的腿为Free Leg。

● **Combination**
连续2次以上进行旋转或跳跃动作。

● **Elements**
组成被评分动作的要素。

※ 上述相关规则为2018年5月施行的版本。

■惊心动魄！冰上的 F1 比赛

有舵雪橇

选手乘坐可控制方向的雪橇沿着冰上赛道滑行。雪橇的外形及比赛的极速体验使这个项目被誉为"冰上的 F1 比赛"。

观赛 4 要点

要点 1　方向盘在前，制动器在后，比拼完赛时间

在比赛时，选手乘坐专用的雪橇在冰面赛道上滑行，比拼完赛时间。比赛时间以 1/100 秒为单位进行记录。有舵雪橇的前部装有方向盘，尾部有制动器，有舵雪橇项目直接以雪橇的名称"Bobsleigh"命名。据称，有舵雪橇项目发源于瑞士的阿尔卑斯地区，起初是由一种娱乐项目发展而来的。

要点 2　比赛分 2 天，共进行 4 次滑行，以合计滑行时间为依据进行排名

有舵雪橇项目比赛分 2 天进行，选手在 2 天之中共进行 4 次滑行，以合计完赛时间为依据进行排名。其中，只有在第 3 次滑行中进入前 20 名的参赛队伍才有资格参加第 4 次滑行。有舵雪橇分为双人座及四人座两种，奥运会比赛中男子项目包括双人座雪橇及四人座雪橇，女子项目只有双人座雪橇。

要点 3　前排选手负责方向盘，后排选手控制制动器及滑行器

出发时，每支队伍的所有选手一同手推雪橇奔跑起动，然后跃入座位。在滑行中，前排选手负责控制方向盘。出发后，由双人座雪橇的刹车手（四人座雪橇则是负责制动及滑行器的选手）充当雪橇的负重。在冲过终点后，最后排选手负责制动。为了保证安全，选手在比赛时必须佩戴头盔等防护用具。

舵手	舵手坐在雪橇的前排位置，出发时，使用方向盘控制不断加速的雪橇。
刹车手	刹车手在出发时，推动雪橇后坐在雪橇最后排的位置，起到重锤的作用。在冲过终点线后使用刹车让雪橇减速。
推手	四人座雪橇项目中，坐在雪橇中间部分的 2 名选手。在出发时用力将雪橇推出，出发后与刹车手一同起到重锤的作用。

要点 4　出发后的 50 米是关键

在比赛时，最开始的 50 米距离是比赛的关键。选手在这段距离中一同将雪橇推出，这一过程中的加速效果会影响整场比赛的成绩。此外，选手在跃入橇内时能否尽可能缩短用时，也是比赛结果的重要影响因素。在这短短的 50 米中，选手之间的默契配合是观众在观赛时的焦点。雪橇在滑行时的最高时速高达 150 千米，赛道上还设有坡道及弯道等区域，选手们向着终点全速冲刺的画面可谓是惊心动魄。

知道这些观赛更有趣

雪橇结构

雪橇由金属制成，底盘前方装有纤维强化树脂材质的流线型外罩。总重量在 200 公斤左右。为了尽可能减小空气阻力，雪橇整体使用流线型设计。四人座雪橇全长不超过 3.8 米，双人座雪橇全长不超过 3.2 米，宽幅不超过 0.67 米。

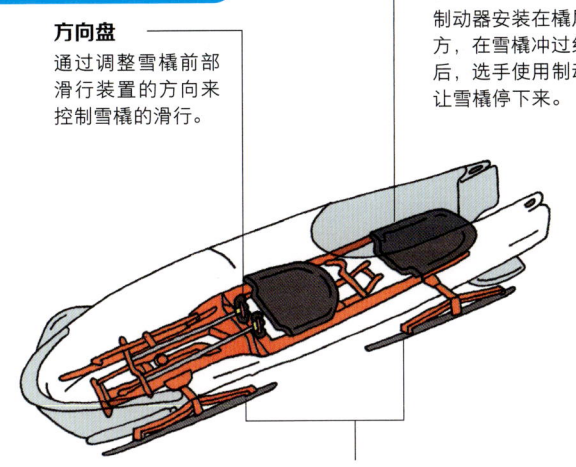

方向盘
通过调整雪橇前部滑行装置的方向来控制雪橇的滑行。

制动器
制动器安装在橇尾下方，在雪橇冲过终点后，选手使用制动器让雪橇停下来。

滑行装置
雪橇底部前后各安装有 2 对独立的钢制滑行装置。只有前面的一对可动。

到达终点后称量选手与雪橇的总重量

加速时，重量越重，速度越快。因此比赛对雪橇与运动员的合计重量有着明确规定，详见表。称重环节将在雪橇抵达终点后进行。如果重量不足，可携带其他加重物补足。

男子双人座雪橇	不得超过 390 公斤
男子四人座雪橇	不得超过 630 公斤
女子双人座雪橇	不得超过 325 公斤

入橇失败则成绩无效

在出发时，选手之间齐喊口号以掌握入橇时机，从最前排选手开始顺次跃入雪橇。若选手中出现入橇失误的情况，则当场失去比赛资格。因此在追求快速高效的同时必须要沉着稳重。

出发顺序

有舵雪橇比赛中的出发顺序是以国际有舵雪橇和俯式冰橇联合会（IBSF）公布的排名为基准制定的。排名靠前的选手率先出发。若出发顺序靠后，冰面的状态将变差，对滑行十分不利。

像赛车一样的雪橇

近年来，以空气力学为主的研究领域着力对赛用雪橇进行研发工作，不断展开一系列类似赛车研发的激烈竞争。在奥运会比赛中就曾有过类似情况，参赛队伍纷纷选择使用诸如法拉利（意大利）、宝马（德国）、迈凯伦（英国）等赛车研发公司研发的雪橇。

比赛场地

赛道全长约 1300 米，由弯道及直道组成。平均倾斜率 8%～15%，在曲线处的半径不得低于 20 米。选手在乘坐冰橇滑行时对赛道产生的压力可高达重力的 4 倍。此外，无舵雪橇及俯式冰橇项目也在同一场地中进行比赛。

Luge

■选手仰面朝上在冰上滑行，比拼比赛时间

无舵雪橇

选手仰面躺在雪橇上，在冰面赛道上操纵雪橇高速回转滑降的运动。最高时速高达 145 千米，以 1/1000 秒为单位计时。

观赛 4 要点

要点 1　仰面躺在雪橇上滑行，比拼完赛时间

选手在比赛时仰面躺在专用的雪橇上，双脚在前，在冰面赛道上滑行。"Luge"在法语中代表木制雪橇。无舵雪橇比赛分为单人赛与双人赛，奥运会无舵雪橇项目分别进行男子单人赛、女子单人赛、男女双人赛及男女混合团体接力赛。

要点 2　一天之中进行多次滑行，以合计时间为排名依据

奥运会比赛中，单人无舵雪橇赛为期两天，共进行 4 次滑行。双人赛则为期一天，进行 2 次滑行。比赛以选手全部滑行的合计时间进行排名。此外，男女混合接力比赛中，按照女子单人、男子单人、双人（男女不限）的顺序进行一次滑行，交接棒时，前一棒选手按下交接按钮后一棒选手即可出发。

要点 3　出发时前后推动雪橇，借由反作用力起滑

单人座比赛时，选手坐在雪橇上，双手借助赛道旁的起点助力手柄用力推动雪橇滑出。滑出后，用安装在专用手套上的防滑钉在冰面上划动起到加速的效果。双人座比赛中，前座选手抓住助力手柄前后推动雪橇，后座选手抓住雪橇皮带，共同完成出发过程。雪橇底面有一对平行的金属滑板，选用双腿推动滑板可以让雪橇转弯。

要点 4　全程无制动，以 1/1000 秒为单位的激烈角逐

选手出发后，仅在弯道处进行滑行方向的改变，其余情况均不进行制动措施，全程加速，最高时速可达到 145 千米。比赛用时以 1/1000 秒为单位记录，雪橇剐蹭赛道壁、雪橇横向打滑等细节都会影响最终的成绩。

知道这些观赛更有趣

雪橇的结构

雪橇由支架、冰刀，以及连接支架与冰刀的铁质连接桥三部分组成。单座重量 21～25 公斤，双座 25～30 公斤。比赛时选手可放置一定重量的负重，男子比赛最多 13 公斤，女子项目最多 10 公斤。

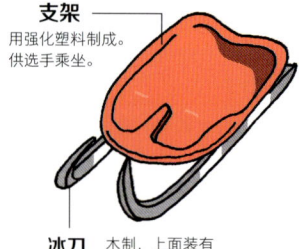

支架
用强化塑料制成。供选手乘坐。

冰刀　木制，上面装有钢制冰刀。

将赛道结构熟记于心

为了尽可能减小空气阻力，选手在出发后不会抬头，保持身体的水平。这也就需要在赛前充分熟悉赛道的结构。

Skeleton

■头朝前进行的高速滑行

俯式冰橇

选手在跳上冰橇后以俯卧的姿势在冰面赛道上滑行。比赛过程中，赛道就在选手眼皮底下。这是一项刺激的极速比赛。

观赛 4 要点

要点 1　以俯卧姿势滑行，比拼完赛时间

选手在跳上冰橇后以俯卧的姿势在冰面赛道上滑行，比拼完赛时间。计时单位最小可到 1/100 秒。冰橇以铁制的橇架构成，项目名称"Skeleton"便指的是橇架部分。选手在比赛时通过移动重心或使用脚尖控制冰橇。比赛仅有单人项目，没有接力赛。和有舵雪橇运动一样，俯式冰橇也采用基于排名决定出发顺序的机制。

要点 2　赛期 2 天，共进行 4 次滑行，以合计时间为准进行排名

比赛为期 2 天，选手共进行 4 次滑行，并以合计时间为排名依据（世界杯比赛仅 1 天，进行 2 次滑行）。不过，只有在第 3 次滑行中获得 20 名以内的选手才能够参加第 4 次滑行。

要点 3　关键在于出发后的加速、行进路线及姿势

出发时选手将雪橇向前推，让雪橇加速，随后迅速登上雪橇，且必须在 30 秒之内完成出发动作。除了出发后的加速外，比赛过程中的路线选择及滑行姿势也是取得理想成绩的关键。

要点 4　全程无制动，最高时速可达 140 千米

选手在滑行过程中，头部高度离冰面仅有 10 厘米左右，而最高时速可达到 140 千米，惊险刺激。当然，这一项目的危险系数较高，也正是因为这一点，在 2002 年盐湖城冬季奥运会将俯式冰橇重新加入比赛项目之前，这一项目有整整 54 年被除名在外。选手在比赛时必须佩戴头盔，穿专用的冰鞋。

知道这些观赛更有趣

雪橇的结构

雪橇分为支架与冰刀两部分，结构很简单。规格为 80～120 厘米，宽幅 34～38 厘米，高 8～20 厘米。男子比赛使用的雪橇重量不得超过 43 公斤，女子比赛不得超过 35 公斤。但是，当雪橇与运动员的合计重量高于 115 公斤（男子）或 92 公斤（女子）时，雪橇重量不得超过 33 公斤（男子）或 29 公斤（女子）。

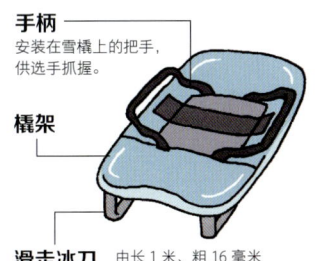

手柄　安装在雪橇上的把手，供选手抓握。
橇架
滑走冰刀　由长 1 米、粗 16 毫米左右的铁棒制成。

冰橇规格及温度检查

在比赛开始前会检查雪橇、冰刀、冰鞋的规格，并且确认温度。在选手抵达终点后，会进行称重。若不符合规则，成绩无效。

■巧妙的计策让人兴致盎然

冰壶

这是一项近年来热度不断飙升的冬季运动项目。在充足的体力的基础上，运动员还必须具备足够的空间想象力及规划能力，正确预判对手的下一步动作也十分关键。

>>>>> 比赛场地

冰道

比赛使用长 45.72 米，宽 5 米的区域进行，这个区域被称为冰道。赛道两端的圆形区域直径约 3.66 米。

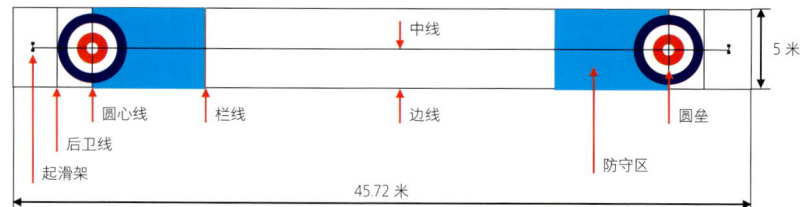

观赛 5 要点

要点 1 — 每支队伍 4 名选手，得分高的一方获胜

比赛时每支队伍有 4 名选手上场比赛，每场比赛进行 10 局。发生意外事故时，有替补选手换上场继续比赛。

要点 2 — 两支队伍合计 16 球为一局，每场比赛 10 局

每支队伍的选手每人丢掷 2 球，全队合计丢掷 8 球，即两支队伍合计丢掷 16 球时，一局比赛结束。

要点 3 — 每局结束后，以圆垒中距离圆心最近的冰壶判断得分

每局比赛中，两支队伍完成所有丢掷（合计 16 球）后，在圆垒中离圆心最近的冰壶的队伍得分。该队丢掷的冰壶中，只要位于圆垒中且位置较另一队所有冰壶都更接近圆心的，皆可获计 1 分。另一支队伍不得分。每场比赛进行 10 局，总分高的一方获胜。

要点 4 — 各局比赛分为先攻及后攻

在比赛时，后攻的一方可以在最后进行丢掷，比较有利。在比赛中，先攻的一方尽量将失分控制在 1 分，后攻一方则应尽量取得更多分数。若双方开始互相将彼此的冰壶击出圆垒，双方都很难获得高分。相反，若两支队伍都持续将冰壶送进圆垒，则同时存在获得高分的概率与失分的风险。

要点 5 — 从第 2 局开始，由前一局中获得分数的队伍先攻

当出现"Blank End"，也就是两支队伍均未得分的情况时，不改变先攻与后攻的顺序。

知道这些观赛更有趣

刷冰
刷冰指的是用冰刷擦刷冰面的过程。刷冰后，冰面的冰融化，可以减少摩擦，让冰壶在滑行时更加顺畅，从而可以使冰壶准确到达圆垒中心。

刷冰时的指令
● Yes
Yeah
Yep
请刷冰

● Whoa
No
Off
Up
停止刷冰

● Hard
加大刷冰力度

● Hurry
加快刷冰速度

● Clean
减小刷冰力度

让步弃权
若选手判读继续比赛也无法取得胜利时，在比赛的第 6 局（加时赛为第 8 局）结束后可以放弃比赛。

丢掷时间与比赛时间
在比赛时，各队进行进攻的时间合计 73 分钟，若在 73 分钟内进攻方没能结束所有丢掷，则另一支队伍获胜。此外，每场比赛可以进行 1 次暂停，暂停时间 1 分钟。整场比赛的时间在 2 小时 30 分钟左右。其中，第 5 局比赛结束后进行 7 分钟的中场休息。虽然 73 分钟听起来很长，但实则相当于每局 7.3 分钟，每次丢掷 54.75 秒。

各位置的分工

 一垒

进行第 1、2 次丢掷的选手，丢掷结束后的其余时间主要担任刷冰员的职责。

 二垒

进行第 3、4 次丢掷的选手，丢掷结束后的其余时间主要担任刷冰员的职责。

 三垒

进行第 5、6 次丢掷的选手，主要负责在 skip 进行丢掷时，代替 skip 站在圆垒处向其他队员发出指令。

 主将

进行第 7、8 次丢掷的选手，在没轮到自己上场时，主要负责站在圆垒处向其他队员发出指令，是整支队伍的指挥塔。这一位置的选手大多要面临十分复杂的场上局面，需要进行稳定且精准的丢掷。

第五人
当场上球员因故无法进行比赛时，代替该选手上场比赛的球员。

无效冰壶
丢掷出的冰壶必须停在栏线与后卫线之间的区域内，否则此球被视为出局。此外，触及边线的球也会被判为出局。

得分小测试

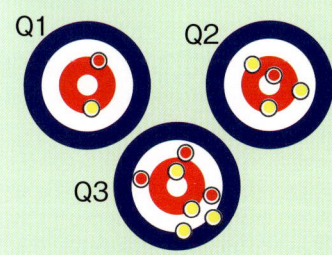

下列比赛结果分别是哪支队伍得分？

答案：

Q1　黄色球队 1 分（红色球队 0 分）：因为黄色冰壶距离圆心更近，所以黄色球队获得 1 分。若有两颗球的话则得 2 分。

Q2　红色球队 1 分（黄色球队 0 分）：因为红色冰壶距离圆心更近，所以红色球队获得 1 分。虽然圆垒内有很多黄色冰壶，但只有红色冰壶距离圆心最近，因此红色球队得分。

Q3　黄色球队 2 分（红色球队 0 分）：因为黄色冰壶距离圆心更近，所以黄色球队获得 2 分。虽然圆垒内共有 4 颗黄色冰壶，但只有 2 颗位于红色冰壶内侧，因此得 2 分。

Ice hockey

■ 在冰上进行的激烈争夺赛

冰球

选手穿戴防具,在冰场上相互冲撞,力求将球送进对方球门。这是一项人气极高的冬季运动项目,尤其在欧美各国十分流行。

>>>>> 比赛场地

冰球场

冰球场上按照规定画有标志线,两端设有球门。为了确保安全,在场地周围设有约1米长的安全板、玻璃及安全网。

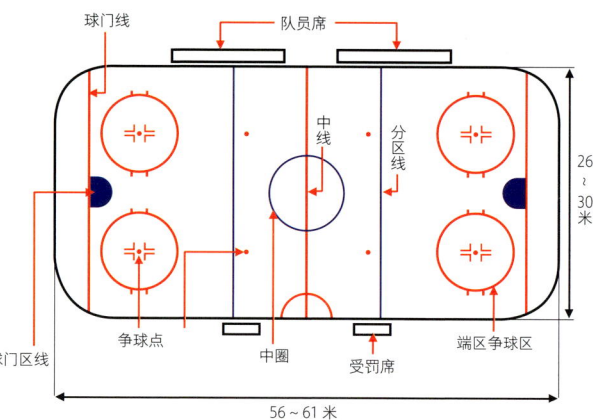

观赛 7 要点

要点 1　每支队伍 6 名选手,得分多者胜

比赛时,每支球队派出包括守门员在内的6名选手。大多数情况下包括3名前锋、2名防守球员及1名守门员。其余约20名替补球员及教练员可进入队员席。选手在比赛中需穿冰鞋,当使用球杆将球击入对方球门后获得1分。比赛以"争球"的形式开始。

争球

每支球队派出1名球员,面对面站在球场中央,由裁判员将球投向2名球员中间。2名球员用球杆争抢球,抢到的一方可以率先开始进攻。此外,比赛因犯规等情况暂停后重新开始时也进行争球。

要点 2　比赛分为 3 局,每局 20 分钟

冰球比赛全场分为3局,每局20分钟,中间休息15分钟。根据各赛事的不同规定,若比赛结束时双方比分持平,则进行5分钟的加时赛,率先获得分数的一方获胜;若加时赛仍未能分出胜负,则进行"制胜球(Game Wining Shot)"。

制胜球

大多数情况下,参赛双方各派出3名选手,依次向守门员身后的球门击球。进行方式与罚球时相似。在3次射门后,进球多的一方获胜。若双方球数相同,则每人再依次进行射门,先进球的一方获胜。

要点	越位及死球时比赛暂停，重新进行争球
3	在比赛过程中，若出现犯规行为，裁判会暂停比赛，并在距离最近的争球点进行争球，然后重新开始比赛。其中，越位及死球是冰球运动中较为特殊的规则，在比赛中出现的次数也较多。越位以分区线为基准，进攻方的选手若在冰球越过分区线之前进入对手方一侧的场地，则为越位。也就是说，选手不能提前进入对手场地内等待队友的传球。

死球

指进攻方球员在己方半场向对手方半场击出的球，在未经任何人干预的情况下越过了防守方的球门线，又被称为"Icing"。死球后暂停比赛是为了防止防守方球员在取回球后直接将球击回对方半场，使原本进攻方的攻势化为乌有。比赛暂停后，双方在犯规球队一侧的争球点进行争球。

要点	规则允许冲撞球员，实为激烈的肉搏战
4	选手对持球球员进行冲撞的行为被称为"Body-Check"，在男子冰球比赛中，规则允许持球运动员进行身体阻截。因此，在比赛中双方不断进行激烈交锋，让观众也不禁感到紧张。不过，若向未持球球员进行身体阻截或拳打脚踢则属于犯规行为。

要点	以多打少是得分机会
5	按照比赛规定，当选手出现特定犯规行为后，必须离场一段时间作为处罚。一般来说，在犯规球员离场的这段时间内，所属球队就必须以寡敌众。当对方球队的选手人数少于己方时，被称为"Power Play"，是不可多得的得分机会。尤其是对方有2名球员都暂时离场时，形势将更加有力。这时，进攻方将铆足力气集中进攻，试图获得分数。

以少打多

当己方球员因犯规不得不暂时离场后，剩余球员以少对多，尽力防守的过程被称为"Penalty Killing"，又称"Kill Play"。在此过程中，人数少的一方球队没有死球规则限制，因此可以在截断对方来球后直接发起进攻，脱离险境。

要点	灵活利用球门后方及墙壁
6	冰球比赛的特点之一就是很少会发生球出界的情况。球门的后方也属于场内，可以进行比赛。即便射门失败，也可以在球门后方将球传回球门前。在球门后方还可以观察到对方守门员及防守球员的位置，在比赛中选手可以灵活利用球门后方的场地。此外，比赛中也经常会见到球员将球击向四周的围墙，并利用球的反弹发起进攻。

要点	守门员拦截射门的成功率高达70%
7	冰球项目的球门对于守门员来说规格较小，加之守门员还穿戴覆盖全身的防具。在射门时，只能瞄准守门员与球门之间的细小空隙，难度很大。守门员在平日的训练中反复练习如何将时速高达160米的球成功拦下，每支队伍在全场比赛中的得分仅有2~5分，所以说每一次进球都意义重大。

知道这些观赛更有趣

用具

冰鞋

在冰球比赛中，选手脚穿的冰鞋与其他冰上运动穿的鞋相比，冰刀长度较短，前后两端为圆形。这是为了便于拐小弯进行的特殊设计。此外，由于比赛时冰鞋有可能会接触冰球，因此冰鞋用硬度极高的材质制成。

球杆

球杆的杆柄不能长于 163 厘米，杆刃（用来击球的部分）不得长于 32 厘米，所有的边角都经过特殊加工。此外，握柄及杆刃处大多用胶带缠裹。分为左手用杆及右手用杆两种。

冰球

冰球直径为 7.62 厘米，厚 2.54 厘米，重量约为 156~170 克，以橡胶制成，呈圆盘形。冰球受冰场的低温影响后，会变得非常硬。

防具

头盔与护目镜

比赛时所有选手必须佩戴头盔与护目镜，女子选手年龄若在 18 岁以下还必须戴面罩。

其他防具

包括护肩、护膝、护腿、护齿等。

守门员防具

冰球比赛中，守门员使用的防具尤为结实牢靠。双手佩戴专用的手套，且分别为了握球杆及抓球戴有 2 种手套。守门员使用的护腿，也比其他选手的更大，更结实。

各位置的分工

守门员

守门员负责对对方的射门进行防守。若守门员成功预判对方发出的高速射门，将会受到场上观众的欢呼与鼓励。

防守球员

在己方阵营的左右两侧进行防守，保护己方球门。由于这个位置的球员要时常与对手对峙，因此必须具备倒滑的能力。同时，他还要能精巧熟练地控制球杆，才能从对方选手处抢到球。

中锋

3 名前锋球员中的中间位置球员，是发起进攻时的指挥塔。除直接进行射门外，还要辅助边锋或支援防守球员。很多中锋球员都要负责进行争球。

边锋

边锋球员在中锋两侧，分为左边锋及右边锋。边锋在比赛中游走在场地边缘，找准时机一举得分，尤其善于快速滑行。

换人无须向裁判申请 没有次数限制

比赛时选手穿戴沉重的防具在场地上全速滑行，体力消耗得十分快，因此每 40~60 秒就会替换选手。换人时不需要向裁判申请，换下场的选手回到队员席后，另一位选手上场。若换人时出现失误，场上球员人数达到 7 人，被视为犯规。大多数情况下，进攻方会在攻势告一段落时换人。3 名前锋的组合被称为"进攻线"，换人时经常 3 人一组进行交换。

6 人进攻

有时，当比赛进入尾声而节奏一直被对方握在手中时，守门员将会被换下，场上球员由 6 名进攻球员组成，6 人一同进行背水一战。此外，若对方选手犯规时，持球球员为己方球员，则可以直接进行进攻，直到球被对方球员截下为止（对方球员持球后，比赛暂停）。在这时，经常也会将守门员换下，变为 6 名进攻球员合力进攻。

常见犯规行为

钩人
用球杆钩住对方球员,并妨碍对方球员行动。即使球杆没有接触到对方球员也视为犯规。

非法肘击、膝盖顶人
用手肘、膝盖冲撞对方球员的行为。

举杆过肩
抬起球杆的高度高过肩膀来触球或接触对方选手。

抱人
用抓住对手、压住对手的方式来阻碍对方的行为。抓住对方球杆同样为犯规行为。

非法冲撞
进攻方选手在进行加速滑行时实施冲撞的行为,或者双脚离地实施冲撞。

扑倒绊人
进攻方选手故意从膝盖以下的位置冲撞对手。

判罚种类

比赛规定对犯规球员按照其犯规程度进行相应的判罚。一般为离场处理,离场时间从2分钟至剩余全部比赛时间不等,离场后选手要进入受罚席。当离场时间在5分钟以内时,无法由替他选手代替上场,球队将会面临以寡敌众的情况。

判罚种类	离场时间	替补选手
一般犯规	2分钟	不可
严重犯规	5分钟	不可
违例犯规	10分钟	可
严重违例	剩余全部比赛时间	可
停赛	剩余全部比赛时间	被罚选手退场5分钟后可以

受罚席

受罚席设置在场地一侧,每支队伍各有一个受罚席。犯规选手要在离场后进入受罚席并持续相应时间。同时可以由多名选手进入受罚席,但场上球人数不得低于3人,当同时有3名以上选手离场时,由替补球员代替进行比赛。此外,若守门员被判暂时离场,可由场上其余选手代替守门员进入受罚席。

罚任意球

当进攻方明显有得分机会,却由于防守方守门员或选手的恶意妨碍而没能得分,进攻方获得一次罚任意球的机会。罚任意球时,1名选手从中线处控球,朝着守门员身后的球门进行射门。这虽然说是1对1的对抗,但进球率并不高。若任意球没能进球,则比赛暂停,双方进行争球后重新开始比赛。

女子比赛禁止选手间的冲撞

在冰球比赛中,男子比赛时选手可以向对方球员进行冲撞,而女子比赛则被禁止。若有违反,即为"非法冲撞",会受到判罚。由于女子项目在比赛中不能通过冲撞获得持球机会,选手在体形上的优劣就相对没有那么明显了。选手需要花更多心思在提高技术上。但是,虽然在比赛中没有男子比赛那样激烈的冲撞,女子比赛的精彩程度仍然不亚于男子项目。

图书在版编目（CIP）数据

看比赛：一册掌握60种国际赛事规则与看点 / 日本东京书籍株式会社书籍编辑部著；王梦蕾译. -- 北京：北京联合出版公司, 2020.8（2024.8重印）
　ISBN 978-7-5596-4265-3

　Ⅰ. ①看… Ⅱ. ①日… ②王… Ⅲ. ①运动竞赛—竞赛规则—汇编—世界 Ⅳ. ①G811.31

中国版本图书馆CIP数据核字(2020)第092609号

The Ultimate Encyclopedia For Sports Lovers
Copyright © 2018 by Tokyo Shoseki Co., Ltd.
All right reserved.
First original Japanese edition published by Tokyo Shoseki Co., Ltd., Japan.
Chinese (in simplified character only) translation rights arranged with Tokyo Shoseki Co., Ltd., Japan.
Simplified Chinese edition copyright © 2020 by GINKGO (BEIJING) BOOK CO.,LTD.
本书中文简体版权归属于银杏树下（北京）图书有限责任公司

看比赛：一册掌握60种国际赛事规则与看点

著　　者：日本东京书籍株式会社 书籍编辑部
译　　者：王梦蕾
出 品 人：赵红仕
选题策划：银杏树下
出版统筹：吴兴元
编辑统筹：郝明慧
特约编辑：刘叶茹
责任编辑：徐　樟
营销推广：ONEBOOK
装帧制造：墨白空间·何昳晨

北京联合出版公司出版
（北京市西城区德外大街83号楼9层　100088）
后浪出版咨询（北京）有限责任公司发行
天津裕同印刷有限公司　新华书店经销
字数370千字　889毫米×1194毫米　1/32　6.25印张
2020年8月第1版　2024年8月第5次印刷
ISBN 978-7-5596-4265-3

定价：49.80元

后浪出版咨询(北京)有限责任公司　常版权所有，侵权必究
投诉信箱：editor@hinabook.com　　fawu@hinabook.com
未经书面许可，不得以任何方式转载、复制、翻印本书部分或全部内容
本书若有印、装质量问题，请与本公司联系调换，电话010-64072833